Paul Bartsch

LiveRillen No. 6

Konzerte aus sechs Jahrzehnten Rockmusikgeschichte – direkt vom Plattenteller abgedreht

Radio CORAX auf UKW 95.9 KHz und weltweit im Netz
an jedem ersten Freitag des Monats von 16 bis 18 Uhr
sowie als Wiederholung am dritten Sonntag des Monats von 12 bis 14 Uhr
https://radiocorax.de

Hinweise in eigener Sache:

Aufgrund der Vielzahl und des Alters der im Text erwähnten Schallplatten ist es schier unmöglich, die jeweiligen Bild- und Urheberrechte für die Cover bei den größtenteils nicht mehr existierenden Labels zu klären. Ich habe die Cover hier *in durchaus werbender Absicht* in den Text eingefügt. Als *Quelle* sind die konkreten Plattenausgaben mit Label und Erscheinungsjahr angegeben. Sollte(n) sich der oder die Inhaber der jeweiligen Rechte dennoch benachteiligt fühlen, bitte ich um entsprechende Information – sicher finden wir gemeinsam eine probate Lösung.

Falls Sie Interesse haben, die eine oder andere LiveRillen-Sendung komplett nachzuhören, stelle ich Ihnen diese gern zur Verfügung. Die mp3-Datei wird Ihnen per *WeTransfer* übertragen und ist *ausschließlich für den privaten Gebrauch* gedacht!

Anfragen richten Sie bitte per Mail an: LiveRillen@gmx.de

Titelfoto: © Paul Bartsch | Leipzig | 2021

Herstellung und Verlag: BoD – Books on Demand, Norderstedt, 2024
2. korrigierte Auflage | August 2024
Preis: 10,00 Euro
ISBN 978-3-759707697

Noch 'ne Rille vorneweg

Heutzutage wird ja viel über das Alter philosophiert, und der euphemistische Begriff der *Best Ager* soll uns wohl mit dem Älterwerden versöhnen. Nun ja. Wie steht es da um die Fünfundsiebzigjährigen? Was bleibt ihnen noch – außer der wehmütigen Rückschau auf die verflossene Zeit als mehr oder weniger zufriedenstellende Bilanz – an Hoffnung, an Zukunft, an Perspektive?

Nein, nein, Freunde, keine Sorge, ihr habt weder das falsche Buch gegriffen noch schweife ich vom Thema ab: Es geht hier mal nicht um uns Menschen, sondern um die *Schallplatte*. Und die ist – wie einige von euch sicher konstatiert haben – im Sommer 2023 stolze fünfundsiebzig Jahre alt geworden. Und das, nachdem sie – gerade mal halb so alt – bereits für todkrank und damit zum Aussterben verurteilt erklärt worden war! Totgesagte leben bekanntlich länger...

Dabei gibt es Schallplatten, also Tonträger, die akustische Signale auf analoge Weise auf physischem Material speichern, schon länger: *Thomas Edison* und *Emil Berliner,* das Kratzen einer Stahlnadel in eine auf eine Glasplatte aufgetragene dicke Rußschicht, die Phonographenwalze, die Versuche mit Wachszylindern und wachsbeschichteten Zink- oder Kupferplatten über vulkanisiertes Hartgummi schließlich zur Schellack-Platte, gefertigt aus den Exkrementen der Lackschildlaus... – alles bekannt und gut aufbereitet nachzulesen.

Aber der Quantensprung in Sachen Qualität, der erfolgt zum Sommeranfang des Jahres 1948. Ort des Geschehens: das Hotel Waldorf-Astoria in New York. Eingeladen hat der Firmenchef von Columbia Records, *Edward Wallerstein,* und er hatte nicht weniger als eine „Weltsensation" versprochen. *„Vor den versammelten Journalisten legt er eine Schallplatte auf. Schallplatten gibt es seit Jahrzehnten. Doch diese ist anders. Der Klang haut alle vom Hocker: Felix Mendelssohn-Bartholdys Violinkonzert in e-Moll, Opus 64, erklingt klar und deutlich wie nie. Columbia nennt die Platte aus dem noch relativ jungen Kunststoff Polyvinylchlorid „Long-playing microgroove record" - kurz: LP. Bereits kurze Zeit später ist sie Branchenstandard."* [1] So berichtete die ARD-Tagesschau über den denkwürdigen Augenblick, ohne den es weder dieses Buch noch die ihm zugrunde liegende Radiosendung noch gar das diese wiederum überhaupt erst ermöglichende akustische Ausgangsmaterial gäbe. Schon verrückt, oder?!

Geburtstagskinder werden zu ihren Jubiläen üblicherweise gefeiert, mitunter auch etwas übertrieben oder unkritisch. Um dieser Gefahr zu entgehen, hat die Tagesschau gleich mal gegengesteuert: Seit Geschäftsleute versuchten, auf dem Hype der letzten Jahre ein reines Geschäft aufzuziehen, gehe es wieder abwärts. Und auch *„das gesteigerte Umweltbewusstsein der Menschen ... könnte die Branche in den kommenden Jahren verstärkt treffen. [...] Denn PVC, der Grundstoff für die Schallplatte, besteht hauptsächlich aus Erdöl. Zudem ist die Produktion energieaufwendig und CO2-*

---

[1] https://www.tagesschau.de/wirtschaft/75-jahre-vinyl-100.html.

intensiv. [2] Zudem sei die Entsorgung von Schallplatten problematisch, auch wenn inzwischen sogar versucht werde, Schallplatten aus recyceltem PVC herzustellen – aus alt mach neu sozusagen. Zwar werde Vinyl nie sterben, aber sie werde wieder mehr zur Nische werden, prognostizieren befragte Experten der Branche, wobei die Schallplatte nun nicht mehr (wie bei der ersten Krise nach 1990) durch die *Compact Disc* bedroht werde, sondern durch den boomenden Streaming-Markt.

Doch wie ich schon sagte: Totgesagte leben bekanntlich länger. 2022 wurden allein in Deutschland 4,3 Millionen LPs verkauft (andere Quellen [3] sprechen gar von 4,5 Millionen!), und selbst Papst Franziskus wurde beobachtet, wie er in einen Plattenladen huschte. [4] Na, wenn das nicht Hoffnung macht, dann weiß ich auch nicht! Und es gibt eben in allen Generationen erfreulich viele Zeitgenossen, die Schallplatten im Kopf, im Ohr und im Herzen tragen. Im Valle Gran Rey, dem soziokulturellen Hauptort der kleinen Kanareninsel La Gomera, habe ich dieses wundersame Graffito entdeckt, das diese Begeisterung – wie ich finde – sehr schön ins Bild setzt. Da ist die Historie offensichtlich unterwegs auf der Reise in die Zukunft, stets eine Handbreit Hoffnung unterm Kiel…

Wie ich das selbst so sehe? Nun – ich bin ja ziemlich genau fünf Jahre jünger als die zeitlos moderne Vinylscheibe und habe mithin gar keinen Anlass, mich bereits zur Ruhe zu setzen. Also werden die LiveRillen auf Radio Corax auch künftig zu hören sein, jeweils am ersten Freitag des Monats von 16 bis 18 Uhr sowie als Wiederholung am dritten Sonntag desselben Monats von 12 bis 14 Uhr auf UKW 95.9 (Raum Halle/Leipzig/ Magdeburg) und weltweit im Netz unter https://radiocorax.de/ > Livestream. Hört mal rein!

Und nun – viel Freude und gute Unterhaltung bei der Lektüre des sechsten Bandes der LiveRillen…

2   Ebenda.
3   Vgl. https://www.planet-wissen.de/kultur/musik/geschichte_der_tontraeger/vinyl-schallplatten-sind-wieder-gefragt-100.html.
4   Siehe: https://www.konradsblatt.de/aktuell-2/detail/nachricht-seite/id/183910-die-vinyl-schallplatte-feiert-geburtstag/.

No. 63: Ein ganz besonderer Sound – die Hammond-Orgel

Teil 1: Niederlande / England

Juni 2023

Dieser Sound ist unverkennbar: Es geht in dieser LiveRillen-Ausgabe um die Hammond-Orgel. Jede und jeder, die oder der sich für populäre Musik interessiert, kennt diesen typischen Klang, und die Kundigen unter euch haben dazu sicher auch ein Bild vor Augen: Ein wuchtiges, zweimanualiges Möbelstück mit zahlreichen Hebeln und Knöpfen, gute hundert Kilogramm schwer, oft ergänzt durch eine Pedalklaviatur für die Bässe, wie man das von Kirchenorgeln kennt. Tauchen wir also ein wenig ein in den Kosmos dieses faszinierenden Instruments und begegnen zunächst seinem Erfinder: *Laurens Hammond*, 1895 in Illinois geboren, der es im Laufe seines 78jährigen Lebens auf über einhundert Patente gebracht hat. Kindheit und Jugend verlebte er übrigens in Europa, darunter mehrere Jahre in Dresden, und sprach deshalb neben seiner Muttersprache fließend Deutsch und Französisch. Musikalisch war der studierte Maschinenbauingenieur eigentlich nicht; er hatte es eher mit Motoren. Und tatsächlich stecken die auch in der von ihm 1934 zum Patent angemeldeten Orgel, die in den Kirchen der USA die aufwändigen Pfeifenorgeln ersetzen sollte. Gewellte Metallräder, die vor elektromagnetischen Tonabnehmern rotieren, erzeugen eine Wechselspannung, die durch Filter geleitet und entsprechend verstärkt wird, um einen Lautsprecher damit anzusteuern. Herz des Ganzen ist ein von Hammond entwickelter Synchronmotor, der den Generator und damit die Zahnräder antreibt. Damit aber erstmal genug von akustischer Physik…

Jedenfalls gehörten der Komponist *George Gershwin* und der Jazzpianist und Bandleader *Count Basie* zu den ersten Abnehmern der Hammond-Orgel, deren Siegeszug maßgeblich durch eine Erfindung des US-Amerikaners *Donald Leslie* befördert wurde: Er entwickelte in den 1940er Jahren eine Tonwiedergabebox mit einem rotierenden Lautsprechersystem, die dem Orgelsound den typischen schwebenden Charakter verlieh, zumal die Rotationsgeschwindigkeit während des Spielens beliebig verändert werden konnte. *Laurens Hammond* selbst mochte diesen Sound übrigens nicht – ihm schwebte eher der klare Ton einer Kirchenorgel vor, doch die Musikgeschichte wollte es anders.

Insbesondere das zwischen 1955 und 1973 gebaute Hammond-Modell B3 mit seinen gedrechselten Holzbeinen hat sich zunächst im Jazz, später dann in Rock und Blues durchgesetzt – und das trotz seines enormen Gewichts auch auf der Bühne!

Und wie das dann klingt, demonstriert nun der jüngste der Organisten, die heute zu hören sein werden: *Robin Piso* vom 2007 gegründeten holländischen Power-Trio *DeWolff*, das gern als *„dreiköpfiges Rock'n'Roll-Monster aus dem tiefen Süden der Niederlande"* bezeichnet wird; *„eine alte Seele in einem jungen Körper"*, etwa so, als träfe *Leon Russell* auf *Deep Purple* und die *Allman Brothers*. [5] Außer *Robin Piso*, der neben der Musik 2008 an der Technischen Universität Eindhoven einen Bachelor in Medizintechnik erworben hat, komplettieren die Brüder *Pablo van de Poel* an der Gitarre und *Luka van de Poel* am Schlagzeug das Trio.

DeWolff liefern mit „Crumbling Heart" die aktuelle Erkennungsmelodie der LiveRillen, und hier sind sie mit „Don't You Go Up To The Sky" von ihrem 2015 auf dem eigenen Label *Electrosaurus Records* erschienenen Doppelalbum „Live & Outta Sight".

DeWolff: Don't You Go Up To The Sky

2018 erzählte *Robin Piso* dem Netzmagazin *The Rockpit* in einem Interview, dass er familiär gar nicht unbedingt musikalisch vorbelastet sei – als Kind ein bisschen Blockflöte, später etwas Gitarrenunterricht, dann über einen Freund zum Keyboardspiel gekommen und nun vom Sound der Hammond-Orgel fasziniert: *„Jetzt spiele ich eines der schwersten Instrumente überhaupt, das ich nicht einfach überall mitnehmen kann, aber ich muss es mitbringen. Es geht mit uns auf Tour und sitzt hinten im Van und es ist ziemlich schwer, aber es klingt so cool, dass es sich lohnt."* [6] Wer wollte dem widersprechen?

Soeben ist mit „Love, Death & In Between" das zehnte Studioalbum des fleißigen Trios erschienen, das sich auch live längst vom Geheimtipp zu einem der gefragtesten Acts gemausert hat – im November 2023 werden *DeWolff* auch wieder auf deutschen Konzertbühnen zu erleben sein. Und ich empfehle den Verantwortlichen der *Hammond Hall of Fame* [7] dringend, sich *Robin Piso* mal anzuschauen und seinem Spiel zuzuhören – er wäre aus meiner Sicht ein würdiger Kandidat für die kleine, illustre Ruhmeshalle der innovativen Hammond-Organisten.

5   Vgl. https://suburban.nl/en/artists/dewolff/.
6   https://www.therockpit.net/2018/interview-dewolff-robin-piso/.
7   https://artists.hammondorganco.com/hall-of-fame.

Ganze 25 Namen enthält die auf der offiziellen Hammond-Website geführte Liste bisher; einigen werden wir im Verlaufe dieser und der nächsten LiveRillen-Sendung begegnen. Die Kriterien für die Auswahl basieren auf dem Hammond-Slogan: „*The Sound, The Soul, The One*"[8]: Der Kandidat müsse einen sofort erkennbaren, einflussreichen Musikstil haben; zudem den Hammond-Sound auf einzigartige Weise in das von ihm vertretene Genre integrieren und die Hammond-Orgel als sein Hauptinstrument betrachten. Und wenn das alles auf *Robin Piso* nicht zutrifft, ja, dann weiß ich auch nicht…

Nun geht die Reise aber weit zurück in die Rockmusikgeschichte zu jenen Bands und Solisten, die den drei Holländern zweifellos die musikalische Inspiration für ihren hochmodernen Retro-Sound geliefert haben, was in diesem Falle kein Widerspruch in sich ist! Dabei sollen in dieser Sendung britische Hammond-Organisten im Mittelpunkt stehen – in einem Monat folgen dann die US-Szene sowie interessante Blicke auf Deutschland und nach Osteuropa – so exotisch das auch klingen mag.

Eine der großartigsten britischen Live-Bands der späten 1960er Jahre ist für mich *Colosseum*, 1968 in London vom Saxofonisten *Dick Heckstall-Smith* und dem Schlagzeuger *John Hiseman* gegründet. Zu den herausragenden Musikern des in Rock, Blues und Jazz gleichermaßen verorteten Ensembles gehörte auch der Keyboarder *Dave Greenslade*, der insbesondere auf der Hammond-Orgel brillierte. Ihr Album „Colosseum Live", das einen Mitschnitt aus dem Jahre 1971 präsentiert, „*gilt als eines der besten Live-Alben der Rockgeschichte und dokumentiert den wohl höchsten Entwicklungsstand der Gruppe*"[9], die sich leider noch im selben Jahr auflöste.

Greenslade, der im Januar seinen 80. Geburtstag feiern konnte, war nach dem Aus von *Colosseum* vor allem als Studio- und Sessionmusiker aktiv. Daneben betrieb er unter eigenem Namen ein Progressive-Rock-Bandprojekt, zu dem auch der *Colosseum*-Bassist *Tony Reeves* sowie zeitweise der *King-Crimson*-Drummer *Andrew McCulloch* gehörten, und er kreierte 1978 gemeinsam mit dem Fantasy-Künstler *Patrick Woodroffe* das spektakuläre Doppelalbum „The Pentateuch of the Cosmogony", ein Gesamtkunstwerk über eine außerirdische Zivilisation, das Maßstäbe in der Fantasy- und Science-Fiction-Szene setzte.

Hier nun *Colosseum* live aus dem Jahr 1971 von einem Dreifach-Album, das *Repertoire Records* im Jahr 2020 veröffentlicht haben, mit *Chris Farlowe* am Mikrofon, *Dave Greenslade* an der soundprägenden Hammond-Orgel, hier vor allem im

---

[8]   Vgl. https://hammondorganco.com/.
[9]   https://de.wikipedia.org/wiki/Colosseum_(Band).

musikalischen Duell mit dem Saxofonisten *Dick Heckstall-Smith* beim Titel „Rope Ladder To The Moon" – die Strickleiter zum Mond.

Colosseum: Rope Ladder To The Moon

Etwa zur selben Zeit hatten sich der ex-*Spencer-Davis*-Drummer *Pete York* nach der Auflösung der in den 60er Jahren populären britischen Band mit deren zweitem Keyboarder *Eddie Hardin* zusammengetan – *Hardin & York* firmierten gern als kleinste Bigband der Welt – so auch der Titel einer Live-LP, die 1970 erschienen ist. Kurz zuvor waren sie in der Silvestersendung des Bremer Beat-Clubs zu sehen – übrigens die erste Folge, die in Farbe ausgestrahlt wurde. Überhaupt war das Duo auf dem europäischen Festland erfolgreicher als auf der heimischen Insel – warum auch immer.

Pete York selbst, den heute noch immer aktiven Schlagzeuger und Erfinder der „Superdrumming"-Fernsehsendungen der ARD, habe ich ja erst vor zwei Monaten in den LiveRillen ausführlich gewürdigt.

Eddie Hardin, der 1967 als gerade mal 18Jähriger *Steve Winwood* an den Tasten der *Spencer Davis Group* beerbt hatte, wurde vor allem für die komplexe Fußarbeit auf dem Pedalwerk seiner Hammond-Orgel gerühmt, die gerade in der Duoarbeit mit *Pete York* eine derartige Klangfülle garantierte, dass die Abwesenheit eines Basses nicht zu bemerken war. Eine intensive Freundschaft verband *Eddie Hardin* mit *Deep Purple* und dort natürlich besonders mit *Jon Lord,* zu dem wir noch kommen werden. Daneben arbeitete er mit zahlreichen bekannten Rockmusikern zusammen, so etwa dem Keyboarder *Tony Ashton,* den Gitarristen *Ray Fenwick und Bernie Marsden* oder dem *Taste*-Bassisten *Richard McCracken.* Und oft genug war auch *Pete York* bei diesen qualitativ stets hochwertigen Unternehmungen mit von der Partie.

Eines der bekanntesten Werke der *Hardin & York*-Ära – das „Northern Medley" – ist übrigens den *Beatles* zu verdanken – hier kommt es live und direkt vom Vinyl der LP „The World's Smallest Big Band".

Hardin & York: The Northern Medley (Lady Madonna / Norwegian Wood)

Das war ganz sicher nicht schwierig zu erkennen: „Lady Madonna" und „Norwegian Wood" haben beim „Northern Medley" von *Hardin & York* hörbar Pate gestanden. Dazu noch eine Anekdote am Rande: 1970 war eine Liveaufnahme des „Northern Medley" nach einem getürkten Filmtermin als erster in Deutschland gepresster Raubmitschnitt auf Vinyl erschienen. Erwerben konnte man das illegale Bootleg nur *„in einem Hamburger Spartacus-Buchladen; die Ware gab es vorsichtshalber – fertig eingetütet – nebenan beim Schlachter"* [10], wie das Musikmagazin *GoodTimes* berichtete. Immerhin seien von der Raubpressung europaweit rund 25tausend Exemplare verkauft worden sein…

Eddie Hardin und *Pete York* werden wir im Verlaufe dieser Sendung übrigens noch einmal begegnen.

Einer, der den Hammond-Sound auch schon Mitte der 1960er Jahre in der Beatmusik etablieren half, ist *Alan Price,* Keyboarder der schon 1962 in Newcastle gegründeten *Animals,* zu deren stark von Soul und Blues beeinflussten Titeln der raue Orgelsound hervorragend passte – zum Stimmorgan des Sängers *Eric Burdon* sowieso. Und auch wenn der 1942 geborene *Alan Price* die Band schon 1965 wieder verließ, weil er seine Flugangst nicht dauerhaft überwinden konnte, hatte er doch zu diesem Zeitpunkt den *Animals* ihren größten Erfolg schon gesichert: Sein Arrangement des Traditionals „House Of The Rising Sun" bescherte den Briten einen weltweiten Nummer-Eins-Hit. In den Folgejahren entdeckte *Alan Price* auch sein schauspielerisches Talent, das ihm sowohl auf der Theaterbühne als auch im Film Erfolg brachte. So komponierte er 1973 nicht nur die Musik für *Lindsay Andersons* Film „Oh Lucky Man", sondern spielte in dem surrealistisch angehauchten Drama um einen jungen, von *Malcolm McDowell* verkörperten Kaffeeverkäufer auch selbst mit. Musikalisch blieb der heute 81Jährige bis etwa 2010 mit sporadischen Tonträgerveröffentlichungen und Konzerten aktiv – seitdem ist es ruhig geworden um den Briten.

1983 gab es eine glücklose Wiedervereinigung der einstigen *Animals* (neben *Alan Price* und *Eric Burdon* mit *Chas Chandler* am Bass, *John Steel* am Schlagzeug und dem Gitarristen *Hilton Valentine);* immerhin erbrachte die Reunion die im Folgejahr erschienene, absolut hörenswerte LP „Greatest Hits Live". Daraus jetzt „House Of The Rising Sun" und „Lucky Man" – an der Hammond-Orgel *Alan Price.*

---

[10]   GoodTimes, 6/2006, S. 22.

Animals (Alan Price): House Of The Rising Sun / Lucky Man

In meinem Plattenregal steht übrigens mit „A Rock'n'Roll Night At The Royal
Court" auch eine Live-LP von *Alan Price,* auf der er mit großer Band und
Background-Sängerinnen diverse Rock'n'Roll-Standards interpretiert – allerdings
leider ohne Hammond-Orgel und damit nicht in Frage kommend für diese
LiveRillen, die ganz diesem markanten Sound verpflichtet sind.
Der allerdings gehört zum folgenden Musiker so, als sei er ihm quasi angeboren:
der Keyboarder *Jon Lord,* als studierter Musiker 1968 gemeinsam mit dem
Gitarristen *Ritchie Blackmore* Gründer der Hardrock-Pioniere von *Deep Purple,* deren
Stellenwert als *„einer der erfolgreichsten britischen Rockbands"* nach Auffassung von
Siegfried Schmidt-Joos nicht zuletzt *„aus einem ununterbrochenen Konflikt zwischen diesen
beiden Musikern"* [11]resultierte. Die musikalischen Duelle zwischen Leadgitarre und
Hammond-Orgel sind legendär, arteten aber leider auch in unschöne persönliche
Fehden aus, die schließlich zum Bruch zwischen den beiden Alpha-Tieren führten
– 1975 stieg *Blackmore* bei *Deep Purple* aus, um zunächst die Hardrock-Combo
Rainbow zu gründen, die er Jahre später bekanntlich aufgab, um mit seiner Muse
und Lebensgefährtin *Candice Night* das Mittelalter-Folkrock-Unternehmen
Blackmore's Night zu gründen, mit dem er noch heute aktiv ist.
Jon Lord, der als Wegbereiter der Kombination von Rock und Klassik gilt, stellte
seinen hohen künstlerischen Anspruch über den schnellen Hitparadenerfolg und
schuf mit dem 1970 uraufgeführten „Concerto for Group and Orchestra" und der
„Gemini-Suite" rocksinfonische Meilensteine.
Neben seiner diversen Personalwechseln unterworfenen Stammband war er in den
1970er Jahren noch bei *Whitesnake* aktiv, die ex-Purple-Sänger *David Coverdale*
gegründet hatte. 1984 gab es eine kurze Wiedervereinigung der ursprünglichen
Deep-Purple-Besetzung; in der Folge war oft nicht ganz klar, welches Personal man
zu erwarten hatte, wenn neue Platten oder Konzerte von *Deep Purple* angekündigt
waren. Stets unverkennbar aber in allen Phasen der Band blieb der grandiose
Hammond-Sound, mit dem *Jon Lord* sowohl Musikpassagen flächig grundieren als
auch rasante Soli und schwindelerregende Tastenläufe ins begeisterte Publikum
peitschen konnte.
Sein letztes Konzert mit *Deep Purple* fand im Herbst 2002 statt; danach war *Jon
Lord* mal als Solist, mal in Bluesprojekten oder auch als klassisch ausgerichteter
Komponist tätig, bis ihn 2012 ein tückischer Bauchspeicheldrüsenkrebs aus dem
Leben riss. Sein durch die Mitgliedschaft in der *Hammond Hall of Fame* angemessen

---

[11]   RL, Band 1, S. 253.

gewürdigtes Wirken im Studio und auf der
Konzertbühne wird für immer mit diesem Sound
verbunden bleiben – das zeigen auch die
folgenden beiden Aufnahmen, die seinem
Andenken gewidmet sind: „Child In Time" vom
wohl besten *Deep-Purple*-Konzertalbum „Live In
Japan", und danach „Walking In The Shadow Of
The Blues" vom 1980 erschienenen *Whitesnake*-
Doppelalbum „Live In The Heart Of The City".

**Deep Purple (Jon Lord): Child In Time
Whitesnake (Jon Lord): Walking In The
Shadow Of The Blues**

Die aus der Anfangszeit von *Deep Purple*
verbliebenen Recken *Ian Gillan, Ian Paice* und
Roger Glover haben nach *Lords* Ausstieg in *Don
Airey,* der zuvor bei *Colosseum II* die Tasten
bedient hat, ja einen durchaus würdigen Nachfolger gefunden. So konnten die
rasanten Dialoge von Leadgitarre und Hammond-Orgel auch mit den *Blackmore*-
Erben *Tommy Bolin, Joe Satriani, Steve Morse* und aktuell dem Nordiren *Simon McBride*
auf hohem Niveau fortgeführt werden; sie gehören bis heute zum Markenzeichen
der Hardrock-Veteranen, die sich erfreulicherweise keineswegs nur auf ihren alten
Lorbeeren ausruhen, sondern immer mal wieder mit Neuproduktionen
aufhorchen lassen.
Eine britische Band, die in ihrer großen Zeit von Hardrock-Fans durchaus in
einem Atemzug mit *Deep Purple* genannt wurde und die – genau wie jene – noch
immer auf den Konzertbühnen weltweit anzutreffen ist, trägt den Namen einer
Romanfigur von *Charles Dickens: Uriah Heep.*
1970 in London gegründet, prägte insbesondere *Ken Hensley* als Komponist,
Keyboarder und Sänger für ein Jahrzehnt den Sound der Band; 1980 stieg er bei
Uriah Heep aus, betrieb ein Studio in St. Louis und diverse Soloprojekte, die aber
nie auch nur annähernd den einstigen Stellenwert erreichten. Im Jahr 2020 ist *Ken
Hensley* 75jährig verstorben. Zuletzt war er in Spanien zuhause und hatte dort
gerade an einer neuen LP und seiner zweiten Autobiografie gearbeitet.
Glücklicherweise dokumentiert eines der großartigsten Livealben der 1970er Jahre
seinen Stellenwert in überzeugender Weise: „Uriah Heep Live" wurde während
einer Großbritannien-Tour im Januar 1973 mitgeschnitten und bietet mit

Klappcover, achtseitigem Booklet, tollen Fotos, umfangreichen Linernotes und bedruckten Plattenhüllen auch optisch und haptisch alle Vorzüge, die das Vinylzeitalter dem digitalen Streaming von Musikdateien voraushat! Und damals wie heute sind es vor allem die *Hensley*-Kompositionen „Look At Yourself", „Easy Livin'", „Tears In My Eyes", „Lady In Black", „Free Me" oder „July Morning", die – neben dem vom Gitarristen *Mick Box* geschriebenen „Gypsy" – die Konzertbesucher zum lautstarken Chor mit begleitender Luftgitarren-Akrobatik vereinen.

Ich habe für diese LiveRillen den elfeinhalb-Minüter „July Morning" ausgewählt, bei dem *Ken Hensley* alle Register seiner Hammond-Orgel zieht, um ihr das ganze Klangspektrum von schneidender Schärfe bis zur sanften Berührung, von tiefem Blubbern und Wabern bis zum kathedralen Orkan abzugewinnen.

Uriah Heep (Ken Hensley): July Morning

Seit 1986 bedient *Phil Lanzon* die Tasteninstrumente bei der noch immer aktiven Band, und er macht das gar nicht schlecht.

Ein weiterer britischer Keyboarder, dessen Wirken im Kontext von Rock, Soul und Blues ganz intensiv mit dem virtuosen Spiel auf der Hammond-Orgel verbunden ist, war *Tony Ashton,* 1946 in Blackburn geboren und 2001 verstorben. Schon als Kind erhielt *Ashton* Klavierunterricht, spielte in Schulbands und galt bereits im Alter von 15 Jahren als versierter Pianist. Zu Beginn der 1960er Jahre musizierte er in einem Jazz-Trio, bevor er Organist und Sänger der Liverpooler Gruppe *The Remo Four* wurde, die längere Zeit im Hamburger *Star Club* gastierte und später sogar die *Beatles* auf einer US-Tour begleitete. 1968 war *Tony Ashton* an *George Harrisons* Soloplatte "Wonderwall Music" beteiligt.

Nach der Trennung der *Remo Four* gründete *Ashton* mit dem *Remo*-Schlagzeuger *Roy Dyke* und dem Bassisten *Kim Gardner* das Trio *Ashton, Gardner & Dyke,* das mit seiner Mischung aus R&B und Jazz durchaus erfolgreich war – die Single „Resurrection Shuffle" aus der Feder von *Tony Ashton* erreichte 1971 Platz drei der britischen Single-Charts. Nach der Auflösung des Trios im Jahr 1973 spielte *Ashton* kurzzeitig bei *Roger Chapmans Family,* hatte aber auch Sessions mit *Jerry Lee Lewis, George Harrison, Eric Clapton* oder *Paul McCartney* und arbeitete mit *Jon Lord* zusammen, der ihm ein enger Freund wurde. Im Sommer 1974 nahmen *Ashton* und *Lord* ihr gemeinsames Album „First Of The Big Bands" auf, das Rhythm and

Blues, Boogie Piano und Hammond-Orgel mit einer echten Big Band zusammenführte. Zwei Jahre später gab es nach einem Split von *Deep Purple* sogar eine gemeinsame Band, der neben *Tony Ashton, Jon Lord* und *Purple*-Drummer *Ian Paice* auch der spätere *Whitesnake*-Gitarrist *Bernie Marsden* und Bassist *Paul Martinez* angehörten. Leider musste eine England-Tour wegen großer finanzieller Verluste abgebrochen werden, und *Tony Ashton* stieg zeitweise bei dem Bluesrock-Gitarristen *Stan Webb* in dessen Band *Chicken Shack* ein.

Daneben begann *Ashton* eine erfolgreiche zweite Karriere als bildender Künstler und Buchautor, und Mitte der 90er Jahre spielte er auch wieder Konzerte in Deutschland, Norwegen und Großbritannien, teilweise gemeinsam mit *Bernie Marsden.*

Als *Tony Ashton* im Jahr 2000 schwer erkrankte, wurde in den *Abbey Road Studios* von *EMI* ein Benefizkonzert für ihn veranstaltet, an dem unter anderem *Jon Lord, Ian Paice, Micky Moody, Bernie Marsden, Chris Barber, John Entwistle, Zak Starkey, Pete York, Mike Figgis* und *Ewan McGregor* teilnahmen. Trotz dieser prominenten Unterstützung erlag *Tony Ashton* im Mai 2001 dem Krebs – er wurde nur 55 Jahre alt.

Ich habe einen Take von der 1981 erschienenen LP „Roadies Concerto" ausgewählt, die *Stan Webb's Chicken Shack* in bester Spiellaune präsentiert: „Shake Your Money Maker", ein Blues-Traditional von *Elmore James,* bei dem die von *Tony Ashton* gespielte Hammond B3 bestens zur Geltung kommt.

Unmittelbar angehängt der *Dave-Mason*-Song „Shouldn't Have You Took More Than You Gave", 1971 aufgenommen bei einem Konzert einer leider nur kurzlebigen Supergroup des Rock: *Traffic.* „Welcome To The Canteen" ist der Titel der Liveplatte – an der Hammond-Orgel kein geringerer als der bereits erwähnte *Steve Winwood,* zu dem im Anschluss dann noch einiges zu sagen ist.

Chicken Shack (Tony Ashton): Shake Your Money Maker
Traffic (Steve Winwood): Shouldn't Have You Took More Than You Gave

Steve Winwood, der einst als Teenager bei der *Spencer Davis Group* und später bei *Traffic* auf unvergessliche Weise die Hammond B3 traktiert hat und dafür zu Recht in die Ruhmeshalle der Hammond-Organisten [12] aufgenommen wurde. In der Begründung heißt es dort, er habe für „Gimme Some Lovin'" einen der bekanntesten Riffs im Rock auf der Hammond-Orgel geschaffen und im Unterschied zu den meisten Singer-Songwritern, die Akustikgitarre oder Klavier verwendeten, stets die Orgel bevorzugt. Dass er auch als Sänger absolut zu überzeugen weiß, zeigt die Tatsache, dass der *Rolling Stone* ihn auf Platz 33 der hundert besten Gesangssolisten aller Zeiten führt.

Kurzzeitig stellte er sein Können auch in den Dienst von *Blind Faith* und der *Ginger Baker's Air Force;* als Studio- oder Sessionmusiker hat er im Laufe der Jahre unter anderem mit *Eric Clapton, Phil Collins, David Gilmour* oder *Tina Turner* zusammengearbeitet.

Mit seiner zweiten Frau *Eugenia Crafton,* einer aus Nashville stammenden US-Amerikanerin, bewohnt *Steve Winwood* ein altes Herrenhaus im Südwesten Englands; das seit 1987 verheiratete Paar hat vier Töchter, von denen sich einige auch gesanglich präsentieren. Und noch heute ist der inzwischen 75jährige *Winwood* musikalisch aktiv; vor gut einem Jahrzehnt war er längere Zeit mit *Eric Clapton* auf Tour; 2009 erschien ihr gemeinsames Konzertalbum „Live from Madison Square Garden". Die jüngsten Schlagzeilen kreierte *Winwood,* als er beim *Coronation Concert* anlässlich der Krönung von König Charles III. mit zahlreichen anderen Stars auf Schloss Windsor auftrat und dort verkündete, er könne sich noch an die Krönung von Königin Elizabeth II. erinnern und sei *„genauso wie Millionen und Abermillionen von Menschen … ein lebenslanger Monarchist."* [13] Nun gut…

Leider habe ich keine vinylige Liveaufnahme von „Gimme Some Lovin'", auf der *Winwood* selbst die Hammond spielt. Doch den eindrucksvollen Riff will ich euch dennoch nicht vorenthalten, zumal er vom bereits gehörten *Eddie Hardin* als legitimem Nachfolger *Winwoods* in der *Spencer Davis Group* absolut ebenbürtig gespielt wird. Die Liveaufnahme entstand allerdings erst 1990 im Rahmen der vom einstigen *Spencer-Davis*-Schlagzeuger *Pete York* kreierten und moderierten Superdrumming-Sessions, die seinerzeit in der ARD ausgestrahlt wurden – leider ohne Publikum, aber das wissen die treuen LiveRillen-Hörer ja bereits aus der Aprilsendung, die *Pete York* gewidmet war (siehe LiveRillen, Band 5).

---

[12]   Siehe https://artists.hammondorganco.com/hall-of-fame.

[13]   https://www.fr.de/kultur/musik/rocklegende-mit-soulstimme-steve-winwood-wird-75-zr-92272453.html.

Hier nun also „Gimme Some Lovin'" mit
nahtlosem Übergang zum ebenfalls von der
Hammond-Orgel dominierten „I'm A Man" – an
den Tasten und am Mikrofon *Eddie Hardin.*

**Superdrumming II / Eddie Hardin: Gimme
Some Lovin' / I'm A Man**

Kommen wir nun bei unserer Reise durch das
Hammond-Universum zu *Vincent Crane,* 1943 im britischen Reading geboren. Der
musikalische Spätstarter erhielt erst mit 15 Jahren Klavierunterricht, offenbarte
dabei aber ein derartiges Talent, dass er es an das renommierte Londoner *Trinity
College of Music* schaffte, das er 1964 mit zwei Diplomen abschloss. Während des
Studiums hatte er allerdings festgestellt, dass die Virtuosität eines Konzertpianisten
für ihn wohl nicht mehr erreichbar war; dafür empfand er den wuchtigen Sound
der Hammond-Orgel seinem Können angemessen. Nach einigen erfolglosen
Versuchen, im Jazz Fuß zu fassen, gründete *Crane* 1966 gemeinsam mit dem
Sänger und Meister der Selbstinszenierung *Arthur Brown* dessen *Crazy World,* die
mit „Fire" einen weltweiten Nummer-Eins-Hit landen konnte, auch wenn – oder
vielleicht gerade weil? – dieser aufgrund seiner satanischen Anspielungen nicht
unumstritten war und von einigen Radiostationen boykottiert wurde.
1969 stieg *Vincent Crane* nach mehreren erfolgreichen US-Touren der *Crazy World
of Arthur Brown* aus und gründete gemeinsam mit dem erst 18jährigen,
hochtalentierten Schlagzeuger *Carl Palmer* die Band *Atomic Rooster,* die *Siegfried
Schmidt-Joos* in seinem Rocklexikon mit den Worten kommentierte: *„hysterische
Orgelausbrüche, beißende Gitarren-Riffs und Powerschläge der angeblich ‚größten
Schlagzeugbatterie der Welt' (Crane) überstürzten sich zu einer Flutwelle an akustischen
Überreizen"*[14].
Immerhin hatte die Band trotz häufiger personeller Wechsel zu Beginn der 1970er
Jahre mit „Friday, the 13th", „Devil's Answer" und „Tomorrow Night" einige
Hits, die sie im europäischen und US-amerikanischen Musikmarkt bekannt
machte, zumal sie sich als kraftvolle Liveband jenseits filigraner Meisterschaft
einen gewissen Ruf beim sich entwickelnden Hardrock-Publikum erspielt hatte.
Carl Palmer war da schon Mitglied des Trios *Emerson, Lake & Palmer* geworden, das
gleich unsere heutige LiveRillen-Ausgabe abschließen wird. Für ihn saß nun *Paul
Hammond* am Schlagzeug; der Drummer starb 1992 mit nur 40 Jahren an einer

---

[14]   RL, Band 1, S. 70.

Überdosis. Zudem waren inzwischen der Gitarrist *Steve Bolton,* der später unter anderem als Sideman von *The Who* und von *Paul Young* arbeitete, und der ex-*Colosseum*-Sänger *Chris Farlowe* unter die Fittiche des Atomhähnchens geschlüpft – also eine durchaus illustre Besetzung, die vor allem live eine imposante Energie entfachen konnte, für die maßgeblich das wuchtige Orgelspiel von *Vincent Crane* verantwortlich war, der seine Hammond vornehmlich kreischen, brüllen, sägen und brausen ließ.

Als Beweis lege ich nun zur Abwechslung mal weißes Vinyl auf den Plattenteller: 2018 wurden bei *Repertoire Records* mehrere Radio- und TV-Konzerte

veröffentlicht, die *Atomic Rooster* 1972 gespielt hatten. Aus einem *BBC*-Konzert vom 27. Juli 72 hören wir „Devil's Answer", einen der größten *Atomic-Rooster*-Hits, hier mit einem witzigen Vokal-Einstieg, bei dem Sänger *Chris Farlowe* sich selbst zitiert: „Baby, you're out of time…".

Atomic Rooster (Vincent Crane): Devil's Answer

Vincent Crane – um das *Atomic-Rooster*-Kapitel abzuschließen – hat die Band mehrfach aufgelöst und wiederbelebt, ehe er 1989 an einer Überdosis Schmerzmittel verstorben ist – er wurde nur 45 Jahre alt. Erstaunlich, dass es seit wenigen Jahren wieder eine Band gleichen Namens gibt, die insbesondere bei kleineren Hardrock-Festivals auftaucht – Gitarrist *Steve Bolton* ist daran wohl maßgeblich beteiligt.

Den Schluss dieses ersten Teils der Würdigung eines wahrhaft königlichen Instruments übernimmt *Keith Emerson,* unbestritten einer der Tasten-Heroen der populären Musik im letzten Drittel des vorigen Jahrhunderts.

Anders als beim musikalischen Spätstarter *Vincent Crane* war die Kindheit des 1944 in Lancashire geborenen *Keith Emerson* strikt auf eine Karriere als Konzertpianist ausgerichtet; von klein auf erhielt er intensiven Klavierunterricht, entschied sich aber mit 15 Jahren für die populäre Musik und spielte zunächst in einer Band, die die Sängerin *P. P. Arnold* begleitete. Nachdem er 1967 mit Musikern, die er dort kennengelernt hatte, die Gruppe *The Nice* gegründet hatte, ernannte ihn ein Musikmagazin zum *„Pianisten und Organisten des Jahres",* der auch schon mal als der

„Jimi Hendrix der Tasteninstrumente"[15] gefeiert wurde, zumal er als erster britischer Musiker den seinerzeit neuen Synthesizer auf der Konzertbühne etablierte. 1970 löste er *Nice* auf und gründete gemeinsam mit dem auch auf der Gitarre versierten Bassisten und Sänger *Greg Lake,* der zuvor bei der Progressive-Rock-Band *King Crimson* gespielt hatte, und dem bereits erwähnten *Arthur-Brown-* und *Atomic-Rooster-*Drummer *Carl Palmer* jenes legendäre Trio, das ein Jahrzehnt lang Maßstäbe setzte in der Verbindung klassischer Elemente und sinfonischer Strukturen mit innovativen elektronischen Mitteln der Rockmusik: *Emerson, Lake & Palmer.* Ihre Konzerte wurden zu pompösen Ereignissen, bei denen sich *Emerson* der Herausforderung stellte, auf der Bühne zwei Hammond-Orgeln, dazu einen Flügel, ein E-Piano sowie ein Mellotron und den Moog-Synthesizer live zu bedienen! Das löste zunächst weltweit Begeisterung aus, doch *„die Gigantomanie des Equipments und der Effekte drohten die Musikalität des Trios im Konzert manchmal zu überdecken"*[16], konstatiert *Siegfried Schmidt-Joos.* Immerhin gelten gerade die Klassik-Bearbeitungen des Trios – darunter *Modest Mussorgskis* „Bilder einer Ausstellung" oder *Béla Bartóks* „Barbarian" – als wegweisend für das Subgenre des *Classic Rock.* 2010 wurde *Keith Emerson* für seine Verdienste mit dem Frankfurter Musikpreis ausgezeichnet. Die Laudatio beschrieb ihn *„als einen innovativen Künstler, der mit seiner Musik nicht nur die Grenzen des Genres überschritten, sondern durch sein Keyboardspiel auch die Technologie elektronischer Tasteninstrumente entscheidend beeinflusst hat"*[17]. Fast überflüssig zu erwähnen, dass *Keith Emerson* auch zu jenen 25 Musikerinnen und Musikern gehört, die in der Ruhmeshalle der Hammond-Orgel-Virtuosen wohnen dürfen – 2014 wurde ihm diese Ehre zuteil. Zwei Jahre später schied *Emerson* durch Suizid aus dem Leben – ein Nervenleiden, das die Beweglichkeit seiner Finger immer mehr einschränkte, Alkohol und Depressionen waren wohl die Ursachen für sein tragisches Ende.

Zum Abschluss der heutigen LiveRillen lege ich die letzte der drei Platten auf, die 1973/74 auf der Welttournee von *Emerson, Lake & Palmer* mitgeschnitten und als Live-Set unter dem Titel „Welcome back, my friends, to the show that never ends" 1974 auf dem bandeigenen *Manticore*-Label veröffentlicht wurde. Daraus die „1st Impression" der dreiteiligen Komposition „Karn Evil 9" von *Keith Emerson.* Die nächste LiveRillen-Ausgabe wird im Juli das ergiebige Thema Hammond-Orgel fortsetzen – zu hören sein werden da *Lee Michaels* und *Gregg Allman, Al Kooper* und *Greg Rolie, Jean-Jaques Kravetz, Cieslaw Niemen* oder *Marian Varga* ebenso wie die einzige Deutsche in der illustren Runde der *Hammond Hall of Fame.*

---

[15]   Vgl. RL, Band 1, S. 304.
[16]   RL, Band 1, S. 302.
[17]   https://de.wikipedia.org/wiki/Keith_Emerson.

Emerson, Lake & Palmer: Karn Evil 9 / 1st
Impression

Quellen:

> The Animals: Greatest Hits Live, LP, I.R.S./CBS, 1984
> Atomic Rooster: Live At The BBC & Other Transmissions, Do.-LP,
  Repertoire Records, 2018
> Colosseum: Live '71, 3-LP-Set, Repertoire Records, 2020
> Deep Purple: Made In Japan, Do.-LP, Electrola, 1972
> DeWolff: Live & Outta Sight, Do.-LP, Electrosaurus Records, 2015
> Emerson, Lake & Palmer: Welcome Back, 3-LP-Set, WEA/Ariola, 1974
> Hardin & York: The World's Smallest Bigband, LP, BELL/CBS, 1970
> United Artists (Traffic): Welcome To The Canteen, LP, United Artists
  Records, 1971
> Uriah Heep: Live January 1973, Do.-LP, Bronze/Ariola, 1973
> Stan Webb's Chicken Shack: Roadies Concerto, LP, RCA, 1981
> Whitesnake: Live… In The Heart Of The City, Do.-LP, EMI/Electrola,
  1980
> Pete York Presents: Super Drumming, Volume II, LP, BMG Ariola,
  1990

No. 64: Ein ganz besonderer Sound – die Hammond-Orgel
(Teil 2: USA / Osteuropa / Deutschland)
Juli 2023

Hier nun die Fortsetzung des im Vormonat begonnenen Streifzugs durch die Soundwelt der Hammond-Orgel. Und nachdem im Juni britische Keyboarder im Mittelpunkt standen wie *Jon Lord, Eddie Hardin, Steve Winwood* oder *Vincent Crane*, hören wir uns in dieser Sendung zunächst in den Vereinigten Staaten um, dem Geburtsland des Instruments, dessen Vater – den Techniker und passionierten Tüftler *Laurence Hammond* – ich ja bereits vorgestellt hatte. Danach springen wir zurück ins alte Europa und werden dabei staunend erfahren, dass das über zwei Zentner schwere Instrument sogar den Sprung über den Eisernen Vorhang geschafft hat. Doch alles zu seiner Zeit…

Ihr erinnert euch sicher aus der Juni-Sendung an das Duo *Eddie Hardin* und *Pete York*, das in der seltenen Kombination von Orgel und Schlagzeug um 1970 herum das Publikum vor allem in Europa zu begeistern wusste. Weniger bekannt ist, dass es jenseits des Großen Teiches zur selben Zeit ein ganz ähnlich klingendes Projekt gab, initiiert vom Keyboarder *Lee Michaels*.

Wer heute diesen Namen googelt, dem wird der 1945 als *Michael Olsen* in L.A. geborenen US-Amerikaner womöglich als Gründer und Betreiber der kalifornischen Restaurantkette *Killer Shrimp* vorgestellt. Und das stimmt auch – 1988 ist er erfolgreich ins Gastronomiegeschäft eingestiegen. Dass er aber zwanzig Jahre zuvor als Keyboarder und Rocksänger aktiv war, dürfte heute weit weniger bekannt sein. Dabei konnte sein Song „Do You Know What I Mean" 1971 sogar bis auf Platz 6 der US-Charts aufsteigen. Sein akustisches Markenzeichen war eben die Hammond-Orgel, deren Wucht er vor allem in seinen Livekonzerten voll ausreizte, die er zumeist nur in Begleitung eines einzigen Schlagzeugers absolvierte – so arbeitete er längere Zeit intensiv mit *Joel Larson* oder *John Barbata*, die beide bei den *Turtles* trommelten; *Barbata* später auch bei *Crosby, Stills, Nash & Young*, *Jefferson Airplane* und *Jefferson Starship*. Als Sessionmusiker spielte *Lee Michaels* unter anderem mit *Jimi Hendrix* zusammen.

Michaels' Wahl der Hammond-Orgel als Hauptinstrument war für einen Rockmusiker der damaligen Zeit durchaus ungewöhnlich und erregte in und um

San Francisco großes Aufsehen; das Musikmagazin Sounds bezeichnete den
Musiker als den *„ultimativen Power-Organisten"*[18] der Westcoast-Szene.
1973 erschien bei A&M ein schlicht „Live" betiteltes Doppelalbum, auf dem Lee
Michaels vom Drummer *Keith Knudsen* begleitet wurde, der im Folgejahr dann bei

den *Doobie Brothers* einstieg und diesen bis zu
seinem Tod 2005 die Treue hielt.
Aus diesem Album gibt's jetzt einen
unverwüstlichen Blues-Standard: „Stormy
Monday" von *T. Bone Walker* in einer auf
Hammond-Orgel und Schlagzeug reduzierten,
dabei aber ausgesprochen kraftvollen Version!

Lee Michaels: Stormy Monday

Was für eine Energie: Der Hammond-Orgel-Virtuose *Lee Michaels* gemeinsam mit
dem Schlagzeuger *Keith Knudsen* in einer Liveaufnahme des „Stormy Monday
Blues", die vor eben fünfzig Jahren entstanden ist. Die klanglichen Besonderheiten
des Instruments kommen in dieser reduzierten Besetzung besonders intensiv zur
Geltung.
Im Verlauf der 1970er Jahre zog sich *Michaels* dann zunehmend aus der
Musikindustrie zurück und gründete – wie schon erwähnt – 1988 die Fastfood-
Kette *Killer Shrimp*.
In den 90er Jahren erstritt *Lee Michaels* vor Gericht die Rechte an allen seinen bei
A&M entstandenen Produktionen zurück, sodass 2015/16 sein gesamter Katalog
an *A&M*- und *Columbia*-Aufnahmen bei *Manifesto Records* auf CD und Vinyl
wiederveröffentlicht werden konnte. Wer sich für den fast vergessenen
Hammond-Orgel-Virtuosen interessiert, wird also fündig werden, auch wenn er in
der offiziellen *Hammond Hall of Fame* keine Aufnahme gefunden hat.
Unter den dort verzeichneten 25 Namen herausragender Musikerinnen und
Musiker findet sich allerdings der von *Gregg Allman,* Mitbegründer der
kalifornischen *Allman Brothers,* bei deren Erwähnung noch heute viele Bluesrock-
Fans mit der Zunge schnalzen. Seit 1969 hatte *Gregg Allman* gemeinsam mit
seinem Bruder *Duane Allman* der nach ihnen benannten Band den Stempel
aufgedrückt – *Gregg* vor allem als Hammond-Organist, *Duane* mit der stilprägenden
Slide-Gitarre. Letzterer starb bereits 1971 nach einem Motorradunfall; *Gregg
Allman* überlebte bis 2017, was bei seinem Lebensstil einem Wunder gleicht: Er

---

[18] https://en.wikipedia.org/wiki/Lee_Michaels.

war schwer drogen- und alkoholabhängig, und auch ein Entzug in den 1990er Jahren konnte seine geschädigte Leber nicht heilen – 2010 erfolgte bei *Allman* nach einer Hepatitis-C-Erkrankung noch eine Lebertransplantation; dennoch wurde er nur 69 Jahre alt. *„Er hat ein Genre maßgeblich mitgeprägt, verfügte über eine der schwärzesten Stimmen eines Weißen und hinterlässt der Nachwelt unsterbliche Klassiker"* [19], schrieb die Musikzeitschrift *GoodTimes* in ihrem Nachruf auf *Gregg Allman,* der drei Jahre lang mit der Sängerin *Cher* verheiratet war und dem es zu verdanken ist, dass 1989 der Gitarrist *Warren Haynes* als junger Musiker zur Altherrenriege stoßen durfte – jener *Warren Haynes,* der heute mit *Gov't Mule* längst selbst international erfolgreich ist.

Gregg Allman habe mit seiner Hammond B3 und einer betont jazzigen Spielweise einen spannenden Kontrast zu den Bluesrock-Gitarren von *Duane Allman* und *Dicky Betts* geschaffen und so den Sound der Allmans definiert [20], heißt es in der Begründung für die 1995 erfolgte Aufnahme der stets mit zwei Schlagzeugern auftretenden *Allman Brothers Band,* die zudem vom *Rolling Stone* auf Platz 53 der hundert einflussreichsten Musiker und Bands geführt wird, in die *Hammond Hall of Fame.*

Das hören wir uns jetzt an beim Titel „Hot 'Lanta" aus dem großartigen „Live At Fillmore West"-Album der Band, aufgenommen am 27. Juni 1971 und 2016 auf dem DOL-Label veröffentlicht.

Allman Brothers (Gregg Allman): Hot 'Lanta

Nun zu einer weiteren Legende, dem 1944 in New York als *Alan Peter Kuperschmidt* geborenen Keyboarder *Al Kooper,* der dem *Melody Maker* einst als *„graue Eminenz der Rockmusik"* [21] galt und der es ebenfalls in die *Hammond Hall of Fame* geschafft hat. Die Liste der Kollegen, die *Kooper* (der übrigens auch passabel Gitarre spielte) live und im Studio unterstützt hat, ist schier endlos; sie reicht von *Bob Dylan* (bei dessen „Like A Rolling Stone" er die markante Orgel spielt) und *B.B. King* über *Lynyrd Skynyrd* und *Nils Lofgren* bis zu *Jimi Hendrix, Alice Cooper* und den *Rolling Stones.* Nicht zu vergessen seine kreative, wenn auch jeweils nur kurze Zeit mit *Blues Project* und *Blood, Sweat & Tears.*

---

[19] GT 4/2017, S. 59.
[20] Vgl. https://artists.hammondorganco.com/hall-of-fame.
[21] Zitiert nach: RL, Band 1, S. 503.

Großartig auch seine Zusammenarbeit Ende der 1960er Jahre mit dem *Electric-Flag*-Gitarristen *Mike Bloomfield,* der zuvor in der *Paul Butterfield Blues Band* aktiv gewesen war. Das 1968 entstandene Vinyl-Dokument „The Live Adventures of Mike Bloomfield and Al Kooper" kletterte in den US-Charts bis auf Platz 18. Daraus spiele ich zwei Stücke, bei denen *Al Kooper* seine geliebte Hammond B3 bearbeitet.

Zunächst mit „The Weight" einer der bekanntesten Titel von *The Band,* geschrieben von *Robbie Robertson.* Beim Original spielt natürlich *Garth Hudson* den Orgelpart, aber eben nicht auf der Hammond! *Hudson* war einer der wenigen Keyboarder im Rock'n'Roll und Rhythm and Blues, die ein Modell der Marke *Lowrey* bevorzugten, das mit seinen zahlreichen Begleitfunktionen eigentlich als elektronische Heimorgel für Alleinunterhalter konzipiert worden war. Zu hören sind *Lowrey*-Orgeln im Rock deshalb eher selten – zwei Beispiele sind das Intro-Loop bei „Baba O'Riley" von *The Who* oder die Jahrmarkts-Orgel des *Beatles*-Titels „Being For The Benefit Of Mr. Kite!" von ihrem Sgt.-Pepper-Album.

Wir hören „The Weight" jetzt also mit der von *Al Kooper* gespielten Hammond

B3, die er danach auch bei „Green Onions" einsetzt, einem Blues von *Booker T. Jones and The M.G.'s,* erstveröffentlicht 1962. Toll, wie die Hammond-Orgel dort für den Groove des Instrumentals über die Frühlingszwiebeln sorgt!

Bloomfield/Kooper (Al Kooper):
The Weight / Green Onions

Ende der 1990er Jahre hatte *Al Kooper* einen Lehrauftrag an der *Berklee School of Music* in Boston übernommen; heute hat sich der inzwischen 79Jährige weitgehend aus der Öffentlichkeit zurückgezogen.

Kurz vor seinem 60. Geburtstag verstorben ist der nächste der in der Ruhmeshalle der Hammond-Organisten aufgeführten Musiker: *Billy Preston.* 1946 geboren, offenbarte sich das Talent des schwarzen Texaners schon in frühen Kindertagen – mit drei Jahren erhielt er Klavierunterricht, spielte Kirchenorgel und begleitete mit zehn Jahren die Gospelsängerin *Mahalia Jackson* bei einem Fernsehauftritt am Klavier. In den 1960er und 70er Jahren war er einer der gefragtesten Session-Keyboarder der Rock- und Blues-Szene, der sich stolz im Afro-Look einer *Angela Davis* neben seinen zumeist weißen Musikerkollegen präsentierte; mit *Mick Jagger* wurde ihm gar eine homoerotische Liaison nachgesagt. Wir bleiben da doch lieber bei der Musik…

„Seine Wurzeln in der Gospelmusik bereiteten ihm grenzenlose Freude", heißt es auf der Website der *Hammond Hall of Fame*, und weiter: *„Bereits durch seine Auftritte mit Sam Cooke und Little Richard ein Star, wurde er zum einzigen legitimen ‚Fifth Beatle' und spielte anschließend Hammondorgel bei den Rolling Stones, Aretha Franklin, Bob Dylan, den Jackson Five, Sly und The Family Stone und Barbra Streisand."* [22]

Auf *Wikipedia* ist zu lesen: *„Der unverwechselbare Stil seines Hammond-Orgel-Spiels, der von virtuosen Glissandi und einfühlsamer Melodieführung geprägt war, machte ihn zu einem begehrten Session-Musiker und wurde 1996 von Joe Cocker mit dem gemeinsamen Album Organic gewürdigt."* [23]

Auch von *Preston* habe ich zwei Titel ausgewählt, die ihn an seinem Parade-Instrument zeigen. Zunächst „Billy's Bag", ein eigenes Instrumental, von einer Liveplatte, die während seiner Europa-Tour 1973 aufgenommen wurde. Danach ein besonderes Konzertereignis, das nicht zuletzt auch durch seine Mitwirkung geprägt wurde: Das Benefiz-Konzert für die unter dem Krieg leidende Bevölkerung von Bangladesch, das *George Harrison* am 1. August 1971 im New Yorker *Madison Square Garden* organisiert hatte und an dem unter anderem *Bob Dylan*, *Leon Russell* und der damals stark heroinabhängige *Eric Clapton* teilnahmen. Die Eintrittsgelder der rund 40tausend Besucher erbrachten eine Summe von fast 250tausend US-Dollar, die UNICEF für Hilfsgüter und Hilfeleistungen für die Kriegsflüchtlinge des asiatischen Landes überwiesen wurden.

Aus diesem hochpolitischen Konzert hören wir das von *Billy Preston* geschriebene und auch gesungene „That's The Way God Planned It", das weder inhaltlich noch musikalisch seine Nähe zum Gospel verleugnet.

Billy Preston: Billy's Bag / That's The Way God Planned It

Kommen wir nun zu einem weiteren US-Amerikaner, der in die *Hammond Hall of Fame* aufgenommen wurde: *Gregg Rolie*, geboren 1947 in Seattle. Er gehörte 1966 zur Urbesetzung jener Band, die der gleichaltrige, aus Mexiko stammende Gitarrist *Carlos Santana* noch als Teenager unter dem Namen *Santana Blues Band* aus der Taufe hob und die der internationalen Rockmusik mit dem Latin Rock eine neue

---

Variante hinzufügte. Ihren Durchbruch erlebte die Band 1969 beim *Woodstock Festival,* parallel zum Erscheinen ihrer ersten, schlicht „Santana" betitelten LP, der mit der fast sechs Millionen mal verkauften Platte „Abraxas" bereits ein Jahr später ein weiterer Meilenstein der Rockgeschichte folgte. Großen Anteil an diesen Erfolgen hatte – neben den singenden Gitarrenmelodien des Bandleaders und dem zündenden, mitreißenden Rhythmus der Songs – die von *Gregg Rolie* gespielte Hammond-Orgel, der im Bandarrangement eine *„neo-orchestrale Position als harmonische Hauptstimme"* zukam, wie es die *Hammond Hall of Fame* in Würdigung von *Gregg Rolie* ausdrückt: Auf ihrer Website liest man weiter: *„Die gesamte Gruppe hing an seinem Gerüst. Obwohl die Band den Namen von Carlos Santana trägt, ist es fast unmöglich, an ihre Musik zu denken, ohne die Hammond-Orgel zu hören."* [24] Wegen musikalischer Differenzen verließ *Rolie* Ende 1971 jedoch die Band, hängte zeitweise sogar die Musik komplett an den Nagel, um sich (wenig erfolgreich) im Gastgewerbe zu versuchen, ehe ihn der ex-*Santana*-Gitarrist *Neil Schon* für seine inzwischen gegründete Melodic-Rock-Band *Journey* reaktivierte, mit der *Rolie* bis 1980 weltweit Erfolge feierte. Danach erschienen mehrere Solo-Alben; es folgten kurzlebige Bandprojekte wie *The Storm* oder *Abraxas Pool.* 2016 kam es dann zu einer spektakulären Wiedervereinigung der *Santana*-Bandbesetzung aus den späten 1960er Jahren, die neben der neuen Studioproduktion „Santana IV" auch das im März 2016 in Las Vegas aufgenommene Dreifach-Album „Live At The House Of Blues" zur Folge hatte, das die abgeklärte Reife der Band ebenso wie ihre großartige Spielfreude zeigt.

Daraus jetzt *Gregg Rolies* Komposition „Anywhere You Want To Go", die eigens für die Studioplatte „Santana IV" geschrieben und dann sogar als Single ausgekoppelt wurde. Und auch bei diesem Titel, den *Rolie* übrigens selbst singt, zeigt sich, wie wichtig das von der Hammond-Orgel getragene harmonische

Fundament für den typischen *Santana*-Sound war und ist. Und natürlich gehört *Gregg Rolie* auch namentlich zu jener *Santana*-Besetzung, die bereits 1998 in die *Rock and Roll Hall of Fame* aufgenommen wurde.

Santana (Gregg Rolie): Anywhere You Want To Go

---

[24] https://artists.hammondorganco.com/hall-of-fame.

Nun noch zu einigen Hammond-Spezialisten, die es zwar nicht in die Ruhmeshalle des königlichen Instruments geschafft, aber dennoch ihre hörbaren Spuren in der Rockhistorie hinterlassen haben. Zunächst *John Raymond Goadsby,* ein 1945 geborener Kanadier, der unter seinem Künstlernamen *Goldy McJohn* vor allem als Original-Keyboarder der Rockgruppe *Steppenwolf* bekannt wurde. Ursprünglich ein klassisch ausgebildeter Pianist, gilt er als Pionier beim frühen Einsatz der Hammond B3 im Heavy Metal. *„Er hatte einen perkussiven Stil wie kein anderer Keyboarder und zeichnete sich dadurch besonders aus"* [25], heißt es über ihn im Netz. Von *Steppenwolf* spiele ich das hochpolitische „Draft Resister" – Wehrdienstverweigerung zu Zeiten des Vietnam-Krieges. Darin heißt es: *„Dies geht an alle Wehrdienstverweigerer / Wer wird für die Vernunft kämpfen, / Wenn man sie ins Gefängnis marschieren lässt / In diesem Land der Freiheit? / Erkennt die Bedrohung und die unglaubliche Macht / des mächtigen Pentagon, / das wertvolle Millionen verschwendet / für die Spielzeuge von Washington. / Vergesst nicht die Wehrdienstverweigerer / Und ihr stilles, einsames Flehen, / Wenn man sie ins Gefängnis steckt. / Sie sind dort für dich und mich."* Der Song war 1969 auf der *Steppenwolf*-LP „Monster" erschienen – hier ist die Livefassung vom 1970 erschienen Konzert-Doppelalbum der kanadisch-amerikanischen Band – an der Hammond B3 *Goldy McJohn,* der 2017 verstorben ist.

Danach hören wir am selben Instrumententyp den 1948 in Michigan geborenen *Craig Frost.* Er ist sicher vor allem als Keyboarder von *Bob Seger & The Silver Bullet Band* bekannt, der er Ende der 1970er Jahre beitrat. Seit 1972 hatte er aber schon der Hardrock-Band *Grand Funk Railroad,* die zuvor als ruppiges Power-Trio vornehmlich laut gewesen war, eine zusätzliche musikalische Dimension hinzugefügt. Gemeinsam mit Schlagzeuger *Don Brewer* hat er *Grand Funk* auch als Songwriter maßgeblich geprägt.

Nach der ersten Auflösung von *Grand Funk Railroad* im Jahr 1977 gründete *Frost* zusammen mit den ehemaligen *Grand-Funk*-Bandkollegen *Don Brewer* und Bassist *Mel Schacher* die kurzlebige Band *Flint,* benannt nach dem Geburtsort von *Craig Frost.* Danach dann die erfolgreiche Zeit mit *Bob Seger,* in dessen *Silver Bullet Band* er über zwei Jahrzehnte spielte. Und in den 2000er Jahren war *Frost* hin und wieder dabei, wenn sich seine alten

[25]   https://www.theglobeandmail.com/arts/music/canadian-keyboardist-goldy-mcjohn-defined-steppenwolfs-sound/article35897441/.

Grand-Funk-Kumpels auf diversen US-Hardrock-Festivals zu kurzen Reunions trafen. Von *Grand Funks* 1975 erschienenen Livealbum „Caught In The Act" hören wir „The Railroad", geschrieben vom Gitarristen und Sänger *Mark Farner.*

Steppenwolf (Goldy McJohn): Draft Resister
Grand Funk (Craig Frost): The Railroad

Nun vom Powerrock a la *Steppenwolf* und *Grand Funk Railroad* zum Blues, und auch dort spielte und spielt die Hammond-Orgel eine bedeutende Rolle, auch wenn das Piano – elektrisch oder naturell – zumindest im traditionellen Blues wohl dominiert.

Ein Hammond-Organist, der mit vielen bekannten Bluesmusikern gespielt hat, ist *Tom „T-Bone" Giblin* (oder einfach *„Gibby"*). So hat er in seiner jahrzehntelangen Karriere unter anderem für *Elvin Bishop, Albert Collins, Jimmy Rogers, Luther Allison, Big Joe Turner, Junior Wells, A.C. Reed* oder *Otis Rush* die Tasten gedrückt. Eine besonders intensive Zusammenarbeit verband ihn mit *Lonnie Brooks,* 1933 in Louisiana als *Lee Baker Jr.* geboren. Der hatte sich in den 50er Jahren im Rock'n'Roll versucht, ehe er sich der Band von *Jimmy Reed* anschloss und 1969 die erste eigene LP veröffentlichte. In der Folge entwickelte er seinen eigenen Stil weiter, dem Musikkritiker das Label *Voodoo Blues* verpasst haben. 2017 ist *Lonnie*

Brooks, der für seine energiegeladenen Liveauftritte berühmt war, im Alter von 83 Jahren verstorben. Über seine 1988 bei Alligator Records erschienene Konzert-LP „Live From Chicago – Bayou Lightning Strikes" schrieb der *Guitar Player: „Lonnie bearbeitet den Raum wie ein Feuer-und-Schwefel-Prediger und zelebriert den Blues aus tiefstem Herzen."* [26] An seiner Seite schon damals sein Gitarre spielender Sohn *Ronnie Baker Brooks*, der in den USA inzwischen als bekannter Protagonist des Chicago Blues gilt.

Aus dieser Live-LP gibt's den „Two Headed Man", an der Hammond-Orgel *Tom Gibblin.*

Danach noch ein Stück des im Oktober 2018 verstorbenen Gitarristen und Sängers *Tony Joe White,* der als typischer Vertreter des so genannten *Swamp Rock*

---

[26]   https://www.alligator.com/albums/Live-From-Chicago---Bayou-Lightning-Strikes/.

galt – einer in Louisiana entstandenen Spielart des American Folk, die als Vorläufer des *Southern Rock* Elemente des Country und Blues mit Folk und Cajun-Musik verbindet. Und so verwundert es nicht, dass *Tony Joe White* in Louisiana geboren und aufgewachsen ist. Schon an der High-School spielte er in Bands und hatte Ende der 1960er Jahre einigen Erfolg mit seinen bei *Monument Records* erschienen Platten – *Elvis Presley* machte seinen Song „Polk Salad Annie" 1970 zum Welthit. Als der große Durchbruch für ihn jedoch ausblieb, verlegte sich *Tony Joe White* aufs Schreiben von Songs, die zwar dann andere bekannt machten, ihm aber einträgliche Tantiemen sicherten. So sind etwa vier seiner Titel auf *Tina Turners* LP „Foreign Affair" enthalten, darunter auch der Titelsong selbst.

1971 tourte *Tony Joe White* mit einem Quartett, zu dem auch der spätere *Blues-Brothers*-Bassist *Donald Dunn* gehörte, durch Europa, gab Konzerte in England, Belgien, Schweden und Deutschland. Die dabei entstandenen, qualitativ erstaunlich guten Mitschnitte wurden 1986 von *Dixiefrog* auf Vinyl veröffentlicht, sodass wir gleich die von *Mike Utley* gespielte Hammond-Orgel erleben können. Der 1947 in Arkansas geborene *Utley* hatte 1969 sein Zoologiestudium abgeschlossen und stand vor der Wahl, entweder in die Forschung zu gehen oder aber nach Memphis, wo *Tony Joe White* gerade sein zweites Album aufnahm. *Utley* entschied sich für Letzteres und wurde so auch Mitglied von Tonys Liveband. In der Folge war *Mike Utley* ein gefragter Studiomusiker, arbeitete unter anderem für *Aretha Franklin*, die *Allman Brothers*, *Rita Coolidge* oder *Kris Kristofferson*. Zudem fungiert er als Keyboarder und musikalischer Leiter der *Coral Reefer Band* von *Jimmy Buffett*, dem inzwischen auch als Buchautor erfolgreichen Countryrocker, dem der Staat Florida seit 2011 sogar einen eigenen Tag gewidmet hat: Der 16. April ist dort jährlich der *Jimmy-Buffett-Day!*

Doch hier geht's um *Tony Joe White* bzw. dessen Hammond-Organisten *Mike Utley* – wir hören „My Kind Of Woman". Vorher noch *Lonnie Brooks* mit Tom Giblin an den Tasten…

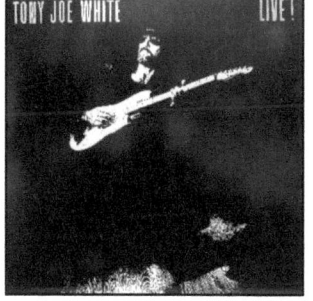

Lonnie Brooks (Tom Giblin): Two Headed Man
Tony Joe White (Mike Utley): Back To The Country

Damit endet die Reihe der US-amerikanischen Organisten, die ich zu Gehör bringen wollte. Es folgt nun ein durchaus etwas exotisches Kapitel – die Hammond-Orgel hat nämlich trotz ihres enormen Gewichts den Eisernen

Vorhang überwunden und sich in der sozialistischen Rockwelt zumindest eine Nische gesichert. Dafür zwei Beispiele.

Zunächst geht's nach Polen, wo wir auf einen Musiker treffen, der bis heute fast wie ein Nationalheld verehrt wird: *Czesław Niemen,* 1939 als *Czesław Juliusz Wydrzycki* im heute weißrussischen Wassiliszki geboren. Sein Künstlername ist die polnische Bezeichnung des Flusses seiner Geburtsstadt, der in der Folge des 2. Weltkriegs den russischen Namen Memel erhalten hat – schon das ein wichtiges Zeichen in Richtung der polnischen Seele.

1958 wurde seine Familie in Polen repatriiert; zu dieser Zeit war *Niemen* als Spross einer musikalischen Familie bereits auf dem Weg zum professionellen Künstler. In Gdansk studierte er Musik, war in Studenten-Combos aktiv und gründete in den 1960er Jahren mit *Enigmatic* sein eigenes Ensemble, das stilistisch zwischen avantgardistischem Rock, Jazz, Blues und traditioneller Kirchenmusik, angereichert um folkloristische Elemente, changierte und rasch über die Grenzen Polens hinaus populär wurde. 1968 erhielt er einen Plattenvertrag von *CBS* und ging für zwei Jahre nach Mailand; 1970 erschien seine erfolgreichste, nach seiner Band benannte Studio-LP. Nach Expertenmeinung offenbart die Musik *„einen tief religiösen, in der Geschichte seiner polnischen Heimat verwurzelten Künstler";* bis heute gilt die LP als *„Meilenstein in der polnischen Musikgeschichte"* und als *„beste polnische Rockplatte aller Zeiten".* [27]

Mit diesem Rückenwind tourte *Niemen* ausgiebig durch Europa, gab Konzerte in Skandinavien, Italien, Frankreich und der Bundesrepublik, in den osteuropäischen Nachbarländern – und 1974 auch in den USA, wo er eine LP gemeinsam mit *Jan Hammer* produzierte. In der DDR verkauften sich seine Platten in den polnischen Kulturzentren Berlin und Leipzig wie geschnitten Brot; er war mehrfach Gast in Ost-Berlin. *„Verehrt und umstritten"* – so eröffnet das 1973 erschienene Beat-Lexikon der DDR seinen Artikel über *Niemen,* um mit den Worten zu schließen: *„Gerühmt wird bei allen Niemen-Aufnahmen der differenzierte Aufbau der Stücke, ihr melodischer und harmonischer Reichtum."* [28]

Als Beleg nun „Strange Is This World" (Dziwny jest ten świat), aufgenommen im Juni 1973 in Helsinki. Der Song war 1967 auf *Niemens* erster Solo-LP erschienen und gilt laut *Wikipedia* in Polen *„bis heute (als) größte(r) Protestsong und ... Hymne der damaligen polnischen Jugend".* [29]

---

27   Vgl. https://de.wikipedia.org/wiki/Czes%C5%82aw_Niemen.
28   Hoffmann, H. P.: Beat, Rock, Rhythm & Blues, Soul. VEB Lied der Zeit Musikverlag, Berlin, 1973, S. 111f.
29   Vgl. https://de.wikipedia.org/wiki/Czes%C5%82aw_Niemen.

Niemen: Strange Is This World

1999 wurde der Komponist, Textautor, Sänger
und Hammond-Organist *Czesław Niemen* in einer
Umfrage der polnischen Wochenzeitung *Polityka*
von 60 Prozent der Teilnehmer zum
bedeutendsten nationalen Künstler gewählt. In
den 80er und 90er Jahren war *Niemen* dann
vornehmlich als Filmkomponist tätig; zudem
betätigte er sich als Maler und Grafiker. 2004 ist *„einer der bedeutendsten und
originellsten polnischen Singer-Songwriter des 20. Jahrhunderts"* [30] an den Folgen einer
Krebserkrankung in Warschau verstorben.

Wir wenden uns von Polen aus nach Süden und treffen in der damaligen CSSR auf
eine Trio-Formation, die zu ihrer großen Zeit als die Antwort des Ostblocks auf
Emerson, Lake & Palmer galt: *Collegium Musicum* mit dem 1947 im slowakischen
Skalica geborenen Keyboarder *Marian Varga* im Zentrum. Nachdem *Varga* das
Konservatorium in Bratislava besucht und seine ersten Liveerfahrungen in der
slowakischen Rockband *Prúdy* gesammelt hatte, gründete er 1970 das *Collegium
Musicum,* das ein Jahrzehnt lang erfolgreiche Artrock-Platten veröffentlichte und
mit seinen Konzerten insbesondere in den sozialistischen Bruderländern für
Begeisterung sorgte; ich habe sie 1973 selbst im halleschen Steintor-Varieté
erleben dürfen. Das Repertoire speiste sich zunächst vorrangig aus Adaptionen
klassischer Komponisten, wobei *Johann Sebastian Bach* sicher den größten Anteil
ausmachte, zunehmend ergänzt durch Eigenkompositionen der Band, die
stilistische Elemente der Klassik aufgriffen und insbesondere die sich sprunghaft
erweiternden Möglichkeiten der Musikelektronik nutzten – und zwar nicht als
oberflächliche Attitüde oder Effekthascherei, sondern als künstlerisches Prinzip.
Nach vier Studioproduktionen ist 1973 beim tschechoslowakischen Label *OPUS*
die erste Live-LP des Trios erschienen. Daraus Part I der zweiteiligen
Komposition „Si Nemozna", zu Deutsch „Du bist unmöglich". Neben *Marian
Varga* an der Hammond-Orgel hören wir *Fedor Frešo* am Bass und den
Schlagzeuger *Dušan Hájek* – das *Collegium Musicum* im Konzert.

---

[30] Zitiert nach: Ebenda.

Collegium Musicum (Marian Varga):
Si Nemozna I

Marian Varga, Organist und musikalischer Kopf des tschechoslowakischen Trios *Collegium Musicum,* wandte sich nach dessen Trennung 1979 der improvisierten Musik zu; nebenher komponierte er für seinen Freund *Pavol Hammel,* mit dem er bereits bei *Prudy* zusammengespielt hatte, und auch das das erste slowakische Rockmusical („Cyrano aus der Vorstadt") stammt aus seiner Feder. Im August 2017 ist *Varga* im Alter von 70 Jahren verstorben. Bei unserem Streifzug durch die Klangwelt der Hammond-Orgel kommen wir nun zum Schluss endlich zu Hause an – mindestens eine bundesdeutsche Band definierte sich in den leider nur wenigen Jahren ihres Bestehens wesentlich über diesen Sound: *Frumpy,* 1970 in Hamburg aus Musikern der Folkrockband *City Preachers* hervorgegangen. Zu denen gehörte auch der Organist *Jean-Jacques Kravetz;* sein kraftvolles Spiel prägte neben der grandiosen Stimme von *Inga Rumpf* entscheidend das akustische Erscheinungsbild der Band, die zu den ersten erfolgreichen Musikexporten Deutschlands in die ansonsten angloamerikanisch dominierte internationale Musikszene gehörte. Legendär ihr Ohrwurm „How The Gypsy Was Born", der diese beiden Komponenten Hammond-Orgel und Gesang auf eine Weise verschmilzt, die man bis dato deutschen Musikern wohl nicht zugetraut hatte.

Und genau da muss man nun etwas relativieren, denn *Jean-Jaques Kravetz* ist – sein Name lässt es vermuten – waschechter Franzose, 1947 in Paris geboren, aber seit 1967 in Hamburg zu Hause, der Liebe wegen, wie es heißt… In Paris hatte *Kravetz* das Konservatorium in den Fächern Klavier und Saxofon absolviert und war unter anderem für die Chansonniers *Michel Polnareff* und *Charles Trenet* tätig. In Hamburg unterrichtete er am dortigen Konservatorium, stieg bei den *City Preachers* ein und gründete *Frumpy* und auch deren Nachfolger *Atlantis* mit. Seit vielen Jahren ist er nun fester Keyboarder und Arrangeur der Bands von *Udo Lindenberg* und *Peter Maffay.* Eine grenzüberschreitende Integration der besonders gelungenen Art also; zudem sind seine beiden Söhne *Pascal* und *Julien* längst auch musikalisch aktiv. Leider ist die *Gypsy*-Hymne auf dem 1973 erschienenen Doppelalbum „Frumpy Live" nicht enthalten, die Konzertmitschnitte aus den Jahren 1971 und 1972 präsentiert. Doch die anderen Songs müssen sich gar nicht verstecken – ich trete den Beweis an mit „Take Care Of Illusions", einer Komposition von *Kravetz* auf

einen Text von *Inga Rumpf.* Und während wir auf
unsere Illusionen achten, darf die Hammond
ordentlich brausen…

**Frumpy (Jean Jacques Kravetz): Take Care
Of Illusions**

Wie stehts eigentlich heute um den Nimbus der
Hammond? Etliche Firmen haben ja seither
versucht, den Sound zu kopieren – *Korg, Roland, Kurzweil* oder die *Nord-Stage-*
Modelle von *Clavia* erreichen da eine beachtliche Authentizität. Hinzu kommen im
Digitalzeitalter Computerprogramme und Plug-Ins, die dem über *Leslie*-Boxen
reproduzierten Klang einer Hammond erstaunlich nahekommen. Hammond
selbst ist seit 1986 ein japanisches Unternehmen, das unter dem Firmennamen
Hammond-Suzuki ein- und zweimanualige Digitalmodelle baut, deren Preise sich
zwischen zwei- und viertausend Euro bewegen. Das Flair der wunderschönen
alten Möbelmodelle erreichen diese Konsolen ganz sicher nicht…
Damit komme ich krönenden Abschluss unserer musikalischen Reise durch den
Kosmos der Hammond-Orgel. Und den zelebriert eine weiße Frau aus deutschen
Landen…
Sie ist neben dem im Vorjahr verstorbenen US-amerikanischen Jazz-Organisten
Joey DeFrancesco die jüngste in der *Hammond Hall of Fame,* und sie ist die einzige
Deutsche in dieser ansonsten angloamerikanisch dominierten Phalanx: *Barbara
Dennerlein,* 1964 in München geboren. Ihr Weg als Künstlerin ist einigermaßen
ungewöhnlich – mit 11 Jahren bekam sie eine elektronische Orgel als
Weihnachtsgeschenk, nahm anderthalb Jahre Unterricht, um sich dann als
Teenager autodidaktisch zu vervollkommnen. Und was sich da in kürzester Zeit
für ein Talent entfaltete, ist atemberaubend! Mit 15 hatte sie ihr erstes
professionelles Engagement, mit 18 war sie im Fernsehen, mit 19 gabs die erste
Platte, auf der sie auch schon als Komponistin hervortrat. Sie spielte vornehmlich
in Bands mit alten weißen Männern, und sie spielte nicht nur mit, sondern gab in
der Regel den Ton an, sprich die musikalische Richtung vor. Dabei entwickelte sie
eine eigene Spieltechnik, indem sie die Bassfiguren nicht – wie es Praxis der
meisten Organisten war – mit der linken Hand ausführte, sondern in einem
virtuosen beidbeinigen Spiel auf dem Pedal.
In der Würdigung auf der Website der *Hammond Hall of Fame* heißt es über *Barbara
Dennerlein,* sie habe *„die Grenzen des Orgel-Jazz ins 21. Jahrhundert verschoben, indem sie
… sich nicht auf die ‚Licks und Tricks‘, die zum Orgel-Jazz-Kanon geworden sind, (verlässt),*

sondern Melodien und Phrasierungen eher wie ein Hornist als ein Keyboarder gestaltet. In einem weiteren Bruch mit Konventionen spielt sie alle ihre Basslinien spektakulär auf dem Pedalboard und lässt dabei ihre linke Hand für die einfallsreiche Begleitung frei."[31] Eine dauerhafte Inspiration für *Dennerlein*, die längst auch auf der klassischen Kirchenorgel zuhause ist, bildet nach eigenen Worten der Blues. So verwundert es nicht, dass ihre jüngste Veröffentlichung eine Kompilation unter dem Motto „Best Of Blues Through The Years" ist. Dazu sagt sie selbst: *„Blues ist unglaublich vielfältig und kann auf so viele verschiedene Weisen gespielt werden. Das Bluesfeeling ist in jedem Moment spürbar in meiner Musik, eine Quelle der Inspiration und Ausdruck der tiefsten Gefühle.*"[32] Und so habe ich eine entsprechende Liveaufnahme von *Barbara Dennerlein* herausgesucht: ihren „Stormy Weather Blues", live mitgeschnitten im *Allotria Jazzclub* in München und 1985 veröffentlicht auf ihrer dritten LP, die den *Vierteljahrespreis der Deutschen Schallplattenkritik* erhalten hat. Begleitet wurde sie dabei vom Schlagzeuger *Joe Nay*, einem der bedeutendsten Jazzdrummer Deutschlands, der leider schon 1990 mit nur 56 Jahren verstorben ist, und einer dreiköpfigen Bläsergruppe.

Die nächste LiveRille im August steht unter dem Motto „Brothers In Arms" – dazu werde ich Liveaufnahmen zusammenstellen, bei denen Familienmitglieder im geschwisterlichen Miteinander auf der Bühne gestanden haben, was bekanntlich nicht immer ganz einfach ist…

Bis dahin: Bleibt gesund und optimistisch und genießt den Sommer, auch wenn jetzt der Blues vom stürmischen Wetter erklingt, bei dem *Barbara Dennerlein* die Hammond-Orgel nochmal gehörig brausen lässt…

Barbara Dennerlein: Stormy Weather Blues

31 https://artists.hammondorganco.com/hall-of-fame.
32 https://www.barbaradennerlein.com/d/neu.php.

Quellen:

- Allman Brothers Band: Live At Fillmore West (Closing Night 27th Juni 1971), Do.-LP, DOL, 2016
- Mike Bloomfield: The Live Adventures Of Mike Bloomfield And Al Kooper (Fillmore), Do.-LP, CBS, 1969
- Lonnie Brooks: Live From Chicago / Bayou Lightning Strikes, LP, Alligator, 1988
- Collegium Musicum: Live, LP, Opus, 1973
- Barbara Dennerlein: Bebab, LP, BEBAB Records, 1985
- Frumpy: Live, Do.-LP, Philips, 1972
- Grand Funk Railroad: Caught In The Act, Do.-LP, Capitol, 1975
- Lee Michaels: Live, Do.-LP, A&M, 1973
- Niemen: Live In Helsinki 1973, LP, New Music – Green Tree, 2018
- Billy Preston: Live European Tour, LP, A&M, 1973
- Santana: Live At The House Of Blues Las Vegas, 3-LP-Set, Universal, 2016
- Steppenwolf: Live, Do.-LP, BMG, 1970
- Tony Joe White: Live!, LP, Dixiefrog, 1986
- The Concert For Bangla Desh, 3-LP-Set, Apple, 1972

No. 65: Brothers On Stage
(Teil 1: Von Beat bis Jazzrock)
August 2023

Diese 65. Ausgabe der LiveRillen sollte ursprünglich den Titel „Brothers In Arms"
erhalten. Allerdings ist mir rasch klargeworden, dass mich mein vor mehr als
einem halben Jahrhundert genossenes DDR-Schulenglisch da auf einen Holzweg
geführt hatte. Denn was *Mark Knopfler* und seine *Dire Straits* 1985 besungen haben,
sind keineswegs sich in den Armen liegende Geschwister, sondern schlicht –
Waffenbrüder! *Knopfler* lässt es im Text nicht an Deutlichkeit fehlen: *„Es gibt zwar
viele Welten, viele Sonnen / aber wir haben nur diese eine Erde. / Und doch ist es so, als lebten
wir / in verschiedenen Welten. […] Wir sind Narren, wenn wir Krieg führen / gegen unsere
Brüder."* [33]
Ein wichtiges Thema, zweifellos – vor einem knappen Jahr hatte ich ja bereits eine
LiveRille dem Thema Krieg und Frieden in der Rockmusik gewidmet.
Heute aber sollen tatsächlich miteinander musizierende Geschwister im
Mittelpunkt stehen (und es sind – alle Gleichstellungsbeauftragten mögen mir
verzeihen – in der Rockmusikgeschichte tatsächlich vorrangig
blutsverwandtschaftlich verbundene Jungs, die sich da in den vergangenen
Jahrzehnten aufmachten, um gemeinsam berühmt zu werden). Also lautet das
leicht veränderte Motto „Brothers On Stage". An mehr oder weniger
erfolgreichen Beispielen mangelt es nicht, wie diese und die nächste LiveRille im
September zeigen werden. Der erwähnte *Mark Knopfler* gehört ja selbst dazu; sein
drei Jahre jüngerer Bruder *David Knopfler* war als Rhythmusgitarrist 1977
Gründungsmitglied der *Dire Straits;* allerdings stieg er bereits 1980 wieder aus, weil
er sich von seinem Bruder dominiert und musikalisch eingeengt fühlte. Zudem
fanden seine eigenen Songideen in der Gruppe wenig Gehör. [34]
Legen wir also die *Dire Straits* zu den Akten, zumal auch ihr 1983 im Londoner
Hammersmith Odeon aufgezeichnetes Livealbum „Alchemy" weder den erst zwei
Jahre später veröffentlichten Titel „Brothers In Arms" noch den längst auf Solo-
Pfaden wandelnden *David Knopfler* präsentiert.
Dafür geht es zunächst weit zurück in der Geschichte der populären Musik zu
einem Duo, das die enge Verwandtschaft bereits demonstrativ im Namen trug:
Die *Everly Brothers.* Der 1937 in Kentucky geborene *Don Everly* und sein zwei Jahre

---

[33] https://www.swr3.de/musik/poplexikon/lyrics/dire-straits-brothers-in-arms--songtext-deutsche-
bersetzung--lyrics-100.html
[34] Siehe: https://de.wikipedia.org/wiki/Dire_Straits

jüngerer Bruder *Phil* begannen Mitte der 50er Jahr mit einer Rockabilly-Mischung aus Country, Folk und akustischem Rock'n'Roll und wurden so zu Inspiratoren neuer Gruppen wie *Beach Boys, Beatles* oder *Hollies,* in deren Ästhetik die Gesangssätze besonders wichtig waren. Und auch *Simon & Garfunkel* knüpften ein knappes Jahrzehnt später dort an, wo die *Everly Brothers* bereits zwischen 1957 und 1961 mit ihren Hits vom Fließband gestanden hatten.

Als 1986 die *Rock and Roll Hall of Fame* in Cleveland/Ohio eröffnet wurde, gehörten die *Everly Brothers* zu den ersten Residents der Ruhmeshalle, die seither jährlich bedeutende Künstlerinnen und Künstler aufnimmt, deren Erstveröffentlichungen allerdings mindestens 25 Jahre zurückliegen müssen. Hier ist das Brüderpaar live vom 1970 aufgenommenen Doppelalbum „The Everly Brothers Show" mit den Songs „(Till) I Kissed You", geschrieben von *Don Everly,* und „Wake Up Little Susie", den das Songwriter-Ehepaar *Felice* und *Boudleaux Bryant* den Brüdern geliefert hatte – 1957 gelang den *Everly Brothers* damit ein Nummer-Eins-Hit.

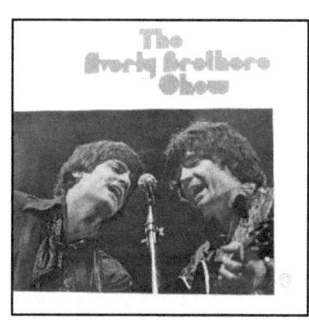

Everly Brothers (Don & Phil Everly): I Kissed You / Wake Up Little Susie

Im Verlaufe der 70er Jahre ließ der Erfolg der *Everly Brothers* merklich nach, die Brüder gönnten sich eine Auszeit, die 1983 ihr Ende fand, als ihnen kein Geringerer als *Paul McCartney* den Hit „On The Wings Of A Nightingale" schrieb. Mit diesem frischen Rückenwind waren sie noch eine ganze Weile erfolgreich aktiv; größere Zerwürfnisse zwischen den Brüdern sind nicht bekannt. Ihr letztes gemeinsames Konzert gaben sie im Herbst 2005; *Phil Everly* verstarb 2014, sein älterer Bruder *Don,* der gelegentlich noch solistisch auftrat, erlag 84jährig im Jahr 2021 einem Herzinfarkt.

Der direkte stilistische Einfluss ihres Harmoniegesangs auf die folgende, bereits genannte musikalische Bruderschaft ist überdeutlich erkennbar – es geht um die *Beach Boys,* die sich 1961 in Kalifornien aus den Brüdern *Brian, Dennis* und *Carl Wilson,* verstärkt um ihren Cousin *Mike Love* und den Schulkumpel *Larry Marks* zusammenfanden; letzterer wurde kurz darauf durch den singenden Gitarristen *Al Jardine* ersetzt. Ab 1963 waren die vom Vater der *Wilson*-Brüder, einem Maschinengroßhändler und Gelegenheitskomponisten, gepushten *Beach Boys* mit ihrer sonnig-harmonischen Wohlfühl-Musik bestens im Geschäft, wobei insbesondere der ausgefeilte Satzgesang überzeugte. *Mike Love* erinnerte sich in

einem späteren Interview, er habe schon in früher Jugend gemeinsam mit den
Wilson-Brüdern bei Familientreffen Songs von *Chuck Berry*, den *Everly Brothers* oder
den *Four Freshmen* gesungen: „*Den Harmoniegesang, der später die Beach Boys auszeichnete,
hatten wir damals schon drauf.* "[35] Ihre Singles belegten regelmäßig Spitzenplätze der
US-Charts, und ihre Konzerte lockten die Teenies in Scharen – manische Kreisch-
Arien der in den meisten Texten ausführlich besungenen Girls inklusive. Das
werden die frühen Aufnahmen, die ich herausgesucht habe, gleich belegen: Die
Liveplatte „Wow! Great Concert!" datiert zwar von 1972, enthält aber Songs der
1964 bei *CAPITOL* erschienenen LP „Beach Boys Concert", die als erste
Liveplatte überhaupt Platz Eins der US-Billboard-Charts erreichte.
Daraus gleich mit „Fun, Fun, Fun" und „Little Deuce Coupe" zwei prototypische
Songs ihrer frühen Phase, die im selben Jahr mit dem Ausstieg des ebenso
genialen wie labilen *Brian Wilson* ihren Abschluss fand; zumindest zeigt die zweite
Hälfte der 1960er Jahre die Beach Boys gewandelt und gereift. Verantwortlich
dafür zeichnet *Brian Wilson*, nun als Komponist und Produzent im Studio nur
scheinbar im Hintergrund. Seine harmonisch wie melodisch komplexen Songs und
deren ausgefeilte Arrangements prägen die 1966 erschienene LP „Pet Sounds", die
von Kritikern zurecht als Meilenstein der Popgeschichte gelobt wird, auch wenn
die Plattenfirma *CAPITOL* seinerzeit wenig begeistert war von der Abkehr von
den simplen Hit-Strickmustern früherer *Beach-Boys*-Tage, die der Band auch etliche
Fans kostete. Und auch wenn die *Beach Boys* 1970 mit *Brother Records* ein eigenes
Label gründeten, litt die Harmonie zwischen den Brüdern in der Folge merklich,
zudem gab es in mehrere Personalwechsel in der Band, ehe ab 1974 auch *Brian
Wilson* zumindest zeitweise wieder live in Erscheinung trat.
Dafür rutschte *Carl Wilson* immer tiefer in den Drogensumpf, und Bruder *Dennis*
forcierte seine Solo-Karriere mit seiner ersten, 1977 erschienenen LP. Mal
überwogen nun die Fliehkräfte, mal die gegenseitige Anziehung der Musiker –
erstaunlich, dass es die *Beach Boys* nach über sechzig Jahren noch heute gibt, auch
wenn mit *Mike Love* nur noch ein Gründungsmitglied auf der Bühne steht. Derzeit
absolvieren sie eine ausgedehnte US-Tour, spielten Anfang Juli an gleich drei
Abenden im *Hollywood Bowl*, die Ticketpreise lagen zwischen 29 und 234 US-
Dollar.
In ihren eigenen Worten sind die *Beach Boys* mit ihrer Musik „*ein unauslöschlicher Teil
der amerikanischen Geschichte. Ihre brillanten Harmonien vermittelten einfache Wahrheiten
durch raffinierte, bahnbrechende musikalische Arrangements. Die Beach Boys gingen über ihre*

---

[35] GoodTimes, Heft 6/2021, S. 56.

Musik hinaus und repräsentieren die kalifornische Kultur" [36] – so heißt es auf ihrer offiziellen Website, die natürlich auch die Erinnerung an die inzwischen verstorbenen Brüder *Carl* und *Dennis Wilson* aufrecht hält. *Dennis Wilson* ertrank schon 1983 mit nur 39 Jahren beim Tauchen; in seinem Blut fanden sich Alkohol und Drogen. Der Kettenraucher *Carl Wilson* starb 1998 an Lungenkrebs. Überlebt hat *Brian Wilson,* der vor kurzem 82 Jahre alt geworden ist; Episoden seines Lebens zwischen Genie und Wahnsinn hat Regisseur *Bill Pohlad* 2014 in dem Spielfilm „Love & Mercy" verarbeitet. Dass die *Beach Boys* natürlich in der Ruhmeshalle des Rock verewigt sind, versteht sich von selbst; zudem wird *Brian Wilson* vom *Rolling Stone* auf Platz 12 der bedeutendsten Songschreiber aller Zeiten geführt. Hier sind nun die *Beach Boys* aus ihrer ganz frühen Zeit live mit den Brian-Wilson-Kompositionen „Fun, Fun, Fun" und „Little Deuce Coupe".

The Beach Boys (Brian, Carl & Dennis Wilson): Fun Fun, Fun / Little Deuce Coupe

Die *Beach Boys* – ein Beispiel für eine keineswegs konfliktfreie, insgesamt aber durchaus erfolgreiche Bruderschaft in der populären Musik. Dies gilt auch für ein verwandtschaftlich enges Dreigestirn, das zunächst in der zweiten Hälfte der 1960er Jahre mit seinen mitunter die Schnulzengrenze überschreitenden Balladen die Teenager-Herzen höherschlagen ließ, ehe es in den 70ern nach gewagtem Stilwechsel auch die Kinoleinwände und Diskotheken eroberte: Die *Brothers Gibb* oder kurz: *Bee Gees.* Kindheit und Jugend hatten der 1946 geborene *Barry Gibb* und seine drei Jahre jüngeren Zwillingsbrüder *Robin* und *Maurice* in Australien verbracht, wohin die aus Manchester stammende Familie 1958 ausgewandert war. Dort hatte das Trio mit „Spicks And Specks" auch einen ersten Hit, der 1967 auch den Boden für die Rückkehr nach England bereitete. Komplettiert durch den Gitarristen *Vince Melouney* und den Schlagzeuger *Colin Petersen* starteten sie noch im selben Jahr richtig durch – die Ohrwurm-Ballade „New York Mining Desaster 1941" über ein tragisches Grubenunglück war nur der Auftakt zu einer Reihe von Hits, die insbesondere auf die Balladen-Qualitäten der Gibb-Brüder bauten: „To Love Somebody", „Words", „World", „Massachusetts" oder „I've Gotta Get A Message To You" seien stellvertretend genannt. Hauptsänger wurde *Robin Gibb,*

---

[36] https://thebeachboys.com/about/.

dessen „grotesk überzogenes Stimm-Soul-Vibrato" [37] wohl nicht nur Rocklexikon-Verfasser *Siegfried Schmidt-Joos* an die *Everly Brothers* erinnerte; vokalharmonisch assistiert von *Barry* an der Gitarre und *Maurice,* der Bass oder Keyboards spielte. Der *Stereo Review* etikettierte die Gebrüder als *„Meister der romantischen Ballade"* [38], auch wenn ihre pompösen Orchesterarrangements und die häufig banalen oder gewollt surrealen Texte bei echten Rockfans kaum auf Interesse stießen. Immerhin verkauften sich ihre Singles und LPs millionenfach, ehe um 1970 herum der zunehmende Streit zwischen *Robin* und *Barry Gibb* um die musikalische Ausrichtung und die persönliche Dominanz zu einer Dauerkrise führte. Beide versuchten sich mit wenig erfolgreichen Solo-Platten, ehe ein vom Produzenten *Arif Mardin* empfohlener Stilwechsel den Erfolg bei einer anderen Klientel zurückbrachte. Die 74er LP „Main Course" unterwarf sich klaglos den Anforderungen der Disco-Ära, was drei Jahre später der Soundtrack zum Tanzfilm „Saturday Night Fever" noch perfektionierte – und die *Bee Gees* vom Dancefloor in ganz andere Lebensbereiche hineinwirken ließ: Seither gilt ja ihr „Stayin' Alive" den Lebensrettern weltweit als Taktgeber der Herzdruckmassage. Die weitere Karriere der Gruppe war von Höhen und Tiefen geprägt – der Beliebtheit beim Tanzpublikum stand die offene Verachtung der Rockfans deutlich gegenüber. Und auch ich gebe gern zu, dass sich mir beim nun dominierenden Falsettgesang der Bruderschaft regelmäßig die Nackenhaare sträuben. Dass die *Bee Gees* dennoch seit 1997 in der *Rock and Roll Hall of Fame* residieren dürfen, soll aber nicht verschwiegen werden.

Heute lebt mit dem 2017 von der Queen in den Ritterstand erhobenen *Sir Barry* nur noch der älteste der *Gibb*-Brüder – die Zwillinge *Maurice* und *Robin* sind 2003 bzw. 2012 verstorben.

Zur Erinnerung an ihre wirklich große Zeit lege ich nun zwei Titel aus ihrem Album „Here At Last … Bee Gees … LIVE" auf, das 1977 auf dem Label *RSO* ihres langjährigen Produzenten und Managers *Robert Stigwood* erschienen ist: „I've Gotta Get A Message To You" aus den 60ern sowie „Nights On Broadway", mit dem sich 1974 besagter Stilwechsel schon andeutete. Die Brüder *Barry, Robin* und *Maurice Gibb* Ende 1976 in harmonischer Eintracht live auf der Bühne des *Forum* in Los Angeles.

---

[37]   RL, Band 1, S. 101.
[38]   Vgl. ebenda.

The Bee Gees (Robin, Barry & Maurice Gibb): I've Gotta Get A Message To You / Nights On Broadway

Was soll man davon halten, wenn ein Musiker auf die Frage, ob es eine gute Idee sei, mit seinem Bruder eine Band zu gründen, mit einem deutlichen „*NEIN!*" antwortet?! Der das sagt, ist *Ray Davies,* Leadsänger und Gitarrist der britischen *Kinks,* die er gemeinsam mit seinem drei Jahre jüngeren Bruder *Dave* am Neujahrsmorgen des Jahres 1964 in London aus der Taufe hob, nachdem beide schon zuvor mit *The Ravens* getingelt waren. „*Zwischen Dave und mir flogen immer die Fetzen, aber wenn am Ende gute Musik rauskommt, ist das alles, was zählt*" [39], so *Ray Davies* weiter. Und gute Musik gab es von ihnen tatsächlich reichlich, insbesondere in den 1960er Jahren, als die *Kinks* neben den *Beatles,* den *Stones,* den *Small Faces,* den *Hollies* oder *The Who* zur so genannten *British Invasion* gehörten, die den USA den Rang als Trendsetter der populären Musik erfolgreich streitig machte. Dabei unterschied sich die Weltsicht der *Kinks* durchaus von den anderen Genannten; die Texte von *Ray Davies* nahmen satirisch bis sarkastisch den britischen Mittelstand heftig aufs Korn, und die Musik der *Kinks* kam mal als aggressiv-simples Riff daher wie bei ihrem ersten Nummer-Eins-Hit „You Really Got Me" oder bei der Frage „Where Have All The Good Times Gone", die durchaus im Kontext der *Who*-Hymne „My Generation" gesehen werden kann, und mal als süßliche Melodie im bewussten Kontrast zur textlichen Botschaft wie bei „Dead End Street" oder „Sunny Afternoon".

Apropos „You Really Got Me": „*Für den Song war ich verantwortlich*", so *Ray Davies; „für das unglaubliche Riff aber mein Bruder Dave als Leadgitarrist.*" [40] Bekanntlich hatte dieser im Studio seinen Lautsprecher aufgeschlitzt und so den vulgär-aggressiven Sound erzeugt, der später gar als Wegbereiter von Hardrock und Punk gefeiert wurde.

Und ähnlich wie *Pete Townshend* bei *The Who* wiesen auch die *Kinks* unter der Regie von *Ray Davies* nach, dass sie mehr draufhaben als Drei-Minuten-Hits für die Musicbox: Ihr Songzyklus „Arthur Or The Decline And Fall Of The British Empire" erschien 1969 parallel zur *Who*-Rockoper „Tommy"; in den 70er Jahren ließ *Ray Davies* dann noch die Sozialparabel „Preservation Act 1 & Act 2" folgen.

---

[39] GoodTimes, Nr. 6/2020, S. 77.
[40] Ebenda, S. 76.

Er war und ist bis heute zweifellos der kreative, zugleich höchst dominante Nucleus der erfolgreichen Band, die in Kürze ihr 60jähriges Jubiläum begehen kann – das wird mir zu gegebener Zeit eine LiveRille wert sein. Dass sein Bruder *Dave* als Leadgitarrist durchaus auch über Songwriter-Qualitäten verfügte, die innerhalb der Band allerdings kaum zur Geltung kamen, darf als kleine Tragik dieser verwandtschaftlichen Konstellation gesehen werden. Immerhin hatte *Dave Davies* seinerzeit mit „Dead Of A Clown" auch einen veritablen Hit, der sich allerdings auf keiner der Kinks-Livealben wiederfindet.

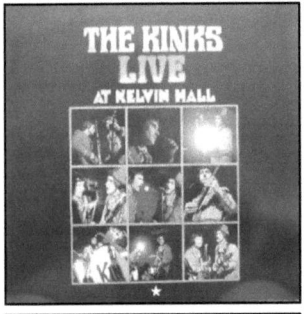

"Wir waren nie ein wirkliches Team", sagt Ray Davies heute. *„Aber immerhin, wir verstehen uns derzeit leidlich gut. So gut, wie das bei zwei Hitzköpfen möglich ist. Wir sind zu unserem immer schon gestörten Verhältnis zurückgekehrt."* [41]

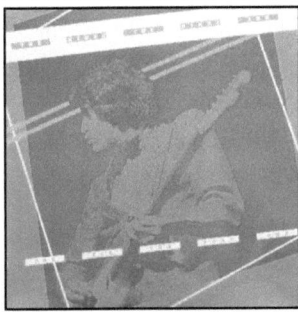

Warten wir mal ab, ob daraus noch einmal Studio- oder gar Liveaktivitäten der Kinks erwachsen werden. Dem Vernehmen nach werkeln sie tatsächlich an neuen Aufnahmen – wir sind gespannt!

Ich habe von meinen drei Liveplatten der Band je einen Song ausgewählt. Zunächst von der 1967 erschienenen LP „The Kinks Live At Kelvin Hall" die 65er Single „Till The End Of The Day". Danach deren B-Seite „Where Have All The Good Times Gone" vom 1980er Album "One For The Road", und schließlich mit „Lost And Found" ein fast schon altersweiser Song, 1987 in den USA aufgenommen und im selben Jahr auf der Liveplatte „The Road" veröffentlicht.

The Kinks (Dave & Ray Davies): Til The End Of The Day / Where Have All The Good Times Gone / Lost And Found

41   GoodTimes, Nr. 6/2019, S. 48.

Auch zwischen den Brüdern *John* und *Tom Fogerty*, die ab 1967 mit ihrer schon einige Jahre zuvor an einer High-School in San Francisco gegründeten Band *Creedence Clearwater Revival* fünf Jahre lang Hit auf Hit lieferte, herrschte keineswegs stets eitel Sonnenschein, wobei sich hier mit *John* der vier Jahre jüngere der Brüder als genialer Songwriter durchsetzte, der aus einfachen Zutaten zeitlose Songperlen herstellte, ohne die bis heute keine Oldie-Party auskommt.

„Mit hartem, rustikalen Blues und der schönen Primitivität des Rock'n'Roll war die vielfach ausgezeichnete Gruppe 1969/70 Nummer Eins in den USA"[42], und das mit weitem Abstand vor den *Beatles,* wie *Siegfried Schmidt-Joos* in seinem Rocklexikon zu berichten weiß. Gemeinsam mit ihren Schulfreunden *Stu Cook* und *Doug Clifford,* die an Bass und Schlagzeug für den treibenden Rhythmus der *CCR*-Titel sorgten, hatten sich die *Fogerty*-Brüder in einem alten Lagerhaus in Berkeley einen Wohn- und Arbeitsort geschaffen, eine Art Hauptquartier, von dem aus bis zum Herbst 1972 die Hitmaschine dirigiert und die weltweiten Tourneen geplant wurden. Zuletzt waren *CCR* allerdings nur noch ein Trio, denn Gitarrist und Background-Sänger *Tom Fogerty* hatte bereits Anfang 1971 die Nase voll von seinem dominanten und zu dieser Zeit wohl auch ziemlich arroganten Porschefahrer-Bruder *John* und war aus der Band ausgestiegen, die daraufhin ihre ausgedehnte Europatournee zu dritt absolvieren musste – die Alben „Live Europe" und „Live In Germany" zeigen aber, dass das durchaus funktionierte.

Tom Fogerty versuchte sich an Soloprojekten, gründete die wenig erfolgreiche Band *Ruby* und hängte schließlich die Musik komplett an den Nagel, um sein Leben auf Hawaii als Immobilienmakler zu genießen, was ihm nicht lange vergönnt war – 1990 erlag er einer schweren Tuberkulose, wobei wohl eine AIDS-verunreinigte Blutkonserve ursächlich für den Tod gewesen sein soll.

John Fogerty verstrickte sich nach dem Ende der Band in langwierige juristische Auseinandersetzungen mit seinem Label *Fantasy Records* um die Rechte an seinen Songs, die ihm erst in den 1980er Jahren wieder zugesprochen wurden. Seither ist er regelmäßig musikalisch aktiv; mit den Solo-LPs „Centerfield" und „Blue Moon Swamp" gelang ihm ein überzeugendes Comeback. Live ist er bis heute vor allem mit altem *CCR*-Material zu erleben, das bei ihm allerdings noch immer so rau und frisch klingt wie am ersten Tag. Seit 2017 spielen übrigens seine Söhne *Shane* und *Tyler* in seiner Liveband mit.

Sprung zurück in die große Zeit von *Creedence Clearwater Revival:* Nicht zuletzt hatte ihr Auftritt beim *Woodstock*-Festival in den frühen Morgenstunden des 17. August 1969 ihren Ruf als kraftvolle Liveband begründet, auch wenn dies weder im

---

[42]   RL, Band 1, S. 232.

Woodstock-Film noch auf den danach erschienenen Woodstock-Alben dokumentiert wurde – juristische Streitigkeiten mit dem Management hatten die Veröffentlichung der Woodstock-Aufnahmen lange verhindert, die erst 2019 auf einer Doppel-LP erschienen sind. Daraus spiele ich zunächst „Born On The Bayou", das deutliche Elemente des von *CCR* miterfundenen *Swamp Rock* enthält, so etwa den federnden Rhythmus oder die tremoloverzerrte Leadgitarre, gefolgt

vom damals brandneuen „Green River". Die gleichnamige Studio-LP war unmittelbar vor dem Festival in den USA erschienen; der *Rolling Stone* listet sie auf Platz 95 der 500 wichtigsten Rockalben aller Zeiten.

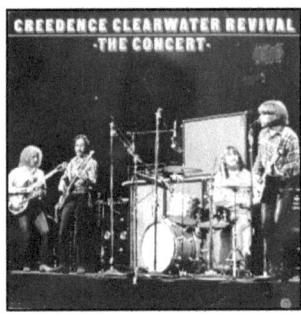

Der darauf ebenfalls enthaltene Song „Bad Moon Rising" wurde einer der erfolgreichsten Titel von *CCR,* Nummer Eins in England, Nummer Zwei in den US-Single-Charts, und den spiele ich von der Liveplatte „In Concert", die im April 1970 – also noch in kompletter Quartettbesetzung – in Oakland mitgeschnitten wurde. Unverwüstliche Ohrwürmer, die noch heute jeden Tanzboden beleben!

Creedence Clearwater Revival (John & Tom Fogerty): Born On The Bayou / Green River / Bad Moon Rising

Nun zu einem kanadischen Familien-Trio, das sich auch im Namen seiner Band verewigt hat: *Bachman-Turner-Overdrive,* wobei der 1943 in Winnipeg, Manitoba, geborene Namensgeber *Randy Bachman* als Songschreiber, Sänger und Leadgitarrist seine jüngeren Brüder *Robbie,* Jahrgang 1953, der am Schlagzeug saß, und den 1951 geborenen *Timmy,* der Gitarre und Gesang beisteuerte, wohl überstrahlte. *Randy Bachman,* der nach seiner erfolgreichen Zeit bei *Guess Who* 1970 zunächst die Country-Rock-Band *Brave Belt* gegründet hatte, formte diese gemeinsam mit *C. F. Turner* zu *Bachman-Turner-Overdrive* um – kurz *BTO.* Da waren die Brüder *Rob* und *Tim* bereits dabei, und ab 1973 stellte sich mit ihrem geradlinigen, schnörkellosen Rock auch der internationale Erfolg ein.
Tim Bachman verließ *BTO* allerdings 1974, kurz nach der Veröffentlichung der zweiten LP. Ihm ging es nach eigenen Worten darum, mehr Zeit mit seiner

Familie zu verbringen; seine Brüder berichteten jedoch [43], dass er entlassen worden sei, weil er auf Tour gegen *Randy Bachmans* strenge Regeln verstoßen habe, zu denen der absolute Verzicht auf Alkohol und Drogen gehörte. Bei mehreren Reunions der Band in den 1980er Jahren war aber auch *Tim Bachman* live und im Studio wieder mit von der Partie. Leider sind die beiden jüngeren Brüder in diesem Jahr kurz nacheinander verstorben – ich werde in der Dezembersendung der LiveRillen, die unter dem Motto „Rest In Peace – die Abgänge des Jahres" stehen wird, noch einmal darauf zurückkommen.

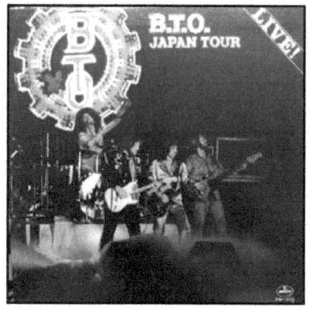

Heute erinnere ich aber gern an die große und erfolgreiche Zeit der *Bachman*-Brüder. Zunächst „Roll On Down The Highway" vom 1977 in der *Budokan* von Tokyo aufgenommenen Album „Japan Tour" – mit *Robbie Bachman* am Schlagzeug und dem Gitarristen *Blair Thornton,* der zu diesem Zeitpunkt *Tim Bachman* ersetzt und auch alle sechs Studioalben zwischen 1974 und 1979 mit eingespielt hat.

Danach die zweifellos richtige Erkenntnis „Bad News Travels Fast", nun wieder mit *Tim Bachman* an der zweiten Gitarre, von der 1986 bei *CURB Records* (einem Sub-Label von *MCA*) erschienenen LP „LIVE!-LIVE!-LIVE!".

Bachman-Turner-Overdrive (Randy, Rob & Tim Bachman): Roll On Down The Highway / Bad News Travels Fast

Die meisten der musikalischen Brüder, die bisher Erwähnung fanden, haben ihren Bands zweifellos den Stempel deutlich aufgedrückt. Da ist es nicht schwer, biografische Informationen zusammenzutragen. Im folgenden Fall ist das anders: Für einige Jahre spielten in der Band des 1944 in Ostpreußen geborenen *Joachim Krauledat,* dessen Mutter mit ihm nach der Flucht vor der Roten Armee aus der sowjetischen Besatzungszone in den Westen ging und schließlich nach Kanada emigrierte, auch zwei Brüder – der Gitarrist *Michael Palmer* sowie *Steven Palmer* am Schlagzeug. Genau: Die Rede ist von *Steppenwolf,* jener 1968 in Kalifornien gegründeten Band, die in ihrer frühen Zeit mit „Born To Be Wild", „Magic Carpet

43 Siehe: https://en.wikipedia.org/wiki/Tim_Bachman.

Ride", „The Pusher" oder „Monster" echte Meilensteine des noch jungen Hard Rock geschaffen hat.

Ab 1972 begann dann das Personalkarussell rund um *Krauledat,* der sich nun *John Kay* nannte, heftig zu kreisen: Die Liste der zeitweiligen Bandmitglieder umfasst immerhin mehr als vierzig Namen; manche wurden von *John Kay* für eine Tour oder Studioproduktion rekrutiert und blieben nur wenige Monate bei *Steppenwolf;* andere spielten dort ein paar Jahre. Über die Brüder *Steven* und *Michael Palmer* ist dagegen wenig herauszubekommen, zumal Verwechslungen mit gleichnamigen Musikern droht – so gibt es etwa einen Reggae-Sänger *Michael Palmer* und einen Nashville-Country-Gitarristen namens *Steven Palmer.* Belassen wir es also dabei, dass beide von 1980 bis 1984 der Band angehörten, an der Studio-LP „Wolf-Tracks" von 1983 beteiligt waren und auch auf einigen Soloplatten *John Kays* mitspielten. Immerhin kann man sich das Gitarren-Equipment von *Michael Palmer* auf dem Webportal *equipboard.com* anschauen, und mit seiner Band *We Were Promised Jetpacks* ist er einige Male auf *YouTube* zu sehen.

Wir erfreuen uns jetzt an zwei selten gespielten Aufnahmen von *Steppenwolf* von

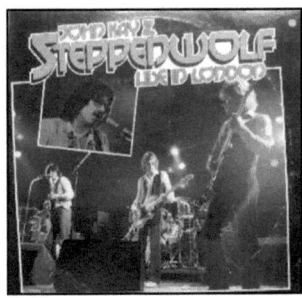

der 1981 erschienenen Konzertplatte „Live In London": „Ain't Nothing Like It Used To Be" – der Song erschien als Studioproduktion dann erst drei Jahre später auf einem Retrospektive-Sampler von *Steppenwolf* – gefolgt vom Liebeslied „You".

Steppenwolf (Steven & Michael Palmer): Ain't Nothing Like It Used To Be / You

Vielleicht muss man es als familiären Glücksfall bezeichnen, wenn sich zwei Brüder (Zwillinge obendrein) für Instrumente begeistern, die einander organisch ergänzen und zudem – wie bei Schlagzeug und Bass – als Rhythmusgruppe das für die Rockmusik so wichtige Fundament liefern. Zumindest kann man da eine gut geölte, perfekt eingespielte Maschine mit sauber ineinandergreifenden Basslinien und Rhythmus-Pattern erwarten – eben genau so, wie es bei *Chuck* und *John Panozzo* auch der Fall ist. Der Fall war, besser gesagt, denn *John Panozzo,* der Schlagzeuger, ist bereits 1996 verstorben, während sein Bruder *Chuck* sich im Jahr 2001 als schwul outete und seine HIV-Infektion bekanntgab.

Beide Brüder wurden 1948 in Chicago geboren und machten bereits als Teenager in ihrer Heimatstadt gemeinsam Musik. Mit dabei der singende Keyboarder *Dennis DeYoung.* Nach einem knappen Jahrzehnt, in dem die Gitarristen *John Curulewski* und *James Young* hinzugestoßen waren, nannte sich das Quintett in *Styx* um und veröffentlichte ab 1972 Studioplatten mit stark konstruiertem Mainstream-Rock. *„Sphärenklänge vom naiv malträtierten Synthesizer, emphatischer Gesang, bleischwere Gitarrensoli orchestrierten die permanente Selbstfeier der Musiker, die sich als soziale Aufsteiger und rechtmäßige Herrscher über ihre Fangemeinde narzißstisch hochleben ließen"* [44], ätzte *Siegfried Schmidt-Joos* in seinem Rocklexikon über die Band, die sich wohl gern als US-amerikanische Antwort auf *Supertramp, Toto* oder *Queen* verstanden wissen wollte. Immerhin genossen *Styx* nach ihrem Wechsel zum Majorlabel *A&M* zwischen 1975 und 1981 den Status einer Stadien füllenden Band, die ihre Fans auch live zu überzeugen wusste, was nicht zuletzt der eingespielten Rhythmusgruppe von *Chuck* und *John Parnozzo* zu verdanken war.

Das neunte *Styx*-Album „Cornerstone" erreichte 1979 immerhin Platin-Status. Die beiden Single-Auskopplungen „Babe" und das eher untypisch-folkige „Boat On The River" wurden Nummer-Eins-Hits. Der Nachfolger „Paradise Theatre" von 1981 geriet sogar zum kommerziell erfolgreichsten Album der Band und landete auf Platz eins der Billboard Hot-100-Charts. Größter Hit darauf war „The Best Of Times". Die beste Zeit war damit allerdings vorbei für die *"Arena-Band der übergezogenen visuellen Effekte und überdehnten akustischen Exzesse"* [45] – um nochmal *Siegfried Schmidt-Joos* zu zitieren. In den 80ern begann der Abstieg, zunächst mit missglückter Anbiederung an computerisierte Dancefloor-Klänge, dann mit Hardrock-Attitüden, die von den echten Metal-Fans bestenfalls belächelt wurden. 1984 erschien quasi als Abgesang auf ihre große Zeit das Livealbum „Caught In The Act", und auch wenn der *Rolling Stone* gnadenlos urteilte, Livekonzerte von Styx hätten *„die emotionale Intensität eines McDonald's-Milchshakes"* [46], will ich daraus doch zwei Titel spielen, da sich *Styx* ansonsten kaum wieder in die LiveRillen verirren dürften. Hier sind also die beiden Single-Hits „Babe" und „Boat On The River", 1979 erschienen auf dem *Styx*-Album „Cornerstone".

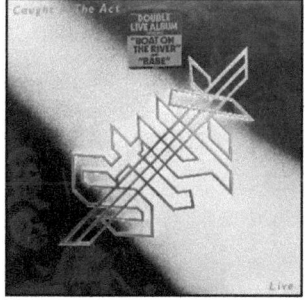

Styx (Chuck & John Panozzo): Babe / Boat On The River

Die Band existiert allen Widrigkeiten zum Trotz heute noch, auch wenn von der Urbesetzung nur noch *James Young* und *Tommy Shaw* dabei sind. Der aktuelle Bassist *Ricky Philipps,* der zuvor unter anderem bei *Bad English* gespielt hat, lässt

---

44 RL, Band 2, S. 902.
45 Ebenda.
46 Zitiert nach ebenda.

sich immerhin so zitieren: *„Hinter Styx steckt eine total eingeschworene Gemeinschaft. …*
Aufgeben gilt nicht. Und über das Alter denken wir schon überhaupt nicht nach. " [47] Nun gut
– mit gerade mal 70 Jahren ist er so etwas wie der Benjamin der Band…
Nun zu einer Band, der gleich drei hochmusikalische Brüder über Jahrzehnte
hinweg den Stempel aufgedrückt haben: Keyboarder *Steve Porcaro* (Jahrgang 1957)
gehörte 1976 in Los Angeles zu den Gründern der Gruppe *Toto,* ebenso wie sein
1954 geborener Bruder *Jeff* am Schlagzeug, und als der ein Jahr jüngere *Mike
Porcaro* 1984 den vorherigen Bassisten *David Hungate* ersetzte, bildeten wie bei Styx
auch hier zwei Brüder jene gut geölte Rhythmusgruppe, ohne die Rockmusik nicht
funktionieren kann. Dennoch – und *Styx* mögen mir das nachsehen – agierten *Toto*
damit doch auf einem etwas höheren Level als die Konkurrenz aus Chicago.
Allerdings sahen sich auch *Toto* mit dem Vorwurf einer gewissen Sterilität ihrer
ausgeklügelten und perfekt produzierten Rockwerkstücke konfrontiert. Vielleicht
resultierte diese mitunter kühl wirkende Perfektion aus der Tatsache, dass alle
Toto-Mitglieder zuvor jahrelange Erfahrungen als Studiomusiker und Sidemen bei
diversen Bands gesammelt hatten, ehe sie sich an eigenes Material wagten. Nun,
wie dem auch sei – das Publikum hatte und hat bis heute seine Freude an den
ausgefeilten Satzgesängen und den ins Ohr gehenden Hook-Lines bei Songs wie
„Rosanna", „Hold The Line" oder „Africa".
Das musikalische Talent war den in Hartford, der Hauptstadt des US-
Bundesstaates Connecticut, geborenen *Porcaro*-Brüdern sozusagen in die Wiege
gelegt: Vater *Joseph „Joe" Porcaro* war ein exzellenter Jazz- und Rockdrummer, der
live und im Studio unter anderem für *Frank* und *Nancy Sinatra, Bonnie Raitt, Pink
Floyd, Tom Waits,* die *Monkees* und *Madonna* gearbeitet hat. Er ist im Jahr 2020 im
hohen Alter von 90 Jahren verstorben und war bis zuletzt als Schlagzeuglehrer
aktiv.
Sein ebenfalls Schlagzeug spielender Sohn *Jeff Porcaro* erlag schon 1992 den Folgen
seines jahrelangen Kokain-Missbrauchs; Bassist *Mike Porcaro* musste nach einer
ALS-Diagnose 2007 der Band adé sagen und verstarb 2015 an der unheilbaren
Krankheit. *Steve Porcaro,* der Keyboarder, war 1987 bei *Toto* ausgestiegen, kehrte
aber 2010 zurück und war noch bis 2019 aktives Mitglied. In der aktuellen
Besetzung taucht sein Name allerdings nicht mehr auf; die Tasten bedienen nun
Steve Maggiora und *Dominique Taplin.*
Liveaufnahmen, an denen alle drei *Porcaro*-Brüder beteiligt sind, existieren leider
nicht, da sie zeitversetzt bei *Toto* aktiv waren. Also gibt es zunächst von der 2018
bei *Columbia* erschienen LP „TOTO – Live In Tokyo 1980" den Song „White

---

[47]   GoodTimes, Nr. 4/2021, S. 24.

Sister" mit *Steve Porcaro* an den Keyboards und *Jeff Porcaro* am Schlagzeug. Danach vom 1991 aufgenommenen Album „Live At Montreux" das Jazzrock-Instrumental „Jake To The Bone", an dem neben *Jeff* nun auch sein Bruder *Mike Porcaro* am Bass beteiligt war, während sich *Steve* gerade eine Auszeit von *Toto* gönnte. Die zu diesem Zeitpunkt im Quartett agierende Band wird komplettiert durch Keyboarder *David Paich* und natürlich *Steve Lukather* an der singenden Gitarre. Das Album wurde 2016 von *earMUSIC* veröffentlicht.

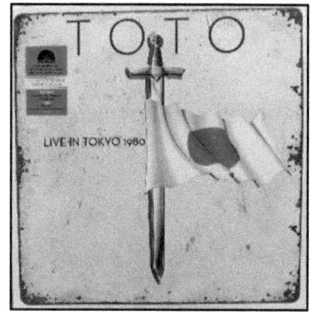

Toto (Steve, Jeff & Mike Porcaro): White Sister / Jake To The Bone

Zum Schluss dieser ersten LiveRillen-Ausgabe zum Thema „Brothers In Rock" kommen wir nochmal nach England zurück und bleiben beim Progressiv-, Art- und Jazzrock: *Gentle Giant,* der sanfte Riese, wurde 1970 in London von den Brüdern *Derek, Phil* und *Raymond Shulman* gegründet, um endlich die in ihren vorherigen Bands vermissten Freiheiten des Musizierens zwischen Klassik, Folksong, Polyrhythmik und Free Jazz ausagieren zu können. Das kam vor allem beim studentischen Publikum gut an, und *Gentle Giant* wurden mit ihrem hochprofessionellen Eklektizismus ein Jahrzehnt lang zu Trendsettern des noch jungen Genres. Und auch dieser Band werden wir in der Dezember-Gedenksendung der LiveRillen wiederbegegnen, denn Multiinstrumentalist *Ray Shulman* ist Ende März 2023 im 74. Lebensjahr verstorben. Der charismatische Frontmann *Derek Shulman* stieg nach seiner Zeit bei *Gentle Giant* ins Musikbusiness ein und dort bis zu Chefposten großer Plattenfirmen auf; er war im Hintergrund maßgeblich für den Erfolg von Bands wie *Bad Company, Slipknot* und *Nickelback* verantwortlich. *Phil Shulman,* mit Jahrgang 1937 der älteste der drei Brüder, war schon 1973 nach der Mitwirkung an den ersten vier Studioplatten von *Gentle Giant* aufgrund der stressigen Livetouren ausgestiegen und hatte die Musik an den Nagel gehängt; er lebt heute zurückgezogen in Hardway, einer Kleinstadt in Hampshire im Süden Englands.

Im September folgt dann Teil 2 der „Brothers On Stage", unter anderem mit den *Allman Brothers,* mit *Johnny* und *Edgar Winter, Stevie Ray* und *Jimmie Vaughan,* der *Edgar Broughton Band* und der Gruppe *INXS* – freut euch drauf!

Zum heutigen Ausklang noch ein paar Takte von *Gentle Giants* Livealbum „Playing The Fool", mitgeschnitten auf der Europatour der Band im Herbst 1976 mit den Brüdern *Ray* und *Derek Shulman* und dem Song „Peel The Paint / I Lost My Heart".

Gentle Giant (Ray, Derek & Phil Shulman): Peel The Paint / I Lost My Head

Quellen:

➢ Bachman Turner Overdrive: B.T.O. Japan Tour, LP, Phonogram, 1977
➢ Bachman Turner Overdrive: Live! Live! Live!, LP, CURB Records, 1986
➢ The Beach Boys: Wow! Great Concert!, LP, Pickwick (USA), 1981
➢ Everly Brothers: The Everly Brothers Show, Do.-LP, Warner Bros., 1970
➢ Bee Gees: Here At Last … Live, Do.-LP, RSO, 1977
➢ Creedence Clearwater Revival: Woodstock, Do.-LP, 2019
➢ Creedence Clearwater Revival: The Concert Oakland 1970, LP, Fantasy, 1980
➢ Gentle Giant: Playing The Fool, Do.-LP, Chrysalis, 1976
➢ John Kay & Steppenwolf: Live In London, LP, Mercury/Poly Gram, 1981
➢ The Kinks: Live At Kelvin Hall, LP, Ariola, 1967
➢ The Kinks: One For The Road, Do.-LP, Arista, 1980
➢ The Kinks: The Road, LP, London Records, 1987
➢ Styx: Caught In The Act, Do.-LP, A&M, 1984
➢ Toto: Live In Tokyo 1980, LP, Columbia, 2018
➢ Toto: Live At Montreux 1991, Do.-LP, EAR Music/Edel, 2016 (limitiert)

No. 66: **Brothers On Stage** (Teil 2: Rock & Blues)
September 2023

Auch in dieser Ausgabe der LiveRillen geht es unter dem Motto „Brothers On Stage" noch immer um Familienbande in Rock und Blues. Heute führt uns die Weltreise zu Bands mit gemeinsam rockenden Familienangehörigen zunächst ins australische Sydney, wo die Brüder *Andrew, Tim* und *Jon Farriss* gemeinsam mit dem Sänger *Michael Hutchence* und weiteren Freunden 1977 als *Farriss Brothers* starteten, die Band aber bald in *INXS* umbenannten – abgeleitet von „in excess". Ab 1979 stellten sich erste Erfolge ein, zunächst in Down Under, dann zunehmend auch in den USA. Hohen Anteil am Bekanntheitsgrad der Band in den 1980er Jahren hatte der Fernsehsender *MTV,* der 1981 im US-amerikanischen Kabelnetz startete und sich rasch weltweit als Plattform für das neue Genre des Musikvideos etablierte. Einer der *MTV*-Initiatoren – *Michael Nesmith* – war selbst in den 1960er Jahren als Mitglied der TV-Casting-Band *The Monkees* durch das Medium Fernsehen zum Star geworden. Nun waren auch *INXS* ganz vorn mit dabei.

Der charismatische Frontmann *Michael Hutchence* – für mich eine Mischung aus *Jim Morrison* und *Mick Jagger* – sorgte abseits der Bühne vor allem durch seine Liebschaften für Schlagzeilen; nach einer längeren Liaison mit *Kylie Minogue* begann er eine Affäre mit der Fernsehmoderatorin *Paula Yates,* zu diesem Zeitpunkt Noch-Ehefrau von *Bob Geldof.* Nach ihrer Scheidung von *Geldof* stand für 1998 die Heirat von *Hutchence* und *Yates* im Raum, doch der Sänger wurde im November 1997 in einem von innen verschlossenen Hotelzimmer in Sydney tot aufgefunden, stranguliert mit einem Ledergürtel. Stoff für Legendenbildung, an der ich mich hier nicht beteiligen will…

Der australische Musikwissenschaftler und Rockexperte *Ian McFarlane,* der 1999 seine „Encyclopedia of Australian Rock and Pop" veröffentlicht hat, bezeichnete *Hutchance* als archetypischen Rock-Showman: *„Er strahlte mit seinen wallenden Locken und seiner geschmeidigen, unbändigen Bühnenperformance eine offenkundig sexuelle und männliche Coolness aus".* [48]

Live setzten die verbliebenen *INXS*-Musiker, darunter die drei *Farriss*-Brüder, nun auf verschiedene Gastsänger, so den australischen Rockstar *Jimmy Barnes* oder *Terence Trent D'Arby,* bevor 2005 der damals erst 31-jährige kanadische Ex-Elvis-Imitator *J. D. Fortune* neuer Leadsänger von *INXS* wurde; er hatte sich in einem

---

[48]   Zitat aus der TV-Information zur Konzertdokumentation „Live Baby Live", die *arte* am 28.07.2023 ausgestrahlt hat.

Reality-Wettbewerb gegen 14 weitere Kandidaten durchgesetzt. An die Erfolge der frühen 1980er Jahre konnte die Band aber nicht mehr anknüpfen, und 2012 verkündete Schlagzeuger *Jon Farriss* die Auflösung der Band nach 35 Jahren. Immerhin waren *INXS* im Jahr 2001 in die *ARIA Hall of Fame* aufgenommen worden, dem australischen Pendant zur *Rock and Roll Hall of Fame* in den USA. *Andrew Farriss* hat nach dem Aus von *INXS* internationale Künstler produziert oder Songs für sie geschrieben; 2021 erschien dann sein eigenes Solo-Debüt. *Tim Farriss,* der Multiinstrumentalist, widmete sich dem Tauchen, Hochseefischen und seiner Farm im Kangaroo Valley. 2015 verlor er bei einem Bootsunfall einen Finger; im Vorjahr auch einen Rechtsstreit mit dem Bootseigner auf Schadenersatz, da er seine musikalische Karriere nicht fortsetzen könne. Immerhin betreibt er ein eigenes Tonstudio, in dem er australische Talente produziert. Schlagzeuger *Jon Farriss,* mit knapp 62 der jüngste der *Farriss*-Brüder, ist heute als Studio-Drummer aktiv und verfolgt ebenfalls diverse Solo-Projekte.

Es gibt also ein Leben nach *INXS*, an die jetzt erinnert werden soll mit Aufnahmen vom 1991 erschienenen Album „Live Baby Live", das über eine Million Käufer fand und in den USA und Australien Platin erhielt. Jüngst lief die gleichnamige Videodokumentation des Konzerts übrigens auf *arte* und ist dort

sicher noch in der Mediathek zu finden. Daraus die von *Andrew Farriss* komponierten und von *Michael Hutchence* getexteten Songs "Never Tear Us Apart" und "What You Need" – beides waren Single-Hits in den frühen 1980er Jahren geworden.

INXS (Andrew, Tim & Jon Farriss): Never Tear Us Apart / What You Need

Das Jahr 1978 gilt als Gründungsjahr der kanadischen Neo-Prog-Band *SAGA,* wesentlich geprägt durch das Brüderpaar *Ian* und *Jim Crichton. Ian Crichton,* geboren 1953, hatte zuvor schon in mehreren regionalen Bands Gitarre gespielt und Songs geschrieben, die er gemeinsam mit dem Keyboarder *Michael Sadler* produzieren wollte. Dazu holte er seinen drei Jahre jüngeren Bruder *Jim,* der in einer Led-Zeppelin-Coverband Bass spielte, sowie den Schlagzeuger *Steve Negus* und den Tastenmann *Peter Rochon,* die beide in der kanadischen Rockband *Fludd* aktiv waren. In dieser Besetzung erhielten sie von *PolyGram* einen Plattenvertrag, und im selben Jahr erschien ihre erste LP, schlicht „SAGA" betitelt. Der Bandname geht übrigens auch auf *Jim Crichton* zurück, der sich die umfangreiche Fantasy-Story

„The Chapters" ausgedacht hatte, die Mitte der 1990er Jahre dann als interaktive CD erschien – eine echte „Saga" also in 16 Kapiteln, die eine Verbindung zwischen *Albert Einstein* und Außerirdischen behauptet und natürlich irgendwie die Welt vorm Untergang retten will… Ziemlich abgefahren, oder?

Bleiben wir bei der Musik der Band, die erst 1981 mit ihrer vierten LP „World's Apart" internationalen Erfolg erzielte – die LP wurde in Deutschland und den USA vergoldet. Ein Auftritt in der westdeutschen Fernsehsendung „Rockpop in Concert" (mit *Foreigner, Meat Loaf* und *Spliff)* in der Dortmunder Westfalenhalle am 19. Dezember 1981 vor 15.000 Zuschauern machte *SAGA* einem noch breiteren Publikum bekannt. Im Folgejahr erschien dann ihre erste Liveplatte „In Transit", die in Deutschland ebenfalls Gold-Status erreichte. Als erste kanadische Band war *SAGA* im Ostblock zu erleben – 1982 in Budapest, 1983 dann sogar im DDR-Fernsehen: Den offiziellen Auftakt ihrer damaligen Welttournee vollzog die Band nämlich in der Sporthalle der thüringischen Bezirkshauptstadt Suhl. Was aber nicht mal Wikipedia weiß: *SAGA* probte für diese Tour zwei Wochen lang in der Sporthalle von Halle-Neustadt, wo die Band – noch vor ihrem Konzert in Suhl – dann auch öffentlich spielte, und ich war dabei! Die Lichtshow der Kanadier war beeindruckend; der Sound allerdings klang durch das (vom Schlagzeuger *Steve Negus* mitentwickelte) *Simmons Electronic Drums* in meinen Ohren schon etwas technisch und gewöhnungsbedürftig. Na ja, so viele internationale Vergleiche gab es damals für uns ja auch noch nicht…

Die Band existiert noch immer, auch wenn ihr der ganz große Durchbruch in die erste Reihe der internationalen Rockszene nicht gelungen ist – oft waren *SAGA* als Vorgruppe bei Touren der wirklichen Stars gebucht. Ihre größten Popularitätswerte hat die Band nach eigener Aussage in Deutschland, Skandinavien und Puerto Rico erreicht – ihr dortiges Konzert im Januar 1981 vor 15.000 Zuschauern ging in die kulturellen Annalen des mittelamerikanischen Inselstaates ein, der politisch gesehen ja einen interessanten Status besitzt: Er zählt zu den so genannten Außengebieten der USA, ohne den Status eines Bundesstaates zu besitzen. Das aber nur am Rande…

2021 ist ihre bislang letzte LP „Symmetry" erschienen und erreichte in den deutschen Album-Charts immerhin Platz 11. *Ian Crichton* und *Michael Sadler* sind noch immer dabei – letzterer nach einer Auszeit, die er sich zwischen 2007 und 2010 gegönnt hatte. *Ians* Bruder *Jim* ist 2018 zwar aus dem Tour-Zirkus ausgestiegen, arbeitet aber im Studio weiter mit. Und im Interview mit der Zeitschrift *GoodTimes* sagt *Michael Sadler* über die *SAGA*-Gegenwart und -Zukunft: *„Wir waren immer unser eigenes Fragezeichen. Wussten nie recht, ob wir Pop oder Rock oder* *sonst was sind. Dank unseres fortgeschrittenen Alters ist uns das heute leidlich egal. Wir kreieren ausschließlich den Sound, der uns Freude bereitet. Den Fans hoffentlich auch.*"[49]

Hier kommen nun zwei Titel ihrer erfolgreichen Live-LP „In Transit" – zunächst „Wind Him Up", danach „On The Loose" – beides waren Single-Auskopplungen aus ihrem 81er Album „World's Apart".

SAGA (Ian & Jim Crichton): Wind Him Up / On The Loose

"This Record Should Be Played Loud" steht selbstbewusst auf dem Cover der nächsten LP, die ich auflegen werde: „Live Hits Harder!" der *Edgar Broughton Band,* einer britischen Rockgruppe, die ebenfalls maßgeblich durch ein Brüderpaar getragen wird und deren Konzertplatte 1976 am *Oldham Technical College* aufgenommen wurde. Seit ihrer Gründung 1968 in Warwick galt die Gruppe als Hauptvertreter des englischen Polit-Rock, die ihre Auffassung vom Klassenkampf mit relativ simplen Textaussagen bei Free Concerts und Demo-Auftritten unters Volk brachte. *Edgar Broughton,* Sänger, Gitarrist und Hauptsongschreiber, wurde 1947 in Warwick als Kind einer Arbeiterfamilie geboren; sein Bruder *Steve,* drei Jahre jünger, bediente in der späteren Band das Schlagzeug. Ihre Mutter stärkte den Jungs nicht nur den Rücken, sondern kutschierte sie in den ersten Jahren mit ihrem Privatauto zu den Auftritten, die meist ohne Eintritt stattfanden – das erwartete das Publikum halt von einer revolutionären Band.

Wohin allerdings die gesellschaftliche Reise gehen sollte, war wohl auch dem Bandchef selbst nicht ganz klar. In einem Interview sagte er: *„Ich hätte gern einen absolut utopischen Staat, der nichts fordert. Aber ich weiß nicht recht, wie es dazu kommen soll. Ich kann nur darauf hoffen. Und Hoffnung bedeutet ja nicht, dass ich schon weiß, wie es funktioniert."*[50] Das klingt wirklich ziemlich schwammig, und auch die Fans waren nicht auf Dauer bereit, diesen vagen Orientierungen zu folgen. Unklar blieb zudem oft auch die musikalische Ausrichtung, die zwischen balladeskem Sprechgesang und Hardrock-Attitüden schwankte.

Unmittelbar nach dem Mitschnitt ihres Konzerts in Oldham löste sich die Band dann auch erstmal auf, um später unter dem verkürzten Namen *The Broughtons* hin und wieder Comebacks zu versuchen – ohne großen Erfolg allerdings. Und selbst

[49] GoodTimes, Heft 2/2021, S. 21.
[50] Zitiert nach: RL, Band 1, S. 139.

nach 1989/90, als der Zusammenbruch des Sozialismus in der Sowjetunion und
Osteuropa zu gewissen Einsichten hätte führen müssen, fühlte sich *Edgar Broughton*
„bei seinen sporadischen Auftritten … noch als Held der Weltrevolution" [51], wie *Siegfried
Schmidt-Joos* konstatierte. Irgendwie existiert die Band noch heute, auch wenn es die
letzte reguläre Studio-LP 1981 gab.

Zwei Stücke von ihrer LP „Live Hits Harder!"
will ich spielen – „One To Seven" und die 1973
auch als Single erschienene „Hotel Room", beide
Titel geschrieben von *Edgar Broughton.*

**Edgar Broughton Band (Edgar & Steve
Broughton): One To Seven / Hotel Room**

So viel zur *Edgar Broughton Band,* wobei als Anekdote nachzutragen wäre, dass
deren Schlagzeuger *Steve Broughton* 1973 von *Mike Oldfield* für die Aufnahmen zu
dessen Erfolgsalbum „Tubular Bells" verpflichtet wurde, nachdem der damals
noch weitgehend unbekannte *Oldfield* zuvor bei einigen Aufnahmen der *Edgar
Broughton Band* als Gitarrist im Studio mitgewirkt hatte.

Eine zweifellos spannende, wenn auch hierzulande wenig bekannte Band sind die
1971 in New York gegründeten *Blue Öyster Cult,* zu deren Startpersonal auch die
Brüder *Joseph* und *Albert Bouchard* gehörten – die an Bass und Schlagzeug der Band
das rhythmische Fundament verliehen. Auf dieser Basis zelebrierte das Sextett
einen harten Rock zu kryptischen Texten, deren düstere Visionen, SciFi-Anleihen,
Verschwörungsmythen und Schockelemente dennoch teils literarische Qualität
erreichten, was nicht zuletzt ihren Verfassern, zu denen der Journalist *Sandy
Pearlman,* der die Band auch managte, der britische Fantasy-Autor *Michael Moorcock*
sowie *Patti Smith* gehörten, mit der *Öyster-Cult*-Keyboarder und Gitarrist *Allan
Lanier* eine Zeitlang liiert war. Einem Gedicht *Pearlmans* ist auch der Bandname
entlehnt – dort bezeichnet er eine Gruppe von Aliens, die die Geschicke unseres
Planeten maßgeblich beeinflussen. Zeitweise wurde der Band eine gewisse Nähe
zu Neo-Nazis nachgesagt; belastbare Belege dafür finden sich indes nicht; und die
Verwendung eines Kreuzsymbols, dessen nach unten gerichteter Balken zu einem
Haken gekrümmt ist, reicht da sicher nicht aus. Eher war es wohl Heavy Metal für
Intellektuelle, was die Band anstrebte; selbst *Kurt-Weill*-Anleihen sind in ihrem
späteren kompositorischen Werk hörbar.

---

[51]   Ebenda.

Ihre höchste Chartplatzierung erreichten *Blue Öyster Cult* übrigens mit einem Live-Album, das 1975 unter dem Titel „On Your Feet Or On Your Knees" erschien – frei ins Deutsche übersetzt, scheinen sich Jahre später die *Böhsen Onkelz* daran bedient zu haben mit ihrer Hardrock-Attitüde „Lieber stehend sterben als knieend leben". *Blue Öyster Cult* erreichten damit Platz 22 der US-Albumcharts. Von dieser Liveplatte gibt's das von *Joe Bouchard* komponierte, getextete und auch gesungene „Hot Rails To Hell". Danach aus dem 1982 erschienenen Live-Album „Extraterrestrial Live", bei dem *Doors*-Gitarrist *Robbie Krieger* als Special Guest mitmischte, der größte Single-Erfolg der Blauen Austern: „Don't Fear The Reaper", verfasst und gesungen vom Leadgitarristen der Band *Donald Roeser,* der sich auf der Bühne *Buck Dharma* nennt.

Ebenso wie Sänger und Rhythmusgitarrist *Eric Bloom* ist *Roeser* noch heute mit der Band aktiv. Das 2020 erschienene, bisher letzte Studiowerk „The Symbol Remains" lobte *GoodTimes* als *„frisch, unverbraucht und spritzig wie lange nicht"*. [52]

Die Brüder *Joe* und *Albert Bouchard* sind allerdings schon seit den 1980er Jahren nicht mehr dabei. Bassist *Joe Bouchard* hat seit seinem Ausscheiden 1986 sieben Soloalben veröffentlicht, wobei er nun verstärkt auch zur Gitarre griff. Zunächst gründete er gemeinsam mit seinem Bruder *Albert* und dem ex-*Alice-Cooper*-Bassisten *Dennis Dunaway* die Band *Blue Coupe,* bevor daraus seine eigene *Joe Bouchard Band* hervorging. Im Vorjahr ist sein jüngstes Werk „American Rocker" erschienen. [53] Bruder *Albert Bouchard* arbeitet aktuell an einer Soloplatte, die demnächst seine Album-Trilogie „Imaginos" komplettieren soll. [54]

Zurück zu *Blue Öyster Cult* und ihrer großen Zeit – hier sind die angekündigten Songs „Hot Rails To Hell" und „Don't Fear The Reaper" live mit den Gebrüdern *Bouchard* als hardrockende Rhythmusgruppe…

Blue Öyster Cult (Joe & Albert Bouchard): Hot Rails To Hell / Don't Fear The Reaper

---

[52]   GoodTimes, Heft 6/2020, S. 32.
[53]   Siehe: https://joebouchard.com/.
[54]   Siehe: https://en.wikipedia.org/wiki/Albert_Bouchard.

Eine der wichtigsten stilprägenden Gruppen der USA waren zweifellos die *Allman Brothers,* die bei diesem brüderlichen Thema natürlich nicht fehlen dürfen. Gegründet im Jahr 1969 in Macon im südöstlichen Bundesstaat Georgia, machte das Sextett um die namensgebenden Brüder *Duane* und *Gregg Allman,* die zuvor bereits gemeinsam in Schülerbands gespielt und als Studiomusiker gearbeitet hatten, gleich mit der ersten, noch im Gründungsjahr auf *Capricorn Records* erschienenen Platte Furore. Kritiker verglichen die ebenso kraftvoll wie differenziert aufspielende Band mit einem *„Meistermusiker mit 30 Fingern und sechs Instrumenten"* [55]; hinzu kam die für diese Zeit in den Südstaaten der USA ungewöhnliche Tatsache, dass in der Band neben vier Weißen mit *Jay Johanson* am Schlagzeug und dem Bassisten *Lamar Williams* gleich zwei schwarze Musiker für den Groove sorgten.

Außerdem dabei als Gründungsmitglied der versierte Gitarrist *Dickey Betts* sowie *Butch Trucks* als zweiter Drummer – die Doppelbesetzung des Schlagzeugs war ja eines der Markenzeichen der Band, neben dem schneidenden Slide-Guitar-Spiel von *Duane Allman* und der vibrierenden Hammondorgel, die sein Bruder *Gregg Allman* bediente, der zudem ebenfalls Gitarre spielte, komponierte und die meisten Solo-Parts sang.

Leider währte die brüderliche Harmonie nicht lange – am 29. Oktober 1971 verunglückte *Duane Allman* kurz vor seinem 25. Geburtstag beim Versuch, mit seinem Motorrad einem plötzlich ausscherenden Lastwagen auszuweichen, in seiner Heimatstadt Macon tödlich. Noch heute führt ihn der *Rolling Stone* unter den zehn weltbesten Gitarristen aller Zeiten! Ein Jahr nach diesem tragischen Unfall verunglückte auch der Gründungsbassist der *Allman Brothers, Berry Oakley,* ebenfalls tödlich mit seinem Motorrad unweit der Stelle, an der es *Duane Allman* erwischt hatte.

Gregg Allman, der zeitweise mit der Sängerin *Cher* verheiratete, drei Jahre jüngere der beiden Brüder, hielt die Band trotz all dieser Widrigkeiten lange am Laufen, bis er selbst im Jahr 2017 im siebzigsten Lebensjahr verstarb; nach jahrelangem Drogen- und Alkoholkonsum und einer Hepatitis-C-Erkrankung war ihm noch 2010 eine Leber transplantiert worden. In ihrem Nachruf würdigt ihn die Musikzeitschrift *GoodTimes* so: *„Er hat ein Genre maßgeblich mitgeprägt, verfügte über eine der schwärzesten Stimmen eines Weißen und hinterlässt der Nachwelt unsterbliche Klassiker..."* [56]

---

[55]   RL, Band 1, S. 48.
[56]   GoodTimes, Heft 4/2017, S. 59.

Und so haben die *Allman Brothers* natürlich im Olymp der populären Musik ihren festen Platz inne – 1995 wurden sie in die *Rock and Roll Hall of Fame* aufgenommen.

Hier nun zwei Liveaufnahmen, an denen noch beide Brüder beteiligt waren. Das 1971 erschienene Doppelalbum „The Allman Brothers Band At Fillmore East" dürfte in keinem gut sortierten Plattenregal fehlen; deshalb will ich hier Mitschnitte präsentieren, die nicht ganz so bekannt sein dürften. Zunächst „Every Hungry Woman", aufgenommen am 4. April 1970 in *Ludlow's Garage* in Cincinatti und von den Luxemburger Bootleg-Spezialisten *Swingin' Pig Records* 1989 als 3-LP-Set veröffentlicht. Danach „Don't Keep Me Wonderin'" aus dem Doppelalbum „Live At Fillmore West" – dort aufgenommen im Juni 1971 und erst seit 2016 auf Vinyl erhältlich. Beide Songs entstammen übrigens der

Feder von *Gregg Allman,* auch wenn gerade „Don't Keep Me Wonderin'" vor allem von der meisterhaft gespielten Slide-Gitarre seines Bruders *Duane* lebt.

Allman Brothers (Duan & Gregg Allman): Every Hungry Woman / Don't Keep Me Wonderin'

Wer an bluesbasierten Southern Rock denkt, hat neben den gerade gehörten *Allman Brothers* zweifellos auch die folgende Band ganz weit oben auf dem Zettel, gehört sie doch zu den Miterfindern und bekanntesten Vertretern des Genres: *Lynyrd Skynyrd.* Zu Beginn der 1970er Jahre an der High School von Jacksonville, Florida, gegründet, ist der Bandname eine Verballhornung des dortigen Sportlehrers *Leonard Skinner,* der den Jungs stets die Haare abschneiden wollte. Das ist nicht gelungen; dafür wurden die Schulfreunde bald über Highschool- und später die Landesgrenzen hinaus berühmt. Dabei stand zunächst *Ronnie van Zandt* als Sänger im Zentrum, umringt von gleich drei Leadgitarristen: *Allen Collins, Gary Rossington* und *Steve Gaines.* Die waren in ihrem virtuosen Zusammenspiel auch für den typischen *Lynyrd-Skynyrd*-Sound verantwortlich, der von *Billy Powell* an den Tasten sowie der aus *Leon Wilkeson* am Bass und *Artimus Pyle* am Schlagzeug bestehenden Rhythmusgruppe komplettiert wurde. In dieser Besetzung eilte die vor allem für ihre kraftvollen Liveauftritte gerühmte Band von Erfolg zu Erfolg, bis 1977 das vorläufige Aus wie aus dem Nichts kam: das Charterflugzeug der Band, eine museumsreife *Convair CV-300,* stürzte in einem Waldgebiet des Bundesstaates Mississippi ab. Dabei kamen *Ronnie van Zandt,* der die Band zu diesem Flug überredet hatte, und Gitarrist *Steve Gaines* sowie weitere Crewmitglieder ums Leben; die übrigen Musiker wurden schwer verletzt und dachten zunächst nicht an eine Fortsetzung von *Lynyrd Skynyrd.* Zu der kam es dann doch anlässlich einer 10-Jahre-Gedächtnistour, zu der *Ronnies* jüngerer Bruder *Johnny van Zandt* 1987 die verstreuten Bandmitglieder sowie einige illustre Gäste, darunter die Gitarristen *Steve Morse, Toy Caldwell* und *Jeff Carlisi* sowie der Countryrock-Geiger *Charlie Daniels,* zusammengetrommelt hatte. Die Tour – dokumentiert auf einem Doppel-Live-Album – wurde ein derartiger Erfolg, dass sich die Southern-Rocker zum Weitermachen entschlossen, und so kann man *Lynyrd Skynyrd* mit *Johnny van Zandt* am Mikrofon noch heute live erleben. Und auch, wenn die Brüder *Ronnie* und *Johnny van Zandt* also nie gemeinsam live auf der Bühne standen, gehören sie doch als Nucleus ihrer jeweiligen *Lynyrd-Skynyrd-*Besetzungen in diese Sendung, wie ich meine!

Hier zunächst vom 1976 in Atlanta, Georgia, aufgenommenen Livealbum „One More From The Road" mit *Ronnie van Zandt* der von ihm getextete Song „Tuesday's Gone"; die Komposition steuerte Gitarrist *Allen Collins* bei. Danach vom Album zur erwähnten 1987er Tribute Tour „Gimme Back My Bullets", komponiert von *Gary Rossington,* der als letztes noch lebendes Gründungsmitglied der Band im März dieses Jahres verstorben ist. Das Gitarrensolo am Schluss der Aufnahme spielt übrigens *Steve Morse,* und den Gesangspart hat nun *Johnny van Zandt* übernommen.

Lynyrd Skynyrd (Ronnie & Johnny van Zandt): Tuesday's Gone 7:40 / Gimme Back My Bullets

Zumindest erwähnt sei, dass auch ihr mittlerer Bruder *Donald van Zandt,* genannt *Donnie,* als Sänger und Gitarrist Bekanntheit erlangte – er gründete Mitte der 1970er Jahre die noch heute aktive Southern-Rock-Band *38 Special.*

Nun zu einem texanischen Brüderpaar, das nicht nur akustische Bluesrock-Geschichte geschrieben hat, sondern sich durch eine Laune der Natur auch optisch im visuellen Gedächtnis der Fans verewigt hat: *Johnny* und *Edgar Winter* – beide durch einen Gendefekt als Albinos geboren, was die wallenden schlohweißen Haare erklärt, die auf der Bühne so etwas wie ihr Markenzeichen wurden.

Johnny, der ältere, wurde 1944 geboren, zwei Jahre später dann *Edgar.* Da zumindest lebte die vermögende Familie, die aus Mississippi stammte, bereits im texanischen Beaumont, wo der Vater eine Baumwollplantage betrieb. Das hochmusikalische Elternhaus – die Mutter spielte Klavier, der Vater Banjo, Gitarre und Saxofon, der Großvater Trompete und der Urgroßvater Geige – bereitete den Brüdern schon in jungen Jahren ihren Weg: *Johnny* griff zur Gitarre und begeisterte sich für den schwarzen Blues von *Muddy Waters* oder *Howlin' Wolf;* Bruder *Edgar* versuchte sich erfolgreich an Schlagzeug, Keyboards und Saxofon. An der High-School gründeten sie mit *Johnny and the Jammers* ihre erste gemeinsame Bluesband, und ein Artikel im *Rolling Stone* machte *Johnny Winter* als *„hundertdreißigpfündigen, schielenden Albino mit langem, fließendem Haar, der so ziemlich die flüssigste Gitarre spielt, die man jemals gehört hat"* [57], 1968 überregional bekannt. Zwei Jahre später startete er gemeinsam mit den ehemaligen *McCoys* um *Rick Derringer* als Begleitband dann richtig durch. Dennoch verlief die Karriere keineswegs geradlinig – die anfänglichen Erwartungen der Plattenfirmen an mainstreamtaugliche Produktionen wurden von *Johnny Winter* selten erfüllt, hinzu kamen Heroin, Alkohol und psychische Probleme. Höhepunkte waren vor allem die langjährige Zusammenarbeit mit seinem Idol *Muddy Waters,* dessen Platten in den 70er Jahren auf *Johnny Winters* Label *Blue Skye Records* erschienen. Und auch Bruder *Edgar,* der längst auch eigene Ambitionen verfolgte, war immer wieder an Projekten und Konzerten von *Johnny Winter* beteiligt.

Ihr brüderliches Verhältnis beschreibt *Edgar Winter* später so: *„Johnny zeigte mir, dass man den Albinismus umkehren kann. Ihn nicht als etwas zu sehen, das einem Möglichkeiten verschließt, sondern in etwas zu verwandeln, das wirklich cool war. Das war geradezu unglaublich. Und so wurde er nicht nur mein Held in der Musik, sondern auch im Leben"* [58]. Mehrfach war *Johnny Winter,* der 1988 als erster weißer Gitarrist in die *Blues Hall of Fame* aufgenommen wurde, auch Gast des *WDR-Rockpalastes;* in Erinnerung blieb wohl vor allem das Konzert vom Mai 2007 auf dem Bonner Museumsplatz, als er

---

[57] RL, Band 2, S. 1003.
[58] GoodTimes, Heft 2/2022, S. 24.

mit seiner Band als dritter Act nach den Bands von *Rick Derringer* und seinem Bruder *Edgar* auftrat.

2014 ist *Johnny Winter* nur zwei Tage nach einem Konzert in Frankreich in einem Hotel bei Zürich an einem Lungenemphysem verstorben; er wurde 70 Jahre alt. Im Vorjahr erfreute *Edgar Winter,* der in wenigen Wochen 77 wird, sein Publikum, als er mit „Brother Johnny" so etwas wie ein Tribute-Album vorlegte, auf dem er gemeinsam mit vielen illustren Gästen – darunter *Joe Bonamassa* oder *Warren Haynes* – etliche Songs seines Bruders interpretierte. Dazu sagte er: *„Johnny ist in den Annalen des Blues und des Rock eine einzigartige Figur. Und er hat in beispielloser Weise gezeigt, wie man beides verbinden kann."* [59]

Ich lege nun ihre programmatisch „Together" betitelte Live-LP aus dem Jahr 1976 auf den Plattenteller. Daraus zunächst der später auch von den *Rolling Stones* interpretierte „Harlem Shuffle"; ein Rhythm&Blues-Titel, den das US-Duo *Bob & Earl* 1963 veröffentlicht hatte, gefolgt vom häufig gecoverten R&B-Klassiker „Let The Good Times Roll" – im Instrumentalteil duellieren sich die *Winter*-Brüder freundschaftlich mit Gitarre und Saxofon.

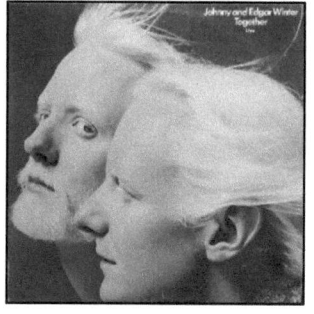

Edgar & Johnny Winter: Harlem Shuffle / Let The Good Times Roll

Nun zu einem Brüderpaar, das eine lange musikalische Wegstrecke gemeinsam zurücklegte, wobei der eine dabei durchaus berühmt wurde, während der andere doch mehr in seinem Schatten verblieb: Die Rede ist von den singenden Gitarristen *Nils* und *Tom Lofgren.* Eigentlich wäre sogar noch eine Erweiterung um die Namen *Mike* und *Mark* möglich, denn alle *Lofgren*-Brüder eiferten ihrem ältesten Bruder *Nils,* der 1951 in Chicago geboren wurde, in Sachen Musik nach. Ihre Website thelofgrenbrothers.com verrät, dass sie anlässlich von *Mikes* 30. Geburtstag erstmals zu viert gemeinsam auf der Bühne standen und seitdem hin und wieder zusammen musizieren, wann immer sich dazu die Gelegenheit bietet. [60] Für *Mike* und *Mark Lofgren* blieb das allerdings dann doch eher ein familiäres Freizeitvergnügen, während der hoch talentierte und mehrere Instrumente beherrschende *Nils Lofgren* in höchste Rocksphären aufstieg, nachdem er bereits als Teenager in zahlreichen regionalen Bands für Furore gesorgt hatte. Zunächst

---

[59] Ebenda.
[60] Vgl. http://thelofgrenbrothers.com/bio.

holte ihn *Neil Young* für die Produktion seiner 1970 erschienenen LP „After The Goldrush" ins Studio, wo der 18Jährige gefühlvolle Pianoparts beisteuerte und später in *Youngs* Begleitband *Crazy Horse* hin und wieder den Gesangspart übernahm. Nachdem *Lofgrens* eigene Band *Grin,* in der zeitweise auch Bruder *Tom* mitspielte, zerbrach, begab sich *Nils Lofgren* Mitte der 1970er Jahre auf Solopfade, und auch wenn seine Studioalben nur mäßigen Erfolg hatten, genossen seine Bühnenshows bald legendären Ruf – nicht zuletzt aufgrund der Tatsache, dass das bewegliche Energiebündel auf der Bühne während seines Gitarrenspiels auf einem Trampolin spektakuläre Rückwärtssaltos ausführte...

Aber nicht nur optisch, auch musikalisch wussten *Nils Lofgren* und seine eingespielte Begleitband, in der Bruder *Tom* als Gitarrist, Organist und Background-Sänger stets mit von der Partie war, das Publikum durchaus zu überzeugen. Insbesondere das 1978 erschienene Doppelalbum „Night After Night" verkaufte sich gut. Es präsentierte Konzertmitschnitte einer ausgedehnten Europa-Tournee, die ihn 1976 auch in den *WDR-Rockpalast* geführt hatte. Das zehn Jahre später veröffentlichte Livealbum „Code Of The Road" stand dem kaum nach; allerdings monierte *Siegfried Schmidt-Joos* in seinem Rocklexikon, es sei *„dem kleinen, akrobatisch veranlagten Gitarristen nur selten (gelungen), seine Live-Qualitäten im Studio zu zeigen"* [61]. Apropos Live-Qualitäten: Zu diesem Zeitpunkt war *Nils Lofgren* durch die Integration in *Bruce Springsteens E-Street-Band* geadelt worden, bei deren Tourneen er seither immer mal wieder mitmischt, ohne deshalb seine eigenen Ambitionen hintanzustellen.

Zudem ersetzt *Nils Lofgren* in *Neil Youngs* Begleitband *Crazy Horse* seit gut fünf Jahren den aus gesundheitlichen Gründen ausgeschiedenen *Frank „Poncho" Sampedro* – chronische Arthritis in den Handgelenken zwang den Gitarristen 2018 zur Aufgabe. Im Gegenzug waren an *Nils Lofgrens* neuestem, vor einem halben Jahr erschienen Werk „All Roads Leed Home" mit *Ralph Molina, Billy Talbot* und

Neil Young alle verbliebenen *Crazy-Horse*-Musiker beteiligt. Es dürfte also vom inzwischen 72jährigen und quicklebendigen *Nils Lofgren* auch künftig noch einiges zu erwarten sein.

Ich habe für diese „Brothers On Stage"-LiveRille zwei Songs von *Nils Lofgren* ausgewählt, bei denen er jeweils von Bruder *Tom* begleitet wird – zunächst „Going South" aus dem Album „Night

---

[61]   RL, Band 1, S. 545.

After Night", danach „The Sun Hasn't Set" aus dem 86er Livealbum „Code Of The Road".

Nils & Tom Lofgren: Going South / The Sun Hasn't Set

Kommen wir zum Schlusspunkt dieser 66. LiveRillen-Ausgabe, die unter dem Motto „Brothers On Stage" diverse Rock- und Bluesbands vorstellte, in denen miteinander musizierende Brüder mehr oder weniger den Ton angaben. Und absolut der Fall ist das, wenn es um diese beiden texanischen Gitarristen geht: *Stevie Ray Vaughan* und seinen Bruder *Jimmie*. Der 1954 in Dallas geborene *Stevie* galt zu Beginn der 1980er Jahre als *„maßgebendster Gitarrist seit Jimi Hendrix"* [62], wie das *New York Magazine* lobte. Er brillierte auf dem *Montreux Jazz Festival,* steuerte zu David Bowies LP „Let's Dance" diverse Soli bei und erhielt mit seiner Band *Double Trouble,* die durch den Bassisten *Tommy Shannon* und *Chris Layton* am Schlagzeug komplettiert wurde, einen Major Deal bei *Columbia/Epic,* wo er in drei Jahren drei Studioplatten einspielte. Doch nicht alle Kritiker waren verzückt von den virtuosen Gitarrenläufen; der Blues käme ihm eher aus den Fingern als aus dem Herzen, konstatierte die *New York Times,* und *Billboard* bezeichnete ihn als *„wildgewordene Dampframme, die mit 160 Sachen die Hauptstraße langprescht".*[63] Dabei ergänzte er seinen kraftvollen Bluesrock durch Ausflüge in jazzige Gefilde und drückte neben eigenen Stücken diversen Covern seine Handschrift auf, so etwa „Nutbush City Limits" von *Ike & Tina Turner* oder „Voodoo Child" von *Jimi Hendrix.*

Alkohol und Drogen warfen ihn zeitweise aus der Bahn, und doch entstand gerade in dieser schwierigen Zeit – 1986 – mit „Live Alive" eines der wohl besten Konzertalben der 1980er Jahre.

Seine 89er Studio-LP „In Step" zeigte ihn dann wieder gefestigt, und von dem zu diesem Zeitpunkt ja erst 35Jährigen wäre zweifellos noch einiges zu erwarten gewesen. Doch im August 1990 schlug das Schicksal erbarmungslos zu: Nach einem Konzert mit *Eric Clapton, Robert Cray* und *Buddy Guy* stürzte der Hubschrauber, der *Stevie Ray Vaughan* zum nächsten Auftritt nach Chicago bringen sollte, im dichten Nebel ab – keiner der Insassen überlebte. Glücklicherweise war

[62] Zitiert nach: RL, Band 2, S. 961.
[63] Vgl. ebenda.

keiner der anderen Musiker mit an Bord; auch *Stevies* Bruder *Jimmie* nicht, der das letzte Konzert noch mit ihm gemeinsam gespielt hatte.

Jimmie Vaughan wiederum, 1951 ebenfalls in Dallas geboren, hatte seinem jüngeren Bruder das Musikerdasein intensiv vorgelebt. Der Gitarrist und Sänger spielte schon als Teenager in diversen Garage-Rock-Bands seinen Texas Blues und gründete 1974 die *Fabulous Thunderbirds*. Aber auch mit seinem Bruder arbeitete er häufig zusammen und unterstützte ihn bei Livekonzerten als prominenter Gast; die gemeinsam eingespielte LP „Family Style" erschien 1990 postum. In den 2000er Jahren wurde es ruhiger um *Jimmie Vaughan,* der aber hin und wieder durch einzelne Konzerte und Plattenveröffentlichungen signalisiert, dass mit dem heute 72Jährigen durchaus noch zu rechnen ist.

Bei den Aufnahmen zum erwähnten „Live Alive"-Album von 1986 stand *Jimmie Vaughan* bei mehreren Titeln an der Seite seines berühmten Bruders auf der Bühne; ich habe „Love Struck Baby" und „Change It" ausgewählt – ersteres aus der Feder von *Stevie Ray Vaughan,* letzteres ein Song, den der texanische Bluesrock-Gitarrist, Schlagzeuger und Sänger *Doyle Bramhall* eigens für *Stevie Ray Vaughan* geschrieben hat

Damit endet Teil 2 der „Brothers-on-Stage"-LiveRillen hier auf Radio Corax –

die nächsten Ausgabe gibt es im Oktober – dann werde ich unter dem Motto „Fremde Federn" hörenswerte und originelle Beispiele für Coversongs in Konzerten diverser Künstler vorstellen – so etwa, wie der Jazzgeiger *Stephane Grappelli* die *Beatles* interpretiert…

Stevie Ray & Jimmie Vaughan & Double Trouble: Love Struck Baby / Change It

Quellen:

➤ Allman Brothers Band: Live At Fillmore West (Closing Night 27th Juni 1971), Do.-LP, DOL, 2016

➤ Allman Brothers Band: Statesboro Blues, 3-LP-Set, Swingin' Pig Records, 1989

➤ Blue Öyster Cult: Forbidden Delights L.A. 1981, Do.-LP, Back On Black, 2015

➤ Blue Öyster Cult: Extraterrestrial Live, Do.-LP, CBS, 1982

➤ The Edgar Broughton Band: Live Hits Harder, LP, BB Records, 1977

➤ INXS: Live Baby Live, LP, Mercury, 1991

➤ Nils Lofgren: Night After Night, Do.-LP, A&M, 1977

➤ Nils Lofgren: Code Of The Road, Do.-LP, BBC/Towerbell Records, 1986

➤ Lynyrd Skynyrd: One More From The Road, Do.-LP, MCA, 1976

➤ Lynyrd Skynyrd: Southern By The Grace Of God / Tribute Tour 1987, Do.-LP, MCA, 1988

➤ SAGA: In Transit, LP, Polydor, 1982

➤ Stevie Ray Vaughan & Double Trouble: Live Alive, Do.-LP, CBS, 1986

➤ Johnny and Edgar Winter: Together, LP, CBS 1976 / Blue Sky

No. 67: Fremde Federn – Songs der 1960er Jahre in originellen Coverversionen
Oktober 2023

Dass Künstlerinnen und Künstler in ihren Livekonzerten nicht nur ihr eigenes Material präsentieren, sondern häufig auf Songs von anderen Bands oder Solisten zurückgreifen, ist natürlich keineswegs neu. Bevor mit dem Aufkommen der Beat- und Rockmusik die Texter und Komponisten der Songs häufig in Personalunion selbst auf der Bühne standen, war es sogar die Regel, dass die Künstler vorrangig das für sie von anderen Kreativen geschriebene oder zumindest aufbereitete Material darboten. Selbst die *Beatles* und die *Rolling Stones* haben ja anfangs ihre Vorbilder gecovert, bevor sie zum eigenen Stil und damit auch zum eigenen Ausdruckswillen gelangten.

Warum Bands und Solisten seit nunmehr sechs Jahrzehnten auch immer wieder Coversongs ins Konzertrepertoire aufnehmen, kann verschiedene Gründe haben. Zum einen die Verbeugung vor der Leistung der Kollegen und Kolleginnen, ein Dankeschön für die künstlerischen Anregungen, die man selbst durch sie empfangen hat. Zum anderen wohl auch der Wunsch, sich selbst ein wenig aufzuputzen mit den fremden Federn. Und nicht zuletzt die Freude, durch eine eigene (und mitunter durchaus eigenwillige) Interpretation den Coversong ganz zum eigenen werden zu lassen – ein künstlerischer Schulterschluss sozusagen, der das eigene Licht nicht unter den Scheffel stellt. Was dabei im Einzelfall überwiegt, bleibt aber zumeist der Spekulation überlassen.

Mir ist es jedenfalls nicht schwergefallen, für diese LiveRillen-Ausgabe hörenswerte Beispiele auszuwählen, die zeigen, wie kreativ das Covern der Vorbilder – bis auf eine Ausnahme allesamt übrigens erstveröffentlicht in den 1960er Jahren – sein kann, das ja in den seltensten Fällen auf den Versuch hinausläuft, dem Original so nahe wie möglich zu kommen.

Genug der Vorrede – los geht's mit Live-Reminiszenzen an die *Beatles*, deren Bedeutung für die Popwelt gar nicht zu überschätzen ist. Und da hören wir zunächst zwei Mal ihr „Come Together", das 1969 die *Beatles*-LP „Abbey Road" eröffnete und in der Singleauskopplung in den USA und Deutschland auf Platz 1 der Charts stand; im Heimatland der Band allerdings nur Platz 4 erreichte. Die Komposition stammt komplett von *John Lennon,* auch wenn – wie üblich – *Lennon/McCartney* als Urheber angegeben sind, wobei der Titel wesentlich durch die markante Bassfigur geprägt wird, die *Paul* dem Einspiel beisteuerte.

Weltweit sind mehr als 450 Coverversionen bekannt [64], so unter anderem von *Joe Cocker, Sting, Bruce Springsteen, Michael Jackson* oder den *Eurythmics*. Die erfolgreichste aber, die 1978 bis auf Platz 23 der Billboard-Charts kletterte, stammt von der US-Hardrock-Band *Aerosmith* um Sänger *Steven Tyler* und Gitarrist *Joe Perry*. Live gespielt hören wir sie gleich von der LP „Transmissions – Live On Air", die Ausschnitte

eines 1994 in Woodstock aufgezeichneten *Aerosmith*-Konzerts enthält. Die Band, die seit ihrer Gründung 1970 in nahezu unveränderter Besetzung existiert, hat jüngst ihre Abschiedstournee gestartet, die unter dem Motto „Peace Out" bis Januar 2024 laufen soll. Vielleicht erklingt auch dabei hin und wieder ihr *Beatles*-Cover „Come Together"?

Vor dieser metalligen Version gibt's den Song noch als Soul-Nummer, aufbereitet von *Ike & Tina Turner* und entnommen dem Album „Live In Paris", das Anfang 1971 im Olympia-Theater der französischen Hauptstadt aufgenommen wurde. Das war, wie wir heute wissen, eine lange Leidenszeit für die als *Anna Mae Bullock* geborene *Tina Turner,* die sich erst fünf Jahre später von

ihrem gewalttätigen Ehemann trennte und in den 1980er Jahren eine bespiellose Solokarriere startete. Im Mai dieses Jahres ist sie nach längerer Krankheit im Alter von 83 Jahren verstorben.

Auch als gefeierte Solistin blieb *Tina Turner* den *Beatles* treu – von ihrem 1988er Album „Live In Europe" rundet ihre Version von „Help" diesen ersten Musikblock mit fremden Federn ab. Den Song hatten die *Beatles* 1965 als Titelstück ihres gleichnamigen Musikfilms und zudem als Single veröffentlicht, die in Großbritannien und den USA jeweils prompt die Spitzenposition erklomm.

---

[64]   Vgl. https://de.wikipedia.org/wiki/Come_Together.

Ike & Tina Turner: Come Together
Aerosmith: Come Together
Tina Turner: Help

Wir bleiben noch bei den *Beatles*, deren umfangreiches Werk ja genügend Material für adaptierende Neuinterpretationen bietet. Zunächst „Eleanor Rigby", das *Paul*

McCartney am Klavier komponiert hatte, bevor es durch den Text zu einem berührenden Lied über einsame Menschen wurde. 1966 erschien der Song auf der *Beatles*-LP „Revolver". Mit *Aretha Franklin* hat sich eine der ganz Großen des Jazz und Soul des Titels angenommen; ihre Fassung von der 1971 erschienenen Platte „Live At Fillmore West" verleiht der Ballade einen ganz neuen Drive.

Danach eine sage und schreibe elfminütige Version einer ausgesprochen interessanten US-amerikanischen Bluesrockband, die

1970 vom Elektro-Violinisten *Don „Sugarcane" Harris,* der sich zuvor seine Sporen bei *Frank Zappa* verdient hatte, in Los Angeles gegründet wurde: *Pure Food And Drug Act.* Nach einigen Personalwechseln veröffentlichte die Band, nunmehr verstärkt durch den bei *Charlie Musselwhite, John Mayall* und *Canned Heat* bekanntgewordenen Gitarristen *Harvey Mandel,* 1972 ihre einzige Platte: „Choice Cuts" heißt sie

und wurde live in Seattle eingespielt. Leider war dieser wirklich hörenswerten Scheibe nicht der erhoffte Erfolg beschieden, sodass sich die Band auflöste und ihre Mitglieder in den lebendigen Bluesrock-Kosmos entließ, in dem sie in diversen Bandkonstellationen immer mal wieder auftauchten.

Don Harris starb 1999 im Alter von 61 Jahren; *Harvey Mandel* – heute 78 – ist noch immer aktiv und hat im Vorjahr mit „Who's Calling" seine jüngste Produktion veröffentlicht.

Die Violine baut die Brücke zum dritten Titel des folgenden Musikblocks: Wer hätte gedacht, dass auch der 1908 geborene Jazzgeiger *Stephane Grappelli* sich der *Beatles* annehmen würde? Der gebürtige Franzose, der durch seine Zusammenarbeit mit *Django Reinhardt* legendär geworden ist, spielte im Juli 1982 in der *Great American Music Hall* in San Francisco gemeinsam mit den Gitarristen *Martin Taylor* und *Diz Disley* sowie *Jack Sewing* am Bass ein fast kammermusikalisch

anmutendes Konzert, auf dessen Setlist auch der
Beatles-Song „Here, There & Everywhere" stand.
Erschienen war die *McCartney*-Komposition, die
diesem in entspannter Atmosphäre an *John
Lennons* Swimmingpool eingekommen war, 1966
ebenfalls auf „Revolver".

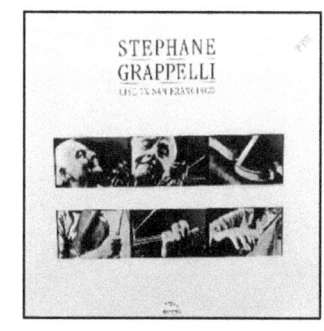

Aretha Franklin: Eleanor Rigby
Pure Food And Drug Act: Eleanor Rigby
Stephane Grapelli: Here, There & Everywhere

Da aller guten Dinge bekanntlich drei sind, soll
noch ein dritter Musikblock mit gecoverten
Beatles-Titeln folgen. Da wäre zunächst „Day
Tripper", das 1965 als zwölfte Single der
Liverpooler Pilzköpfe erschienen war. *Otis Redding*
interpretiert den Song mit dem markanten
Lennon-Riff hörbar inspiriert bei einem
Livekonzert in Paris, das 1967 in Ausschnitten auf
der LP „Live In Europe" veröffentlicht wurde.

Noch im selben Jahr kam der großartige Soulinterpret mit nur 26 Jahren ums
Leben, als sein Flugzeug in einen eisigen See in Wisconsin stürzte. Von den
ebenfalls im Flugzeug sitzenden vier Mitgliedern seiner Begleitband überlebte nur
ein einziger das Unglück.

Danach hören wir den umtriebigen Pianisten,
Hammondorganisten und Sänger *Billy Preston,* bei
dessen Europa-Tour 1973 sich ebenfalls „Day
Tripper" auf der Setlist findet. Für diese Sendung
habe ich aber einen anderen *Beatles*-Song
ausgewählt, der auf seiner Liveplatte enthalten ist:
„Get Back" – die *McCartney*-Komposition war
1969 als Single und später auf dem letzten *Beatles*-
Album „Let It Be" erschienen. Und schon da

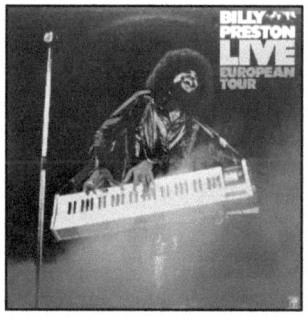

hatte *Preston* an den Studioaufnahmen der *Fab Four* mitgewirkt; in der Folge
arbeitete er mit den *Rolling Stones, Eric Clapton* oder *Bob Dylan* zusammen, bevor er
2006 nach mehrmonatigem Koma im Alter von nur 59 Jahren verstarb – seine
von jahrzehntelangem Drogen- und Alkoholmissbrauch geschädigten Nieren
verweigerten endgültig ihren Dienst.

Mit *Sonny & Cher* folgt eines der erfolgreichsten Soul- und Pop-Duos der 60er und 70er Jahre. *Sonny Bono* war schon knapp Dreißig, als er 1964 die 18jährige *Cher* heiratete. Trotz verschiedentlich attestierter Beschränktheit ihrer musikalischen Ausdrucksmittel landete das Duo eine Reihe von Charterfolgen; am bekanntesten sicherlich „I Got You Babe", das sich 1965 drei Millionen mal verkaufte. Nach zehn Jahren waren aber sowohl die gemeinsame Karriere als auch die Ehe am Ende. *Sonny Bono* stieg in die Politik ein, wurde Bürgermeister von Palm Springs und zog 1994 für die Republikaner ins Repräsentantenhaus ein. Ein Ski-Unfall in Nevada beendete 1998 sein Leben. *Cher* dagegen etablierte sich weiterhin als Sängerin und Schauspielerin im Showgeschäft und machte daneben vor allem durch Mode und Schönheitsoperationen von sich reden. So erhielt sie 1999 einen „Fashion Oscar" für ihren Einfluss auf die Modewelt; heute gilt die zudem mit einem Film-Oscar sowie mehreren Emmys, Grammys und Golden Globes Ausgezeichnete als die Solokünstlerin mit der am längsten andauernden Chartkarriere weltweit.[65]

Die 1971 erschienene Live-LP von *Sonny & Cher* präsentiert gleich drei *Beatles*-Nummern; ausgewählt habe ich ihre Version des *George-Harrison*-Klassikers „Something". *Harrison,* als Songwriter stets etwas im Schatten des Duo *Lennon/McCartney,* hatte den Song 1968 geschrieben; er erschien – von ihm auch gesungen – auf der 69er LP „Abbey Road" sowie als einzige Single-A-Seite aus seiner Feder, die immerhin Platz Vier der britischen Charts erreichte (auf der anderen Seite der Doppel-A-Single war übrigens „Come Together" zu hören). Und noch eine vierte, kurze Reminiszenz passt in diesen Musikblock: „It's For You" haben *Lennon* und *McCartney* 1964 für die britische Sängerin *Cilla Black* (ironischerweise unter dem bürgerlichen Namen *Prescilla White* geboren) verfasst, deren Single zwar die Top Ten der britischen Charts erreichte, aber insgesamt doch hinter den hoch gesteckten Erwartungen zurückblieb.

Den Song spiele ich in einer Version, die *Three Dog Night* bei einem Konzert im September 1969 im Forum von Los Angeles darboten. Die erst im Jahr zuvor gegründete Rhythm&Blues-Band um die drei Gesangssolisten *Danny Hutton, Chuck Negron* und *Cory Wells* hatte sich dank ihrer hohen Professionalität rasch an die

---

[65] https://de.wikipedia.org/wiki/Cher.

Spitze der US-Bands katapultiert, was immerhin für ein paar erfolgreiche Jahre reichte.

Otis Redding: Day Tripper
Billy Preston: Get Back
Sonny & Cher: Something
Three Dog Night: It's For You

Damit ist die erste LiveRillen-Stunde über „Fremde Federn" fast vorbei, und wir hörten bisher ausschließlich Coversongs aus der *Beatles*-Schmiede. Das erfordert geradezu einen ausgleichenden Block mit *Stones*-Titeln im Repertoire anderer Künstler, denn schließlich war das Bekenntnis *„Beatles- oder Stones-Fan?"* lange Zeit eine Grundfrage jugendlicher Weltanschauung, die über Freundschaften entschied und mitunter sogar einem Eheversprechen im Wege stand. So drastisch sehe ich das heute nicht mehr, obwohl ich in meiner Jugend glühender *Stones*-Verehrer war. Umso mehr freut es mich, nachfolgend vier *Stones*-Cover präsentieren zu können. „Satisfaction", der *Stones*-Hit aus dem Jahr 1965 schlechthin, ist gleich zwei Mal vertreten – neben dem bereits gehörten *Otis Redding* haben sich sehr viel später auch *Tom Petty und die Heartbreakers* daran versucht. Vom 31. Januar bis zum 7. Februar 1997 gastierte *Tom Petty* mit seiner Band und etlichen Gästen täglich im legendären *Fillmore West* in San Francisco; aus den Mitschnitten entstand ein Dreifach-Album, das *Warner Records* 2022 aus dem Nachlass des fünf Jahre zuvor verstorbenen Gitarristen, Sängers und Songwriters veröffentlicht hat.

Zwischen die beiden „Satisfaction"-Varianten setze ich die *New Riders Of The Purple Sage;* eine nach einem Western benannte US-amerikanische Country-Rock-Band, die sich 1969 als Ableger der *Grateful Dead* gegründet hat, für die sie anfangs als Vorgruppe agierten. Als die *New Riders* 1974 ihre Live-LP „Home, Home On The Road" aufnahmen, stand allerdings keiner der *Grateful-Dead*-Musiker mehr auf der Bühne. Immerhin hatte *Jerry Garcia* die Produktion der Platte übernommen, auf der sich die Gitarristen *David Nelson* und *John Dawson,* der Keyboarder *Buddy Cage, Spencer Dryden* am Schlagzeug und *Dave Torbert* am Bass in Top-Form zeigen. Und neben ihren eigenen Songs hatten sie mit „Dead Flowers" auch ein *Stones*-Cover im Repertoire. Das Original erschien auf der 71er LP „Sticky Fingers", also während der „Mick-Taylor-Years", als die der Zeitraum 1969 bis 1974 in der Stones-Geschichtsschreibung bezeichnet wird. *„Durch einige Nummern (von ‚Sticky Fingers'– Anm: PDB) weht der Country-Wind, zu ihnen gehört ‚Dead Flowers'. Schon beim*

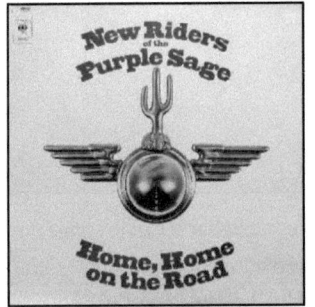

zweiten Mal kann man mitsummen: Alles ganz einfach, verspricht die Melodie. […] Doch die Lyrics halten dagegen: so schlicht sind die Zeiten nicht mehr. […] Gehüllt in leichtfertige Musik erzählt dieser Song eine Geschichte von Heroin und Abhängigkeit", schreibt *Gisela Trahms* 2019 in der Pop-Anthologie der FAZ [66]. Wir hören gleich, was die *New Riders Of The Purple Sage* daraus machen.

Den Auftakt für den *Stones*-Block geben aber *Ike & Tina Turner*, die wir vorhin schon mit ihrer *Beatles*-Interpretation hörten – hier spielen sie den *Stones*-Klassiker „Honky Tonk Woman".

Ike & Tina Turner: Honky Tonk Woman
Otis Redding: Satisfaction
New Riders Of The Purple Surge: Dead Flowers
Tom Petty: Satisfaction

Nach den *Beatles*- und *Stones*-Reminiszenzen nun zu einer Band, die auch schon vor 60 Jahren gegründet wurde und die heute noch existiert: die *Kinks*. Mit ihren ätzenden Mittelschichts-Satiren hatten sie sich innerhalb der britischen Beatbands bald ein eigenes Profil erarbeitet; die ewig streitenden und gerade dadurch wohl kreativen Brüder *Ray* und *Dave Davies* fanden ja auch in meiner Sendung zu „Brothers On Stage" im Juli ausführlich Erwähnung. Dass sie zahlreiche andere

Bands inspiriert haben und mit ihren harten Riffs zu den Urvätern von Hardrock und sogar Punk gezählt werden, ist bekannt. Und so fiel es mir nicht schwer, einen viertelstündigen Musikblock mit fünf *Kinks*-Interpretationen zusammenzustellen.

Los geht's mit dem Klassiker „You Really Got Me", von dem es gleich zwei Versionen gibt. Zunächst die vom Gitarristen *Phil Manzanera* und seinem Bandprojekt *801*, einem kurzlebigen Ableger von *Roxy Music,* zudem mit

---

66   https://blogs.faz.net/pop-anthologie/2019/02/02/the-rolling-stones-dead-flowers-1732/.

dem großartigen *Simon Philipps* von *Toto* am Schlagzeug. Ihr Konzert in der Londoner *Queen Elizabeth Hall* vom 3. September 1976 ergab eine hörenswerte Live-LP mit besagtem *Kinks*-Coversong. Auch am Schluss des Blocks dann noch einmal „You Really Got Me", nun in der Fassung von *Tom Petty* und den *Heartbreakers* aus bereits erwähntem *Fillmore-West*-Konzert.

Weiterhin vertreten in dieser *Kinks*-Revue sind die *Herman's Hermits,* eine vor sechs Jahrzehnten in Manchester gegründete Beatgruppe um den Sänger *Peter Noone,* die in den Sixties eine Reihe von gefälligen und tanzbaren Hits aufzuweisen hatte. Eine 1988 bei *Skyline* erschienene Live-LP enthält auch den witzigen *Kinks*-Song „Dandy". Danach dann „All Day And All Of The Night" im Doppelpack. Zunächst die Fassung von *Peter Gabriel,* dem einstigen *Genesis*-Frontmann, der sich Ende 1975 auf erfolgreiche Solo-Pfade begeben hatte und sich dabei sowohl im Studio als auch live stets hochkarätiger Unterstützung gewiss sein durfte. Im April 1977 wurde ein Konzert im *Roxy* von Los Angeles mitgeschnitten, unter anderem mit den *King-Crimson*-Musikern *Robert Fripp* und *Tony Levin* sowie dem Gitarristen *Steve Hunter.* Da gibt's die Verbeugung vor den *Kinks* und ihrem

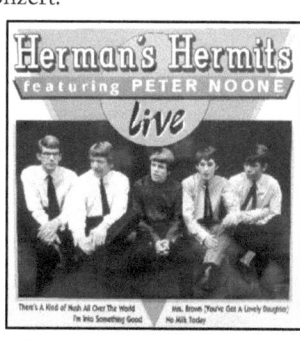

schon 1964 als Single veröffentlichten Song ebenso zu hören wie auf einem 1988 bei *CBS* erschienenen Livealbum der *Stranglers,* dessen Titel „All Live And All Of The Night" schon den *Kinks*-Klassiker zitiert. Die 1974 gegründete britische Band war ja nicht unumstritten aufgrund ihres selbst gewählten Böse-Buben-Images mit frauenfeindlichen Attitüden und einem ausgeprägten Anti-Amerikanismus; etliche Kritiker sahen sie als Punk-Vorreiter – insofern scheint es logisch, sich an den frühen *Kinks* zu bedienen. In der aktuellen Besetzung der *Stranglers* ist übrigens keines der einstigen Gründungsmitglieder mehr präsent.

Phil Manzanera & 801: You Really Got Me
Herman's Hermits: Dandy

Peter Gabriel: All Day And All Of The Night
The Stranglers: All Day And All Of The Night
Tom Petty: You Really Got Me

In den LiveRillen über originelle Live-Interpretationen bekannter Songs der 1960er Jahre folgt nun ein bunter Strauß beliebter Melodien der damaligen Zeit, wenn ich das mal so sagen darf.

 Den Auftakt vollzieht die Band des britischen Gitarristen und Sängers *Neil Landon*. Der 1941 Geborene hatte zunächst die *Flowerpot Men* verstärkt, die 1967 mit „Let's Go To San Francisco" einen Top-Ten-Hit landen konnten, und gründete 1968 mit dem späteren *Hendrix*-Bassisten *Noel Redding* die Band *Fat Mattress*, die als Support für *Jimi Hendrix* tourte und 1969 beim *Isle-Of-Wight*-Festival auftrat. Ein Jahr später löste sich die Band auf; *Neil Landon* zog die Liebe 1974 nach Hamburg, wo er unter anderem mit *Achim Reichel* und *Klaus Voormann* zusammenarbeitete und in mehreren Musicals mitwirkte. 2020 erlag *Neil Landon* einem Krebsleiden. Seine Live-LP „Sold Out", die 1978 erschien und ebenfalls von *Achim Reichel* produziert wurde, enthält mit „Daydream" ein Cover des Hits von *Lovin' Spoonful*, den deren Mastermind *John B. Sebastian* verfasst hatte. Die Single erreichte 1966 jeweils Platz Zwei der britischen und der US-Charts. In der Band von *Neil Landon,* die wir gleich hören werden, spielt mit dem Keyboarder *Adrian Askew* übrigens ein weiterer Brite, der vornehmlich in Deutschland aktiv ist und unter anderem bei *Lucifer's Friend, Atlantis* und der *Hamburg Blues Band* die Tasten drückte – zu Beginn der 1990er Jahre war er sogar mal für die Ostrockband *Karat* als Komponist tätig. Nach dem Tagtraum folgt dann der Tagträumer: „Daydream Believer". Bekanntgemacht hatten den Song die *Monkees*, eine US-Casting-Band, die durch eine TV-Serie in der zweiten Hälfte der 1960er Jahre enorme Popularität erlangte. Verfasser war *John Stewart,* ein langjähriges Mitglied des *Kingston Trios*. Der gefällige Pop-Song erreichte in Kanada, Neuseeland, Südafrika, Irland und den USA die Spitzenposition der Charts und ist noch heute als Party-Hit durchaus brauchbar, wie die Livefassung der New-Wave-Band *Big Country* um ihren Sänger

und Gitarristen *Stuart Adamson* beweist, die 1995 beim *Turnbridge Wells High Rocks Festival* aufgenommen wurde. Nach ihrer Abschiedstour im Jahr 2000 und dem Tod von *Adamson*, der sich im Jahr darauf das Leben nahm, zerfiel die Band zunächst; seit 2007 gibt es immer mal Reunions von *Big Country,* deren Ruhm bis heute vor allem auf ihren Hits aus den 1980er Jahren wie „Look Away", „The Seer", „Peace In Our Time" oder „In A Big Country" beruht.

Auch mit dem dritten Titel des folgenden Musikblocks voller fremder Federn bleiben wir in der Wohlfühl-Abteilung, was erstaunen mag, denn wir hören die *Mothers Of Invention.* Die anarchische Combo um *Frank Zappa* ließ im Juni 1971 ein Konzert im New Yorker *Fillmore East* mitschneiden, das in einer schlichten weißen Hülle im selben Jahr bei Warner erschienen ist. Darauf findet sich innerhalb der gewohnt tricky gespielten Eigenschöpfungen auch eine knapp dreiminütige Version von „Happy Together", einem netten Ohrwurm, den die US-Rockband *The Turtles* 1967 veröffentlicht hatte. Es wurde ihr

größter Hit und ihre einzige Nummer Eins in den US-Charts.

Für den krönenden Abschluss dieses bunten Straußes bekannter Melodien sorgt noch einmal *Tom Petty* mit den *Heartbreakers.* Gemeinsam haben sie sich des einzigen Hits von *Thunderclap Newman* angenommen: „Something In The Air". Die britische Band, deren Oeuvre auf eine einzige LP beschränkt blieb, hatte den Song 1969 mit Unterstützung von *Pete Townshend* als Studiobassist und Produzent aufgenommen – er stand in der britischen Hitparade drei Wochen lang auf Platz Eins und erlangte eine gewisse Bedeutung innerhalb der Jugendproteste jener Zeit, nicht zuletzt durch die leitmotivische Verwendung in *Stuart Hagmanns* Spielfilm „Blutige Erdbeeren" aus dem Jahr 1970 um die brutale Zerschlagung einer Studentenrevolte an einer US-amerikanischen Universität. Und damit bricht nach drei Wohlfühl-Nummern dann doch noch die raue Realität in diesen Musikblock ein, wenn auch sehr harmonisch dargeboten von *Tom Petty* und seiner Band.

Neil Landon Band: Daydream
Big Country: Daydream Believer
Mothers Of Invention: Happy Together
Tom Petty: Something In The Air

"Something In The Air", das One-Hit-Wonder von *Thunderclap Newman*,
geschrieben und gesungen seinerzeit von *Speedy Kane*, dem Drummer der Band,
der später Solo-Alben veröffentlichte, Hardrock-Bands wie *Motörhead* produzierte
und auch für *Rod Stewart* im Studio am Schlagzeug saß. Übrigens war er auch
Produzent einer Band namens *Heartbreakers* – allerdings nicht zu verwechseln mit
der gerade gehörten Begleitkapelle von *Tom Petty* – diese *Heartbreakers* waren eine
Punkrock-Band aus New York City.

Damit eilt auch diese LiveRillen-Ausgabe auf ihren Schlusspunkt zu, und den
sollen drei Versionen eines Drei-Harmonien-Titels setzen, der bei Gitarren-Eleven
der 1960er Jahre wohl stets zum Basisrepertoire gehörte: „Wild Thing" von den
britischen *Troggs*, strenggenommen da bereits ein Coversong, denn das Original
stammt vom US-amerikanischen Singer/Songwriter *Chip Taylor*. Die 1964
gegründeten *Troggs* um Sänger *Reg Presley* landeten damit 1966 ihren größten Erfolg
= Nummer Eins in Großbritannien; sie gelten mit ihrem simplen Garage-Rock
wohl nicht zu Unrecht als Vorreiter des späteren Punks.

„Wild Thing" gehört sicher zu den am häufigsten gecoverten Songs der
Rockmusikgeschichte – ich habe hier zunächst eine Version von *Spirit,* die 1978 in
der Triobesetzung mit *Randy California* an der Gitarre, *Larry Knight* am Bass und *Ed
Cassidy* am Schlagzeug auf Tour – und unter anderem auch zu Gast im *Rockpalast* –
waren.

Randy California galt ja als gitarristisches
Wunderkind, das bereits mit 15 Jahren gemeinsam
mit *Jimi Hendrix* auf der Bühne gestanden hatte; er
ist 1997 auf tragische Weise beim Schwimmen vor
Hawaii ums Leben gekommen – eine tückische
Strömung riss ihn hinaus aufs offene Meer, seine
Leiche wurde nie gefunden. Wir erfreuen uns
gleich an seinem kraftvoll-virtuosen Gitarrenspiel.
Danach *Bryan Adams*. Der smarte Kanadier mit
ausgeprägtem Faible für anspruchsvolle Fotografie interpretiert mit seiner Band
den Klassiker in gewohnt knackiger Art und Weise, bevor dann *Jimi Hendrix,* der

„Wild Thing" oft im Konzertrepertoire hatte, den echten Schlusspunkt setzen darf mit ein paar Takten jener Version, die er gemeinsam mit *Noel Redding* und *Mitch Mitchell* beim *Monterey Pop Festival 1967* aus den Saiten seiner Stratocaster zauberte.

Die nächste LiveRillen-Ausgabe im November wird drei Geburtstagskindern des Monats gratulieren, die ihre deutlichen Spuren in der Geschichte der populären Musik hinterlassen haben und noch immer unter uns weilen: *Joni Mitchell* wird ebenso wie *Randy Newman* 80 Jahre alt, und *John Mayall* darf sogar seinen 90. Geburtstag feiern – freut euch drauf! Na, und dazu passt doch „Wild Thing" ganz prima…

Spirit: Wild Thing
Bryan Adams: Wild Thing
Jimi Hendrix: Wild Thing

Quellen:

- Bryan Adams: Wembley 1996 Live, 3-LP-Set, ear MUSIC, 2016
- Aerosmith: Transmissions – Live On Air (Woodstock 1984), LP, STEMRA, o. J. (2019?)
- Big Country: We're Not In Kansas, 3-LP-Set, LTEV, 2018
- Aretha Franklin: Aretha Live At Filmore West, LP, Atlantic, 1971
- Peter Gabriel: Live USA, Live At "The Roxy" In Los Angeles, LP, Live & Alive, 1977
- Stephane Grappelli: Live In San Francisco, LP, Black Hawk Records, 1986
- Jimi Hendrix: Jimi Plays Monterey 1967, LP, Polydor, 1986
- Herman's Hermits feat. Peter Noone: Live, LP, Skyline, 1988
- Neil Landon Band: Live – Sold Out, LP, NOVA-Records, 1978
- Phil Manzanera u. a.: 801 Live, LP, Island, 1976
- The Mothers (Frank Zappa): Fillmore East – June 1971, LP, Reprise Records, 1971
- New Riders Of The Purple Sage: Home, Home On The Road, LP, CBS, 1974
- Tom Petty & The Heartbreakers: Southern Accents, Do.-LP, LTEV, 2015
- Tom Petty & The Heartbreakers: Live At The Fillmore 1997, 3-LP-Set, Warner Records, 2022
- Billy Preston: Live European Tour, LP, A&M, 1973
- Pure Food And Drug Act: Choice Cuts, LP, EPIC/CBS, 1972
- Otis Redding: Live In Europa, LP, ATCO, 1967
- Sonny & Cher: Live, LP, S.I.A.E. by MCA Records, 1971
- Spirit: LIVE, LP, Illegal Records, 1978
- The Stranglers: All Live And All Of The Night, LP, CBS, 1988
- Three Dog Night: Captured Live At The Forum, LP, ABC Records, 1970
- Ike & Tina Turner: Live In Paris, Do.-LP, Liberty-Records, 1971
- Tina Turner: Tina Live In Europe, Do.-LP, Capitol/EMI, 1988

No. 68: Congratulations: Randy Newman / Joni Mitchell / John Mayall

November 2023

Willkommen zur 68. Ausgabe der LiveRillen, die ganz im Zeichen von drei runden Geburtstagen stehen soll. Die Jubilare – zwei Männer, eine Frau – gehören allesamt zu den ganz Großen der populären Kultur der vergangenen sechs Jahrzehnte, auch wenn sich das nicht unbedingt an herausragenden Chartplatzierungen oder einer immerwährenden Präsenz im Rampenlicht der Öffentlichkeit und der Medien niederschlägt. Hier zählen andere Werte, die ganz sicher nachhaltiger und letztlich wertvoller sind.

Kommen wir zum ersten des Triumvirats. Sein damals noch junger deutscher Kollege *Heinz Rudolf Kunze* schrieb vor annähernd vierzig Jahren: *„Nahezu alle mir bekannten Songwriter berufen sich auf ihn und verehren ihn, aber kaum einer kann den Anspruch, den ... [er] an sich selbst stellt, einlösen."* [67] Die Rede ist von *Randy Newman*, der am 28. November seinen 80. Geburtstag begehen kann. Geboren wurde er in Los Angeles, sein Vater war ein wohlhabender Internist, der zudem über musikalisches Talent verfügte – zudem waren drei Brüder des Vaters durchaus erfolgreich als Filmkomponisten tätig. *Randy Newman* saß als Kind schon am Klavier, studierte Musik und wurde seit Mitte der 1960er Jahre vor allem als Song*schreiber* bekannt. Der Interpret *Randy Newman* blieb dagegen lange ein Geheimtipp unter Studenten und Intellektuellen, die sich an seinen bissigen Shortstorys und satirischen Einblicken in die Abgründe der amerikanischen Mittelstandsgesellschaft delektierten. Überzeugend dabei vor allem die Einheit von Text und Musik, die *Kunze* so beschreibt: *„... das ist es wohl, was Randy Newman den meisten anderen Liederschreibern voraus hat: Er redet nicht nur über Zustände, er führt sie auch – in der Musik – vor."* [68] Für mich persönlich schwingt da immer auch *Georg Kreisler* mit – die Art und Weise, wie eine harmlose Melodie und gefälliges Parlieren auf den schwarzweißen Tasten kontrapunktisch zu den schwarzhumorigen oder entlarvenden Sprachbildern eingesetzt wird, erinnert an den Altmeister, der als in die USA emigrierter Jude auch dort in den 1940er Jahren in ganz ähnlicher Manier seine ersten Erfolge feierte, ehe er nach Österreich zurückkehrte und den Wiener

---

[67] Heinz Rudolf Kunze: Randy Newman: „Ihr Nachbar schreibt Lieder über Sie!" In: Siegfried Schmidt-Joos (Hrsg.): Idole 2, Ullstein Verlag, Frankfurt/M. – Berlin – Wien, 1984, S. 120.
[68] Ebenda.

78

Schmäh als Ausdrucksform entdeckte. Und wie *Randy Newman* wehrte sich auch *Georg Kreisler* lebenslang gegen das Etikett, ein Kabarettist zu sein. Noch einmal *Heinz Rudolf Kunze: „Newman ist ein Meister der Momentaufnahme. Seine Lieder brauchen keine Einleitung, keine Kulissen, keinen Ausklang. Alltagsdialoge und - situationen werden hingeworfen, deren vordergründige Banalität sich allmählich im Kopf des Hörers zu einem gespenstischen Lebensabriß der Beschriebenen ausweitet. Und Newman beherrscht die Dramaturgie des Rollensongs wie kein zweiter. Niemals turnt er höchstpersönlich Gefühle vor, niemals erteilt er seinem Publikum besserwisserisch Gesinnungs- und Haltungsnoten. Nichts Privates wird exhibitionistisch oder wehleidig preisgegeben. Ein Mann ohne Eigenschaften.“* [69] Und das ist offenkundig positiv gemeint!

Fakt ist: *Randy Newman* schlüpft gern in Rollen – er lässt die Figuren seiner Songs für sich sprechen und ist dabei selten er selbst. *„Ich bin weniger autobiographisch als irgendein Schreiber sonst“*, so gibt er selbst dazu Auskunft, *„denn ich schreibe keine Ego-Songs. Wer mich gut kennt, kann einzelne Punkte finden, die mich privat betreffen, aber viele sind es nicht.“* [70]

Da mag nun also jeder selbst überprüfen, wieviel *Randy Newman* in den drei Songs steckt, die ich als Hommage an den nun fast 80Jährigen von seiner 1971 erschienenen Live-LP ausgewählt habe: „Mama Told Me Not To Come“, „Last Night I Had A Dream“ und „I Think It's Going To Rain Today“. Die Aufnahmen entstanden Mitte September 1970 bei mehreren Konzerten im *Bitter End East*,

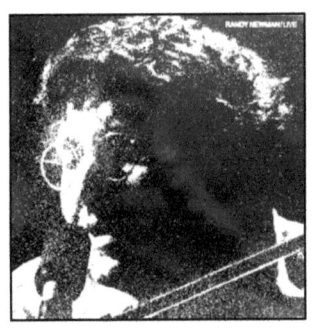

einem New Yorker Nachtclub im Künstlerviertel Greenwich Village. Ursprünglich war die LP nur als Promotion der Plattenfirma *Warner Brothers* gedacht, doch wurde sie ein Verkaufserfolg, was den Künstler selbst überraschte.

Randy Newman: Mama Told Me Not To Come / Last Night I Had A Dream / I Think It's Going To Rain Today

Über die Jahrzehnte war *Randy Newman* stets aktiv, hat viele Künstlerinnen und Künstler mit Songs beliefert, diverse Filmmusiken geschrieben und 1995 ein „Faust“-Musical verfasst, das als Studioaufnahme schon aufgrund der hochkarätigen Besetzung mit *Elton John, Don Henley, James Stewart, Linda Ronstadt* und *Bonnie Raitt* für Furore sorgte, auf der Bühne dann allerdings floppte. Hin und

[69] Ebenda, S. 125f.
[70] Zitiert nach ebenda, S. 128.

wieder war er selbst auf der Konzertbühne zu erleben, meist in minimalistischer Form, also allein am Piano.

Die Zeitschrift *GoodTimes* nannte ihn in einem Bericht über sein Konzert am 19. März 2012 in der Nürnberger Meistersingerhalle einen *„Meister der Reduktion"* und schrieb, *„Eine Stimme, ein Instrument. Mehr braucht Randy Newman nicht, um seine Lebensreflexionen dem Publikum nahezubringen …]. Allerdings wird der Intellektuelle der Popmusik kein Meister-Singer mehr, er war's auch in Nürnberg nicht. Dennoch: Sein Spektrum ist breiter als das monotone Krächzen eines Bob Dylan oder das heisere Knurren von Tom Waits. Wie diese verfügt der Geschichtenerzähler und Songschreiber allerdings über das Charisma und die Aura eines ganz großen Singer/Songwriters, dessen Werke von vielen Stars … gecovert wurden."* [71]

Tatsächlich geht die Zahl der *Randy-Newman*-Coversongs in die Hunderte. Das Webportal classicrockhistory.com hat erst vor kurzem eine Liste der zehn besten *Randy-Newman*-Cover [72] erstellt, und keineswegs überraschend landet „You Can Leave Your Hat On" in der Interpretation von *Joe Cocker* dort auf Platz Eins. In der Begründung heißt es: *„Joe Cocker verwandelt dieses langsame, unheimliche Brennen in ein so kraftvolles Stück messingfarbenen Donners, dass man glauben kann, dass er tatsächlich weiß, was Liebe ist."* [73] Und *Heinz Rudolf Kunze* schreibt über den häufig missverstandenen Song: *„… welch ein schillernder, liebevoll dargestellter Chauvinismus spricht sich hier aus! … Newman selbst betonte in einem Gespräch, daß es ihm hier nicht darum ging, eine Lanze für sexuelle Toleranz zu brechen; er wollte doch eher einen (irgendwo immer noch liebenswerten) Macho skizzieren."* [74] Nun – warum nicht…

Hier also als Hommage an den Songschreiber *Randy Newman* noch drei seiner Songs als Coverversionen: Zunächst *Joe Cocker* mit der Trinker-Ballade „Guilty", danach *Three Dog Night*, die 1970 mit ihrer Interpretation der Drogen-Satire „Mama Told Me Not To Come" einen veritablen Hit landeten (das classicrockhistory-Portal führt den Song auf Platz Drei der zehn besten *Newman*-Cover), und schließlich besagtes

„You Can Leave Your Hat On" mit der unverwechselbaren Reibeisenstimme aus Sheffield. Möge der Künstler, der am Monatsende seinen 80. Geburtstag begeht und den der Rolling Stone auf Platz 25 der hundert besten Songwriter aller Zeiten

---

[71] GoodTimes, 3/2012, S. 74
[72] Siehe https://www.classicrockhistory.com/10-best-covers-of-randy-newman-songs/.
[73] Ebenda.
[74] Heinz Rudolf Kunze, a.a.O., S. 124.

führt, noch viele gute und kreative Jahre haben – einen Stern auf dem *Hollywood*

Walk of Fame, diverse Grammys und Oscars sowie einen Logenplatz in der *Rock and Roll Hall of Fame* hat er bereits sicher.

Joe Cocker: Guilty / You Can Leave Your Hat On

Three Dog Night: Mama Told Me Not To Come

Damit zu einer Jubilarin, deren Bedeutung für die internationale Folkszene unstrittig ist und die sich in den vergangenen Jahrzehnten zudem auch als bildende Künstlerin einen Namen gemacht hat: *Joni Mitchell.* Am 7. November 1943 in Fort MacLeod unter dem Namen *Roberta Anderson* als Tochter eines Soldaten der kanadischen Luftwaffe geboren, wurde sie in den 1960er Jahren zunächst in der US-amerikanischen Folkszene mit ihren von einer märchenhaften Poesie durchwehten und von ihrer klaren, hellen und über vier Oktaven reichenden Stimme getragenen Liedern rasch populär. Gemeinsam mit ihren Generationsgefährtinnen *Judy Collins* oder *Emmylou Harris* genoss sie zudem ihre Rolle als Muse der kalifornischen Musikszene, in der sie Fuß gefasst hatte, nachdem sie durch eine kurze Ehe mit dem Folkmusiker *Chuck Mitchell* in die USA gekommen war. 1968 erschien ihre erste LP, und der darauf enthaltene Song „Both Sides Now" wurde unzählige Male gecovert, unter anderem von *Frank Sinatra, Bing Crosby* und *Judy Collins.* In den folgenden Jahren wurde sie zu einer Ikone der Folkmusic, bestens dokumentiert auf dem wunderbaren Doppelalbum

„Miles Of Aisles", das bei gemeinsamen Konzerten mit der Band des Saxofonisten *Tom Scott* mitgeschnitten und 1974 veröffentlicht wurde – an der Gitarre übrigens *Robben Lee Ford,* der unter anderem mit *Chick Corea, Miles Davis* und *B.B. King* gespielt hat.

Von dieser LP hören wir drei der bekanntesten *Joni-Mitchell*-Songs jener Jahre: „Big Yellow Taxi", „Circle Game" und „Both Sides Now".

Joni Mitchell: Big Yellow Taxi / Circle Game / Both Sides Now

Joni Mitchell hier auf dem Höhepunkt ihrer Folkmusic-Phase in den frühen 1970er Jahren. Im weiteren Verlauf ihres Lebens gehörten der Wandel, die Veränderung und die Weiterentwicklung stets zu den wichtigen Konstanten ihrer Persönlichkeit. So überschritt sie bald die Grenzen des puristischen Folk durch intensive Kontakte zur modernen Jazzszene der USA, wobei vor allem der geniale Bassist *Jaco Pastorius* zu nennen ist, der zuvor schon mit dem Fusion-Gitarristen *Pat Metheny* gearbeitet sowie kurzzeitig bei *Blood, Sweat & Tears* gespielt hatte und ab 1976 mit *Joe Zawinuls Weather Report* weltweit Erfolge feiern sollte. Der Lebenslauf von *Pastorius,* der schon 1987 im 37. Lebensjahr auf tragische Weise endete, verdiente eine ausführlichere Betrachtung, die hier nur angedeutet werden kann: Eine spät diagnostizierte bipolare Persönlichkeitsstörung, verbunden mit Alkohol- und Drogenkonsum, ließ ihn zunehmend ins Abseits geraten; seine letzten Lebensjahre verbrachte er als Obdachloser auf der Straße, ehe er bei einer tätlichen Auseinandersetzung vor einem Nachtklub in Florida ins Koma geprügelt wurde, aus dem er nicht mehr erwachte. Noch heute wird der Musiker von vielen Experten als Säulenheiliger des modernen Bassismus verehrt; als einziger Elektro-Bassist unter sieben Vertretern des Instruments residiert *Pastorius* in der vom Fachmagazin Down Beat geführten *Jazz Hall of Fame.*

Zurück zu *Joni Mitchell,* mit der *Jaco Pastorius* einige musikalische Sternstunden erlebte – sowohl bei Studioproduktionen wie „Hejira" oder „Don Juan's Reckless Daughter" als auch auf der Livebühne, was durch das 1980 erschienene Doppelalbum „Shadows And Lights" auf beeindruckende Weise dokumentiert wurde. Neben *Jaco Pastorius* am Bass wurde *Joni Mitchell* bei dem Konzert, das im September 1979 im *Santa Barbara County Bowl* stattgefunden hatte, von weiteren Szenegrößen wie *Pat Metheny,* dem Saxofonisten *Michael Brecker, Lyle Mays* an den Keyboards sowie dem Schlagzeug *Don Alias,* der schon an *Miles Davis'* bahnbrechendem „Bitches Brew"-Album beteiligt war, begleitet – so entstand ein zeitloser Meilenstein der modernen Songperformance!

Daraus drei Songs aus der Feder von *Joni Mitchell,* die am 7. Oktober ihren 80. Geburtstag begeht: zunächst „Black Crow", das *Michael Brecker* viel Raum gibt für sein virtuoses Saxofonspiel, danach der fast meditative Titelsong „Shadows And Lights" und schließlich mit „Woodstock" noch jener *Joni-Mitchell*-Klassiker, mit dem die seinerzeit mit *Graham Nash* Liierte das Festival aus der Perspektive eines Besuchers kommentierte.

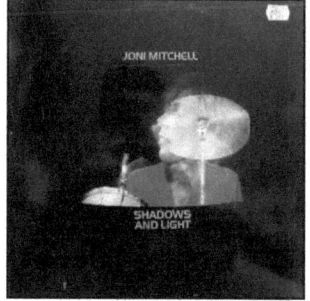

Joni Mitchell: Black Crow / Shadows And Lights / Woodstock

Joni Mitchell, hier gerade mal 36 Jahre alt, im Kreise herausragender Jazz- und Fusion-Musiker – in wenigen Tagen wird die vielfach geehrte Kanadierin nun 80 Jahre alt. Die Liste ihrer Auszeichnungen ist beeindruckend, beginnend mit dem Grammy 1970 für die beste Folk-Performance über weitere Grammys und Junos, die Aufnahme in die *Rock and Roll Hall of Fame* 1997 sowie zehn Jahre später in die *Canadian Songwriters Hall of Fame* bis hin zum *Library of Congress Gershwin Prize for Popular Song,* den sie im März dieses Jahres erhalten hat. Der *Rolling Stone* listet sie auf Platz Neun der besten Songwriter aller Zeiten, und das Portal *AllMusic* vermutet: *„Wenn sich der Staub gelegt hat, könnte Joni Mitchell als die wichtigste und einflussreichste Künstlerin des späten 20. Jahrhunderts gelten."* [75] Und das, obwohl sie sich seit Jahrzehnten in der Musikszene durchaus rar gemacht hat, ohne jedoch gänzlich aus ihr zu verschwinden. Selbst ein 2015 erlittener Schlaganfall hinderte sie nicht, im Vorjahr als Überraschungsgast beim *Newport Festival* aufzutreten, auch wenn ihr Gesang und ihr Gitarrenspiel freilich nicht mehr die einstige Souveränität besaßen.

Dass sie zudem auch als Malerin kreativ war und ist, wurde in der Öffentlichkeit zwar nicht in adäquater Weise wahrgenommen wie ihre musikalische Seite, ist ihr selbst aber seit gut drei Jahrzehnten wichtig und reicht inzwischen weit über das Gestalten ihrer eigenen LP-Hüllen hinaus. Einen ausführlichen Überblick über ihre vielgestaltige Künstlerpersönlichkeit bietet übrigens ihre informative Website jonimitchell.com.

Nicht nur künstlerisch, auch privat war sie mit diversen Szenegrößen verbandelt – so war sie zeitweise mit *Leonard Cohen, David Crosby* und *Graham Nash* sowie dem erwähnten Jazzdrummer *Don Alias* liiert und mit dem Schlagzeuger *Joe Guerin* verlobt, bevor sie 1982 den Songschreiber und Bassisten *Larry Klein* heiratete – die Ehe hielt zwölf Jahre. Und für die US-Folk-, Jazz- und Rockszene war *Joni Mitchell* stets eine höchst inspirierende Muse, wie nicht zuletzt ihr Auftritt beim Abschiedskonzert von *The Band* beweist. Als die Musiker um den jüngst verstorbenen *Robbie Robertson* am Thanksgiving des Jahres 1976 ihre wichtigsten Wegbegleiter und Mitstreiter ins *Winterland* von San Francisco einluden, um gemeinsam mit fünftausend Gästen bei einem Gala-Dinner mit „Last Waltz" ihren Abschied zu zelebrieren, steuerte *Joni Mitchell* ihren Song „Coyote" bei und lieh zudem ihrem Landsmann *Neil Young* ihre Background-Stimme bei dessen „Helpless" – ein kanadisches Duett zum Abschied einer kanadischen Legende.

---

[75] Zitiert nach: https://de.wikipedia.org/wiki/Joni_Mitchell.

Beide Aufnahmen aus dem Dreifach-Album, das dieses Großereignis der populären Musik für die Nachwelt konservierte, beenden nun die Hommage an *Joni Mitchell* anlässlich ihres bevorstehenden 80. Geburtstages.

Joni Mitchell: Coyote
Neil Young & Joni Mitchell: Helpless

"Er hat ein untrügliches Gefühl für Talente, einen sehr bestimmenden Führungsanspruch und massives Durchsetzungsvermögen – und sein Name steht für fast beispiellosen Geiz, über den in der Musikszene seit Jahrzehnten gern (und durchaus mit einem Schuss Bewunderung) gelästert wird."[76] Der Musiker, über den dieser Satz 2008 in der Musikzeitschrift *GoodTimes* zu lesen war, ist das dritte Geburtstagskind dieses Monats, und nach zwei Achtzigern gilt es nun sogar einen 90Jährigen zu würdigen: *John Mayall*, geboren am 29. November 1933 in der Nähe von Manchester. Bei der Würdigung seines Lebenswerks kommen wir nicht umhin, den woken Kampfbegriff der „kulturellen Aneignung" zu bemühen, gilt *John Mayall* doch – neben dem fünf Jahre älteren *Alexis Korner* – als Wegbereiter des Blues-Revivals im England der 1960er Jahre und damit als weißer *„Grandfather of the british Blues"*, wie die Times[77] titelte. Ja, durften die das denn überhaupt, würde mancher heute fragen… Aber was wäre die menschliche Kultur ohne diese wechselseitigen Inspirationen, ohne das stilistische Amalgam, ohne das Entdecken, Aufgreifen und Variieren diverser Anregungen, letztlich ohne deren achtungsvolle und achtsame Integration in den eigenen kulturellen Kosmos? Wie arm wären wir Deutschen dran, wenn wir nur „Am Brunnen vor dem Tore" singen dürften? Oder – schlimmer noch – „Schwarzbraun ist die Haselnuss"?! Dafür könnten wir natürlich dem japanischen Sinfonieorchester die Beethoven-Partituren um die Ohren hauen, sollten die sich daran vergreifen… Nun, mal im Ernst: Kultur war und ist ein Brückenbauer, und jede Diskussion darüber, ob Schweizer Musiker Reggae spielen dürfen – oder eben *John Mayall* den Blues, ist nicht nur albern, sondern reaktionär, stärkt sie doch identitäre Positionen einer angeblich zu bewahrenden reinen Authentizität, die letztlich ebenso steril wie ignorant wäre.

Zurück zu *John Mayall*. Schon zu Beginn der 1950er Jahre hatte er als Teenager begonnen, Blues und Boogie zu spielen; als Soldat im Korea-Krieg hatte er die

---

[76] GoodTimes, 6/2008, S. 90.
[77] https://www.thetimes.co.uk/article/john-mayall-the-grandfather-of-british-blues-2tvtnccz2fn?gclid=EAIaIQobChMIgqjV19j3gAMVzeZ3Ch2b-wVYEAAYBCAAEgJjzfD_BwE.

Gitarre stets dabei, und nach einem Design-Studium und kurzzeitiger Tätigkeit in einer Werbeagentur ermunterte ihn *Alexis Korner,* nach London zu kommen, wo er 1963 seine erste Bandformation unter dem Namen *Bluesbreakers* präsentierte. Das Bandetikett wird *Mayall* durch die Jahrzehnte begleiten, auch wenn sich dahinter immer wieder andere Musiker verbergen – ein Durchlauferhitzer für Talente, von denen nicht wenige nach ihrer *Bluesbreakers*-Zeit den Bekanntheitsgrad ihres Entdeckers weit übertroffen haben. Wie sagte *Mick Taylor,* einstiger Stones-Gitarrist, so treffend: *"Der beste Weg, Blues zu lernen, ist bei John Mayall zu spielen!"* [78] Er muss es wissen – er war schließlich auch dabei, so wie Dutzende Musiker im Laufe der Jahrzehnte – ich nenne nur *Eric Clapton, Jack Bruce, Peter Green, Mick Fleetwood, Aynsley Dunbar, Walter Trout, John McVie* oder *Hughie Flint.* Böse Zungen sagen über *John Mayall,* er habe seine Begleitband immer dann umformiert, wenn seine Mitspieler besser wurden als er selbst…

Bleiben wir zunächst ganz am Anfang: Die erste Liveplatte von *John Mayall* und den *Bluesbreakers* erschien 1965 bei *DECCA.* Erstaunlich, dass sich darauf – bis auf eine Ausnahme – keineswegs Coverversionen US-amerikanischer Bluesstandards finden, sondern ausschließlich Eigenkompositionen des Meisters, deren Texte zudem *„einfallsreicher und formal geschlossener als die bewunderten Platten aus dem Chicago-Ghetto und dem Mississippi-Delta"* [79] ausfielen, wie *Siegfried Schmidt-Joos* in seinem Rock-Lexikon befand. Tatsächlich waren und sind Blues-Cover bei *John Mayall* stets die Ausnahme.

Von dieser LP, die mit dem Leadgitarristen *Roger Dean* sowie der Rhythmusgruppe

John McVie am Bass (später Mitbegründer von *Fleetwood Mac)* und *Hughie Flint,* der danach bei *McGuinnes Flint* und *The Blues Band* am Schlagzeug saß, eingespielt wurde, lege ich den „Crocodile Walk" sowie „What's The Matter With You" auf.

John Mayall: The Crocodile Walk / What's The Matter With You

John Mayalls Stellenwert für die Bluesexpansion im britischen, besser im gesamteuropäischen Raum ist nicht hoch genug einzuschätzen. Dabei hat er in seiner langen Schaffensperiode keineswegs die im Show-Biz üblichen Meriten eingesammelt – seine einzige *Goldene Schallplatte* erhielt er 1969 für seine Live-LP

---

[78] Zitiert nach GoodTimes, 6/2008, S. 90.
[79] RL, Band 2, S. 581.

"The Turning Point", und selbst seinem wohl bekanntesten Song „Room To
Move" war kein Spitzenplatz in den Hitparaden beschieden. Aber einen Blueser
interessieren derartige Äußerlichkeiten wohl ohnehin kaum, auch wenn *Mayall*
schon darauf bedacht war, seinen Stellenwert als Bandleader auch angemessen
entlohnt zu wissen, wie von Insidern berichtet wird – seine musikalischen
Mitstreiter erhielten jedenfalls keinen Einblick in seine Vertragsabschlüsse.
Dass sich dennoch großartige Musiker bei den *Bluesbreakers* die Klinke in die Hand
gaben, zeigt den Stellenwert der Institution *John Mayall*. "*Unbeirrt ging der Mann
seinen Weg durch die Jahrzehnte und spielte mit einer Vielzahl von Musikern den Blues – meist
traditionell, stellenweise ornamentiert mit einem Hauch von experimentellem Kolorit, aber immer
grundsolide,*" [80] lobt die Musikzeitschrift *GoodTimes,* und die britische *Times* weiß,
„*wenn irgendjemand für diesen kulturellen Wandel verantwortlich ist, dann ist es John Mayall,
der Vater – nein, nein, der Großvater der britischen Bluesmusik*". [81] Verdientermaßen ist er
seit 2016 Mitglied der *Blues Hall of Fame.*
Nun wieder Musik aus verschiedenen früheren Phasen des Altmeisters – mal eher
dem traditionellen Blues, mal der Verbindung zum Jazz verpflichtet und stets mit
dem Begriff des Wandels – „Change" – verknüpft,
der ja zu *John Mayall* bestens passt. Zunächst von
der 1969 aufgenommenen Live-LP „The Turning
Point", eingespielt mit dem Fingerstyle-Gitarristen
Jon Mark, dem Bassisten *Steve Thompson* und dem
Saxofonisten *Johnny Almond,* der Titel „The Laws
Must Change", in dem *John Mayall* die
Überwachung der Jugend durch die Polizei und
die aktuelle Drogensituation thematisiert.
Anschließend eine Aufnahme vom November 1971 vom Album „Jazz Blues
Fusion", an dem diverse farbige Jazzer beteiligt
waren, „Change Your Ways", und schließlich
„Changes In The Wind" von der LP „Lots Of
People", die 1977 im *Roxy* von Los Angeles in
Big-Band-Stärke aufgenommen wurde. *John
Mayall,* der *Primus inter pares,* ist bei all seinen
Kompositionen mal am Piano, mal an der Orgel,
hin und wieder an der Gitarre und oft auch mit
der Mundharmonika zu erleben.

[80] GoodTimes, 3/2021, S. 19.
[81] https://www.thetimes.co.uk/; a.a.O.

John Mayall: The Law Must Change / Change Your Ways / Changes In The Wind

Nach diesen Ausflügen in jazzige Gefilde fand *John Mayall* in den 1980er Jahren zurück zu seinen Blueswurzeln und zu einer über einen längeren Zeitraum stabilen *Bluesbreakers*-Besetzung, in der nun auch gestandene Größen der Szene ihr großartiges Können zeigen durften. Zu nennen sind zunächst die beiden Gitarristen *Coco Montoya* und *Walter Trout*. *Montoya*, 1951 in Kalifornien geboren, spielte zunächst Schlagzeug in der Band von *Albert Collins,* der ihn dann an die Gitarre heranführte. Mit diesem Instrument zog er die Aufmerksamkeit von *John Mayall* auf sich, der den Linkshänder zu Beginn der 1980er Jahre zu den *Bluesbreakers* holte. Heute ist *Montoya* noch immer unermüdlich unterwegs – jährlich spielt der melodieverliebte Virtuose rund 200 Konzerte. Dem steht *Walter Trout*, ebenfalls Jahrgang 51, kaum nach – er hatte vor den *Bluesbreakers* bei *Canned Heat* gespielt und ist seit mehr als drei Jahrzehnten mit eigenen Bluesrock-Formationen ein immer wieder auch in Deutschland gern gesehener Gast. Die Rhythmusgruppe dieser wohl besten *Bluesbreakers*-Phase bildeten *Bobby Haynes* am Bass und *Joe Yuele* am Schlagzeug. *Bobby Haynes,* schon Mitte der 1930er Jahre geboren und 2018 verstorben, hatte im Studio und live mit so ziemlich allen namhaften Jazz- und Soulgrößen gespielt, ehe er sein Können in den Dienst von *John Mayall* stellte, und *Joe Yuele,* der unter anderem mit *Albert Collins, Buddy Guy* und *Rick Vito* gearbeitet hat, blieb über ein Vierteljahrhundert hinweg die rhythmisch treibende Kraft hinter *John Mayall.*
In dieser Besetzung wurde *John Mayall* mit seinen *Bluesbreakers* 1985 erstmals hinter den Eisernen Vorhang eingeladen – sein Konzert im ungarischen Szeged am 6. Juni 1985 war ein Großereignis für die bluesbegeisterte Jugend des Ostblocks. *„Bei dem … für die Platte mitgeschnittenen Konzert war wieder der alte Funke übergesprungen"*, urteilt Siegfried Schmidt-Joos, der dann den Musikkritiker *Manfred Miller* wie folgt

zitiert: *„Mayalls musikalische Mittel mögen begrenzt sein. Sein Enthusiasmus ist es nicht."* [82]
Überzeugen kann man sich von diesem mitreißenden Enthusiamus bestens auf der beim polnischen Label *Polskie Nagrania MUZA* in Lizenz erschienenen LP, die seinerzeit für 650 Zloty zu haben war (wenn man Glück hatte).

---

[82]   RL, Band 2, S. 582.

Daraus jetzt der wunderbare langsame Blues „Have You Heard" aus der Feder von *John Mayall.*

John Mayall: Have You Heard

In den 1980er Jahren hatte wohl auch die DDR-Staatsführung gehofft, dass der wachsende Druck im Gesellschaftskessel beherrschbar bleiben würde, wenn hin und wieder ein Ventil zum Einsatz käme. Und für die Jugend waren das Konzerte mit handverlesenen Künstlern und Bands aus dem Westen, die zumeist in „Berlin – Hauptstadt der DDR" (so der offizielle Tenor des Staates) stattfanden und zu denen sich jeweils Tausende auf den Weg machten – ein Sternmarsch von den Bergen des Thüringer Waldes bis zu den Dünen am Ostseestrand. Eines dieser Ventile wurde am 5. April 1987 im Palast der Republik geöffnet – in einem Doppelkonzert mit *Carlos Santana* gastierte *John Mayall* mit dieser legendären *Bluesbreakers*-Besetzung in Ostberlin. Der spätere ZEIT-Journalist *Christoph Dieckmann* schrieb darüber in einer Kirchenzeitung: *"Mayall, immerhin Jahrgang 1933, zeigte sich in bester Verfassung, hielt alle Fäden in der Hand, sang wunderbar und war zudem ein uneigennütziger Mitspieler. Zum Schluss, bei Sonny Boy Williamsons ‚Checkin' On My Baby', ging er dann in die Massen hinein. Der Jubel war ungeheuer."* [83]

Dass dann auch noch eine in exakt dieser Besetzung in der Bundesrepublik aufgenommene Live-LP von *John Mayall* als Nummer 10 der *AMIGA*-Reihe „Blues Collection" erschien, machte nicht nur mich seinerzeit sehr glücklich – auch wenn der Kessel dann zwei Jahre später dennoch platzte. Auch die DDR-Gesellschaft brauchte letztendlich „Room To Move" – Platz also, um sich endlich zu bewegen... Und damit deutet sich auch an, welcher Song den Schlusspunkt der heutigen Geburtstags-LiveRillen setzen wird: „Room To Move", das Paradestück für die Mundharmonika aus der Feder von *John Mayall,* der in diesem Monat sein 90. Lebensjahr vollendet. Ob man ihn danach nochmal live erleben wird, bleibt zwar zu hoffen, ist aber wohl eher unwahrscheinlich. Ich für mich bin jedenfalls froh, ihn nach dem Mauerfall zu Beginn der 90er Jahre noch bei einem Konzert im halleschen *Capitol* erlebt zu haben...

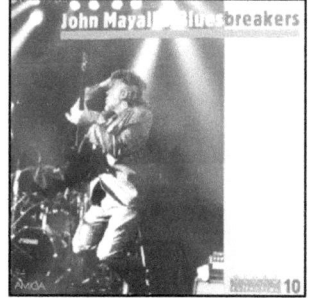

[83] Dieckmann, Christoph: My Generation. Cocker, Dylan, Honecker und die bleibende Zeit, Ch. Links Verlag, Berlin, 1991 (1. Auflage als E-Book, März 2017), S. 28.

Die letzte LiveRille des Jahres kommt im Dezember auf Halbmast geflaggt daher: „Rest In Peace – Die Verluste des Jahres" wird ein klingender Nachruf auf mehr oder weniger bekannte Musikerinnen und Musiker, die im Laufe der letzten Monate verstorben sind – das sind wir ihnen schuldig.

John Mayall: Room To Move

Quellen:

- ➤ The Band: The Last Waltz, 3-LP-Set, Warner, 1978
- ➤ Joe Cocker: Live, Do.-LP, EMI, 1990
- ➤ John Mayall: Live, LP, Decca, 1965
- ➤ John Mayall: The Diary Of A Band 1967, Decca Records, 1968
- ➤ John Mayall: The Turning Point, LP, Polydor, 1969 (WV: RockReport)
- ➤ John Mayall: Jazz Blues Fusion Performed And Recorded Live In Boston And New York, LP, Polydor, 1972
- ➤ John Mayall: Lots Of People, LP, ABC Records, 1977
- ➤ John Mayall's Bluesbreakers: Live In Concert (Szeged 1985), LP, MUZA, 1988
- ➤ John Mayall's Bluesbreakers: o. T., LP, AMIGA (Entente), 1988
- ➤ Joni Mitchell And The L.A. Express: Miles Of Aisles, Do.-LP, Elektra/Asylum, 1974
- ➤ Joni Mitchell: Shadows And Light, Do.-LP, Elektra/Asylum, 1980
- ➤ Randy Newman: LIVE, LP, Warner, 1971
- ➤ Three Dog Night: Captured Live At The Forum, LP, ABC Records, 1970

No. 69:   R.I.P. – Die Verluste des Jahres
Dezember 2023

Diese letzte Sendung des Jahres gibt sich ganz der Melancholie der dunklen Jahreszeit hin: Unter dem Motto „Rest In Peace" will ich Musikerinnen und Musiker würdigen, die uns im Laufe des Jahres verlassen haben, und so die Erinnerung an ihre großartige Musik wachhalten. Die Tatsache, dass sie alle im weiten Land der populären Musik bedeutende Spuren hinterlassen haben, mag uns ein wenig über die Verluste hinwegtrösten, und wenn ihr beim Zuhören und Nachlesen die eine oder andere Kerze entzünden wollt – tut euch keinen Zwang an.

Gleich der erste in dieser Phalanx ist ein Gigant, der über sechs Jahrzehnte hinweg dem US-amerikanischen Folkrock immer wieder neue Impulse verlieh, seit er 1963 zu den Gründungsmitgliedern der legendären *Byrds* gehörte – jener Band, die den puristischen Folk mit dem elektrifizierten Instrumentarium der Rockmusik auf bahnbrechende Weise aussöhnte: *David Crosby* ist im Alter von 81 Jahren am 18. Januar nach längerer Krankheit verstorben, auch wenn er sich bis zuletzt optimistisch gab, noch einmal auf die Konzertbühnen zurückkehren zu können. Auf diesen war der Sänger und Gitarrist mit dem markanten Schnauzbart in unterschiedlichen Konstellationen zu Hause – nach den *Byrds* und gelegentlichen Aushilfen bei *Buffalo Springfield* im erfolgreichen Trio mit *Stephen Stills* und *Graham Nash,* das durch *Neil Young* zeitweise zum Quartett erweitert wurde, später mit *Graham Nash* als Duopartner und noch im hohen Alter umgeben von jungen Kolleginnen und Kollegen, die ihn unter dem Namen *The Lighthouse Band* auf dem 2022 veröffentlichten Album „Live At The Capitol Theatre" begleiten. Das ständig wechselnde Umfeld hatte seine Gründe wohl auch im cholerischen Charakter des Genies.

Das Web-Portal laut.de bringt es so auf den Punkt: *„Ein brillanter Musiker, ein schwieriger Mensch"*[84], und konstatiert, der Kalifornier habe es sich mit so gut wie jedem Kollegen verscherzt, mit dem er länger zusammengearbeitet hat. Dass der 1941 in Los Angeles geborene, schon als Teenager rebellisch auffallende und später im Drogensumpf fast versinkende Musiker dennoch mit seinem umfangreichen Werk zu den einflussreichsten Künstlerpersönlichkeiten der internationalen Musikszene gehörte, lässt sich nicht leugnen und sollte in einem Nachruf auch seinen problematischen Charakter überstrahlen. *Deutschlandfunk Kultur* kommentierte nach seinem Tod: *„Er war ein Dreh- und Angelpunkt der*

---

[84]   https://www.laut.de/David-Crosby.

Rockmusikszene in Los Angeles, die später Künstler wie die Eagles und Jackson Browne hervorbrachte. Und er inspirierte Dennis Hopper zu dessen Film ‚Easy Rider'". [85]

Zur Erinnerung an *David Crosby* spiele ich seinen Song „Page 43" von der LP „Crosby-Nash Live", die 1977 bei *ABC Records* erschienen ist. In der illustren Begleitband der beiden Stars spielten mit dem Gitarristen *Danny Kortchmar,* mit *Russ Kunkel* am Schlagzeug, *Tim Drummond* am Bass, *Craig Doerge* an den Tasten und dem Multiinstrumentalisten *David Lindley* ausschließlich führende Protagonisten der damaligen US-Folkrock-Szene.

Und da auch der 1944 geborene *David Lindley,* der in den 1970er Jahren vor allem als Sideman von *Jackson Browne* bekannt wurde, in diesem Frühjahr verstorben ist, dient sein meisterhaftes Slideguitar-Spiel im Dienste von *David Crosby* zugleich der

Erinnerung an einen großen Unbekannten, den *Peter Frampton* in seinem Nachruf so würdigte: *„Unter Musikern war er ein Gigant. Mit jedem ersten Ton am einzigartigen Stil und Sound erkennbar".* Und *Jackson Browne* sagte über seinen einstigen Begleiter *David Lindley: „Es gibt Sidemen – und es gibt ihn!"* [86]

David Crosby: Page 43

David Lindley, der am 3. März verstorbene Multiinstrumentalist aus Kalifornien, hier an der Seite von *David Crosby.* Legendär ja sein oftmals bewusst schräges Outfit, das ihm den Beinamen „Prince of Polyester", eingebracht hat, und demgegenüber sein versiertes Spiel auf allen möglichen Saiteninstrumenten, das ihn zu einem gefragten Studiomusiker werden ließ. Ich habe ihn stets als geigespielenden Duo-Partner von *Jackson Browne* vor Augen bei dessen Interpretation des Anti-Kriegsliedes „The Crow On The Cradle" von *Sydney Carter* – das kann man sich auf YouTube immer mal wieder anschauen, gerade in dieser so unfriedlichen Adventszeit.

Nun zur Southern-Rock-Legende *Lynyrd Skynyrd,* die ja in ihrer langen Geschichte schon etliche tragische Momente überstehen musste – am 5. März ist mit *Gary Rossington* das letzte Gründungsmitglied der einflussreichen Band von Bord gegangen, auch erst 71 Jahre alt. Seine Kompositionen wie auch sein an der Stilistik des früh verstorbenen *Duane Allman* orientiertes Slidegitarren-Spiel hatten der schon in den 60er Jahren gegründeten Band zum Durchbruch verholfen.

---

[85] https://www.deutschlandfunkkultur.de/david-crosby-gestorben-100.html.
[86] GoodTimes, 2/2023, S. 11.

1977 kam das jähe Aus, als bei einem Flugzeugabsturz Frontmann *Ronnie Van Zandt* und Gitarrist *Steve Gaines* ums Leben kamen; *Rossington* überlebte die Katastrophe verletzt und gründete mit weiteren überlebenden Bandmitgliedern die *Rossington-Collins-Band,* bevor *Johnny Van Zandt,* der jüngere Bruder des verunglückten Sängers, die verstreuten Reste nach zehn Jahren zu einer Tribute-Tour zusammentrommelte, deren Erfolg eine dauerhafte Wiederbelebung von *Lynyrd Skynyrd* zur Folge hatte – die Band tourt ja bis heute durch die Welt, um ihren 70er-Jahre-Hits wie „Sweet Home Alabama", „Free Bird" oder „Tuesday's Gone" immer wieder auch neues Material zur Seite zu stellen – Southern Rock ist eben zeitlos im besten Sinne des Wortes.

Gary Rossington habe *„uns allen ein Erbe an Musik hinterlassen, die den Test der Zeit überstanden hat"* [87], wird *Johnny Van Zandt* im Nachruf des *Rolling Stone* zitiert. Und auch ohne *Gary Rossington,* der über vierzig Jahre mit der Background-Sängerin der Band, *Dale Krantz,* verheiratet und inzwischen mehrfacher Großvater war, wird es für die Band weitergehen, ganz im Sinne des Verstorbenen, der sagte: *„Die Musik von Skynyrd ist größer als ich, oder irgendeine andere Person"* [88].

Von dieser Größe können wir uns jetzt überzeugen durch seine Komposition „I Ain't The One" aus dem Konzertalbum „One More From The Road" der Urbesetzung, aufgenommen im Sommer 1976.

Gary Rossington (Lynyrd Skynyrd): I Ain't The One

Wesentlich lyrischer als der Southern-Rocker kam der Kanadier *Gordon Lightfoot,* ein Veteran der nordamerikanischen Folkszene, daher – *Siegfried Schmidt-Joos* nannte ihn in seinem Rocklexikon einen *„Cowboy-Entertainer von sanfter Maskulinität".* [89] 1938 im kanadischen Orillia geboren, wurde der begabte, aber introvertierte Songschreiber, Gitarrist und Sänger – anfangs gefördert durch *Bob Dylans* Manager *Albert Grossman* – zunächst durch Fremdinterpretationen seiner Titel bekannt, ehe er selbst Ende der 1960er Jahre – nun schon szeneuntypische 30 Jahre alt – als Interpret ins Rampenlicht trat. Selbst sein erster eigener Hit aus dem Jahr 1970 „If You Could Read My Mind" setzte sich hierzulande erst zwei Jahre später als Instrumentalversion der schwedischen *Spotnicks* durch. Seine

---

[87]   https://www.rollingstone.de/lynyrd-skynyrd-gary-rossington-band-zukunft-2572767/.
[88]   Ebenda.
[89]   RL, Band 1, S. 533.

einzige *Number One* in den US-Charts konnte er 1984 mit der Single „Sundown"
verbuchen.

Dass der in der Öffentlichkeit ja durchaus als maulfaul berüchtigte *Bob Dylan* dann
die Laudatio hielt, als *Lightfoot* 1986 in die *Canadian Music Hall of Fame*
aufgenommen wurde, darf als Indiz der Wertschätzung für den Sänger gelten, der
allerdings in der Folge seine Kreativität fast im Alkohol ertränkt hätte – erst eine
Therapie bei den Anonymen Alkoholikern brachten den sensiblen Künstler ins
Leben zurück. Es gab weiterhin sporadische Plattenveröffentlichungen sowie
Konzerttourneen, die beim treuen Publikum weiterhin erstaunliches Interesse
fanden. Noch 2020 war ein letztes Solo-Album von *Gordon Lightfoot* erschienen.
2010 hatten Medien bereits über den Tod des Kanadiers informiert – eine
Falschmeldung, wie sich rasch herausstellte. Am 1. Mai dieses Jahres ist *Gordon
Lightfoot* nun wirklich im 85. Lebensjahr in einem Krankenhaus in Toronto
verstorben. Er habe *„den Geist unseres Landes mit seiner Musik eingefangen und damit die
Klanglandschaft Kanadas mitgeprägt"* [90], so der musikbegeisterte kanadische
Premierminister *Justin Trudeau* in seinem Nachruf auf einen musikalischen
Nationalhelden.

Von seiner ersten Plattenveröffentlichung, die unter dem Titel „Sunday Concert"
den Mitschnitt eines Konzertes aus der *Massey Hall* in Toronto vom März 1969

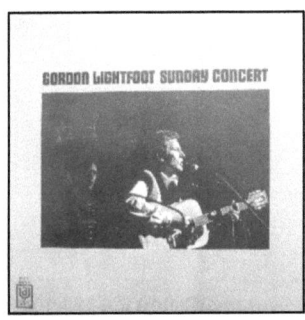

enthielt, bei dem *Gordon Lightfoot* von seinen
langjährigen Weggefährten *Red Shea* an der Gitarre
und *Rick Haynes* am Bass begleitet wurde. Daraus
spiele ich in Erinnerung an einen der großen
Songwriter der 1970er Jahre sein melancholisches
Lied „The Lost Children" – mein Abschied von
Gordon Lightfoot.

Gordon Lightfoot: The Lost Children

Zu den Verlusten, die wir im Laufe dieses Jahres zu beklagen hatten, gehören auch
zwei Brüder, die bereits in meiner August-Sendung unter dem Motto „Brothers
On Stage" Erwähnung fanden: *Robin* und *Tim Bachman,* ebenfalls wie *Gordon
Lightfoot* gebürtige Kanadier und stets etwas im Schatten ihres berühmten Bruders
Randy Bachman geblieben. Der hatte bereits mit den *Guess Who* Rockgeschichte
geschrieben, ehe er 1973 mit seinen Brüdern sowie dem Bassisten *Fred Turner* die
Bachman Turner Overdrive gründete. Dabei bediente *Rob Turner* das Schlagzeug,

---

90   GoodTimes, 3/2023, S. 11.

während der wenig später hinzustoßende *Timmy Bachman* die zweite Gitarre der Band spielte, die mit ihrem Vier-Viertel-Holzfäller-Rock weltweit zu gefallen wusste und *„wegen ihrer soliden Knuffigkeit mit satten, melodischen Riffs gerade in Trucker-Kreisen sehr beliebt war"*[91], wie es der *Rolling Stone* in seinem Nachruf auf *Tim Bachman,* der am 29. April seiner Krebserkrankung erlegen ist, formulierte. Bei BTO war *Tim Bachman* allerdings schon 1974 wieder ausgestiegen, bevor er ab 1984 bei diversen Tourprojekten seiner Brüder wieder mit von der Partie war. Schlagzeuger *Robin Bachman* ist bereits am 12. Januar im 69. Lebensjahr verstorben; sein zehn Jahre älterer Bruder *Randy* würdigte ihn in den sozialen Medien in einem Nachruf mit den Worten *„Er war der hämmernde Beat hinter Bachman-Turner Overdrive. [...] Er war das zentrale Zahnrad in unserer Rock'n'Roll-Maschine. Und wir haben zusammen die Welt gerockt."*[92]

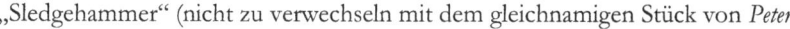

Zumindest in der *Canadian Music Hall of Fame,* in die *Bachman Turner Overdrive* 2014 aufgenommen wurden, bleiben die drei musikalischen Brüder vereint.

In Erinnerung an ihre große Zeit hier zunächst „Roll On Down The Highway" von ihrer Japan-Tour 1976 mit *Rob Bachman* am Schlagzeug, danach das zu ihrem Musikstil perfekt passende „Sledgehammer" (nicht zu verwechseln mit dem gleichnamigen Stück von *Peter*

Gabriel!) von der 1986er Live-LP von *Bachman Turner Overdrive,* und hier spielt *Tim Bachman* Gitarre und singt dazu, während *Rob* zeitweise durch den Drummer *Garry Peterson* ersetzt worden war, der zuvor schon bei *Guess Who* getrommelt hatte.

Rob(in) und Tim Bachmann (BTO): Roll On Down The Highway / Sledgehammer

Es folgt die Erinnerung an einen nicht unumstrittenen britischen Musiker, den der *Rolling Stone* in seinem Ranking der hundert weltbesten Rock-Gitarristen immerhin auf Platz Fünf führt: *Jeff Beck.* 1944 in der englischen Grafschaft Surrey geboren,

---

91 https://www.rollingstone.de/bachman-turner-overdrive-tim-bachman-erliegt-dem-krebs-2582697/.

92 Zitiert nach: https://www.metal-hammer.de/ex-bachman-turner-overdrive-drummer-robin-bachman-tot-2034759/.

galt der ehemalige Kunststudent schon in der zweiten Hälfte der 1960er Jahre als hochtalentierter Musiker, der bei den *Yardbirds* den 1967 ausgeschiedenen *Eric Clapton* ersetzte und wenig später mit einem *„Line-up aus großen Namen von morgen"* [93], wie die Zeitschrift *MINT* befand, seine eigene Band gründete, in der er unter anderem den späteren *Faces*-Frontmann *Rod Stewart,* dazu *Ron Wood* am Bass, *Nicky Hopkins* am Piano und Schlagzeuger *Aynsley Dunbar* um sich versammelte. Neben hochgelobten Plattenveröffentlichungen offenbarte sich *Jeff Beck* aber immer mehr als *„extrem launischer Egozentriker, dem es ausschließlich um die Erfüllung seiner eigenen musikalischen und sexuellen Wünsche ging"* [94], wie *Siegfried Schmidt-Joos* kritisch anmerkt. Ein selbst verschuldeter Autounfall warf *Beck* 1970 für zwei Jahre zurück, ehe er mit den ehemaligen *Vanilla-Fudge*-Musikern *Tim Bogart* am Bass und *Carmine Appice* am Schlagzeug den einstigen *Cream* nachzueifern suchte, was nicht ganz gelang. Nach dem Ausscheiden von *Mick Taylor* war er bei den *Rolling Stones* als neuer Gitarrist auf dem Zettel – diese entschieden sich aber für seinen einstigen Bassisten *Ronnie Wood.*

Jeff Beck stieg daraufhin in *John McLaughlin's Mahavishnu Orchestra* ein, tourte einige Jahre mit dem Jazzpianisten *Jan Hammer* und stellte seine gitarristischen Fähigkeiten in den Dienst zahlreicher Kollegen, die er im Studio oder auch live unterstützte – die Palette reicht von *Billy Preston* und *Stanley Clarke* über *Jimmy Page* und *Robert Plant* bis zu *Tina Turner, Roger Waters* oder *Stevie Wonder.*

Neue Platten erschienen nur noch sporadisch, das letzte Album „18" aus dem Vorjahr war eine Co-Produktion mit dem musizierenden Schauspieler *Johnny Depp.* Am 10. Januar dieses Jahres ist *Jeff Beck* einer bakteriellen Meningitis erlegen – er wurde 78 Jahre alt.

Als Erinnerungsmusik habe ich ein eher ungewöhnliches Stück ausgewählt. 1999 ging *Jeff Beck* mit ausschließlich instrumentalem Material auf eine Japan-Tour, begleitet von *Randy Hope-Taylor,* einem der besten Funk-Bassisten Großbritanniens, dem Schlagzeuger *Steve Alexander,* der unter anderem mit *Duran Duran* zusammengearbeitet hat, und der US-amerikanischen Gitarristin *Jennifer Batten,* die bereits im zarten Alter von acht Jahren zur E-Gitarre griff und bis heute als Sessionmusikerin und Solokünstlerin einen herausragenden Ruf genießt. So war sie zwischen 1987 und 1997 bei allen drei Welttourneen von *Michael Jackson* dabei. Highlights des *Jeff-Beck*-Konzertes in Tokyo sind 2016 auf *Love Records* erschienen – daraus nun die *Beck'sche* Instrumentalfassung des *Beatles*-Klassikers „A Day In The Life".

---

93   MINT, Heft 07/2018, S. 52.
94   RL, Band 1, S. 99f.

Jeff Beck: A Day In The Life

Nun zu einer körperlich kleinen Frau mit einer
der wohl größten Stimmen aller Zeiten: Seit
Jahrzehnten litt sie bereits an chronischem
Bluthochdruck, überstand mehrere Schlaganfälle,
2016 wurde bei ihr Darmkrebs diagnostiziert und
ein Jahr später ist ihr noch eine neue Niere
transplantiert worden, die ihr zweiter Ehemann
der „Queen of Rock'n'Roll" gespendet hatte – am 24. Mai ist *Tina Turner* nun im
Alter von 83 Jahren nach langer Krankheit friedlich in ihrem Heim in Küsnacht in
der Nähe von Zürich verstorben, wie es in der offiziellen Verlautbarung ihres
Managements hieß.

Die 1939 in Tennessee als *Annie Mae Bullock* Geborene war schon mit Siebzehn an
der Seite ihres späteren Ehemanns *Ike Turner* zum Star geworden, was sich
allerdings nur auf das Rampenlicht der Bühne beschränkte, denn privat hatte sie
unter dem jähzornigen und gewalttätigen Patriarchen schwer zu leiden. Mit Mühe
entkam sie dieser sozialen Leibeigenschaft; die Scheidung 1978 machte sie zur
mittellosen Sozialhilfeempfängerin.

Umso grandioser ihr Comeback in den frühen 1980er Jahren und der sich
anschließende Aufstieg zur unumstrittenen Diva der Popkultur, in der sie nicht
nur musikalisch mit ihrer zwischen Rock, Blues und Soul changierenden Stimme
Spuren hinterließ, sondern im Super-Mini zu High-Heels und mit irren Perücken
auch modische Zeichen für ihre emanzipierte Souveränität setzte.

1989 startete sie mit nunmehr 50 Jahren ihre „Foreign Affair"-Welttournee, an
deren Ende im Folgejahr sie über drei Millionen Menschen mit ihren Konzerten
beglückt hatte. 1991 blieb sie der Aufnahme in die *Rock and Roll Hall of Fame* fern,
die gemeinsam mit ihrem zu dieser Zeit im Gefängnis sitzenden Ex-Mann
erfolgen sollte.

In den 1990er und 2000er Jahren folgten weitere Tourneen in ausverkauften
Stadien und Hallen weltweit. Und auch ihr privates Glück hat *Tina Turner* spät
noch einmal gefunden: Seit 1986 war sie mit dem 15 Jahre jüngeren deutschen
Musikmanager *Erwin Bach* liiert; einige Jahre lebte das Paar in Köln, seit 1998 dann
in der Schweiz.

Nachdem *Tina Turner* sich 2009 im Alter von 69 Jahren endgültig von der Bühne
verabschiedet hatte, heirateten Turner *und Bach* 2013 zunächst standesamtlich,
anschließend mit einer buddhistischen Zeremonie. Zugleich gab *Tina Turner* ihre

US-amerikanische Staatsbürgerschaft auf – wohl auch um ihr auf 225 Millionen Schweizer Franken geschätztes Vermögen besser vor dem Fiskus zu bewahren. Private Schicksalsschläge blieben nicht aus – ihre leiblichen Söhne starben vor ihr: Der 1958 geborene *Craig* nahm sich 2018 das Leben, der 1960 geborene *Ronnie* starb im Vorjahr. Nun ist also auch *Tina Turner* diesen letzten Weg gegangen.

Zur Erinnerung an die Sängerin, die wir als Energiebündel mit großer Stimme in Erinnerung behalten werden, spiele ich „Private Dancer", das ihr der einstige *Dire-Straits*-Mastermind *Mark Knopfler* auf den Leib geschrieben hat, vom 1988 erschienen Album „Live In Europe".

Tina Turner: Private Dancer

Nun zu einem in diesem Jahr verstorbenen Musiker, der stets eher im Hintergrund der Stars blieb, für die er doch den so wichtigen Groove lieferte und mit dessen Mitwirkungen sich allein eine ganze LiveRillen-Sendung locker füllen ließe: *James Beck Gordon,* genannt *Jim,* war ein ebenso versierter wie gefragter Schlagzeuger, der zahllosen Studioproduktionen der Folk-, Blues- und Rockszene den prägnanten Rhythmus verlieh und sein großartiges Können den Stars auch immer wieder live bei Tourneen und in Festival-Bands zur Verfügung stellte. So taucht sein Name in meinem Liveplatten-Regal im Zusammenhang mit *Joan Baez, Eric Clapton, Joe Cocker, Derek & The Dominos, Delaney & Bonnie & Friends, Johnny Rivers and his L.A. Boogie Band, John Stewart* und *Traffic* auf, und auch beim *Byrds*-Nachfolgeprojekt, der *Souther-Hillman-Furay-Band,* war er dabei!

Der 1945 in L.A. geborene Kalifornier war schon in den frühen 60ern für die *Everly Brothers* aktiv, und so berühmte Studioproduktionen wie das „Pet Sounds"-Album der *Beach Boys* oder *John Lennons* „Imagine" tragen seine rhythmische Handschrift. Geldsorgen hatte er sicher nie – gemeinsam mit *Eric Clapton* schrieb er den Dauer-Seller „Layla" für *Derek & The Dominos,* der reichlich Tantiemen abwarf, und spielte zudem auf der Studioaufnahme selbst den Piano-Part.

Dann allerdings nahm *Jim Gordons* Leben einen höchst tragischen Verlauf: Ende der 1970er Jahre traten aufgrund einer psychischen Erkrankung zunehmend Halluzinationen auf, die ihn 1981 zum Rückzug aus der Öffentlichkeit veranlassten. 1984 wurde er wegen Mordes an seiner Mutter verurteilt und in eine psychiatrische Anstalt eingewiesen, wo er am 13. März dieses Jahres im Alter von 77 Jahren verstorben ist.

Der *Rolling Stone* listet den Drummer im Ranking der hundert weltbesten
Schlagzeuger auf Platz 59.

Zur Erinnerung an *Jim Gordon* könnten stilistisch ganz unterschiedliche Stücke
erklingen. Ich musste mich entscheiden und habe
„Over The Line" von *Johnny Rivers and his L.A.*
Boogie Band ausgewählt, aufgenommen im
Olympia-Theater der französischen Hauptstadt
am 23. Mai 1973 und veröffentlicht auf ihrer LP
„Last Boogie In Paris".

**Jim Gordon (Johnny Rivers and his L.A.
Boogie Band): Over The Line**

Nach der Erinnerung an den Schlagzeuger Jim Gordon, den ich in einer
LiveRillen-Ausgabe zu den eher unbekannten Sidemen der Stars noch
ausführlicher präsentieren werde, nun zu zwei Persönlichkeiten, die zwar selbst
auch nicht im Rampenlicht standen, aber dennoch ihren gewichtigen Anteil am
Erfolg von zwei Bands mit äußerst klangvollen Namen haben: *Procol Harum* und
Cream.

Die melancholischen Balladen der Band um den Pianisten und Sänger *Gary Brooker*
leben nämlich nicht zuletzt von den poetischen Texten, die der 1946 geborene
Brite *Keith Reid* seinem langjährigen Freund schrieb; beide hatten sich 1966 in
London kennengelernt. Neben der Arbeit für *Procol Harum* stammen auch Texte
für den ex-*Harum*-Gitarristen *Robin Trower,* für
Frankie Miller, Peter Frampton oder *Chris Thompson*
aus seiner Feder: zudem flossen ihm auch für *John
Farnhams* Hit „You're the Voice" aus dem Jahr
1986 die Tantiemen zu. Am 23. März ist *Keith Reid*
in London verstorben – wir hören gleich das von
ihm getextete „Conquistador" von der
gemeinsam mit dem *Edmonton Symphony Orchestra*
im November 1971 aufgenommenen Live-LP
von *Procol Harum.*

Danach eine Liveaufnahme von *Cream,* der Supergroup von *Jack Bruce, Ginger
Baker* und *Eric Clapton,* die in den knapp drei Jahren ihres Bestehens
unauslöschliche Rockgeschichte geschrieben hat. „Deserted Cities Of The Heart"
heißt der Song, dessen Text von *Pete Brown* stammt, einem britischen Dichter und
Songschreiber der *Beatnik*-Generation, der 1940 geboren wurde und am 19. Mai

dieses Jahres verstorben ist. Der gelegentlich auch als Sänger selbst auf der Bühne präsente *Pete Brown* – vor zehn Jahren etwa war er mehrfach *Special Guest* der *Hamburg Blues Band* – schrieb neben den Lyrics der *Cream*-Hits „White Room" oder „Sunshine Of Your Love" zudem Texte für *Graham Bond* oder *Colosseum*, und – so schließen sich Kreise – er textete das 2017 unter dem Titel „Novum" erschienene Album von *Procol Harum*. Selbst *Joe Bonamassa* singt Texte von *Pete Brown*.

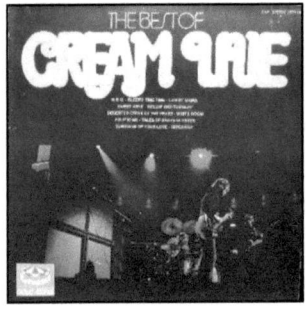

Hier zunächst *Procol Harum* mit „Conquistador", anschließend *Cream* mit den verlassenen Städten des Herzens: „Deserted Cities Of The Heart".

Keith Reid (Procol Harum): Conquistador
Pete Brown (Cream): Deserted Cities Of The Heart

Nun zu *Ray Shulman,* der gemeinsam mit seinen Brüdern *Derek* und *Phil* 1970 in London die Jazzrock-Gruppe *Gentle Giant* gegründet hatte. Das fand in der August-Sendung unter dem Motto „Brothers On Stage" ja bereits ausführlich Erwähnung.

Geboren wurde der Multiinstrumentalist, der für sein virtuoses Bassspiel immer wieder mal mit *Chris Squire* von *Yes* verglichen wurde, 1949 in Portsmouth. Zudem *„spielte er auf den elf Alben, die bis zur Auflösung der Band im Jahr 1980 entstanden, auch Geige, Trompete, diverse Perkussionsinstrumente, Gitarre und war als einer der Hauptkomponisten verantwortlich für ihren eigenständigen Sound, der nicht zuletzt für die Neo-*

Prog-Bewegung höchst einflussreich war" [95], wie das *Rocks-Magazin* in seinem Nachruf auf den am 30. März Verstorbenen schreibt.

Hier ist er für uns noch einmal live zu erleben mit seiner Komposition „Free Hand", aufgenommen im Jahr 1975 und veröffentlicht auf dem Live-Album „Playing The Fool" von *Gentle Giant.*

Ray Shulman (Gentle Giant): Free Hand

Am 14. Mai dieses Jahres verstarb auch der britische Bassist *John Giblin,* er wurde 72 Jahre alt. Als Studiomusiker war er an erfolgreichen Produktionen unter

---

[95] https://www.rocks-magazin.de/gentle-giant-ray-shulman-1949-2023.

anderem von *Chris de Burgh, Tanita Tikaram, Kate Bush, Peter Gabriel, Annie Lennox* oder *John Martyn* beteiligt. Live stand er mit *Phil Collins* in dessen Jazzrock-Combo *Brand X* auf der Bühne, und von 1985 bis 1988 war *Giblin* Mitglied der schottischen Band *Simple Minds,* die zu dieser Zeit ihren internationalen Durchbruch erlebte. Eine von *Amnesty International* unterstützte Tournee erbrachte das hoch gelobte Album „Once Upon A Time". Außerdem veröffentlichte die Band 1987 das Live-Album „In The City Of Light", das im Jahr zuvor bei einem Konzert in Paris mitgeschnitten worden war und Platz Eins der britischen Charts erreichte – ein seltener Erfolg für eine Liveplatte.

Die sozial und politisch engagierte Band um die Gründungsmitglieder *Jim Kerr,* charismatischer Frontmann am Mikrofon, und Gitarrist *Charlie Burchill* existiert noch heute – für 2024 ist ihre *Global Tour* angekündigt, die sie im April zu Konzerten nach Hamburg, Berlin, Frankfurt am Main und München führen wird. *John Giblin,* der die Band 1988 auf dem Höhepunkt des Ruhms verlassen hatte, blieb bis ins Alter als fleißiger Studiomusiker aktiv; seine Spielweise wurde häufig mit der des genialen, aber jung und tragisch endenden *Weather-Report*-Bassisten *Jaco Pastorius* verglichen.

Hier zur Erinnerung an *John Giblin* der von seinem pumpenden Bassspiel getragene Titel „Waterfront" vom *Simple-Minds*-Konzert in Paris im August 1986.

John Giblin (Simple Minds): Waterfront

Musikalischer Dreh- und Angelpunkt der vor gut sechzig Jahren in London gegründeten *Groundhogs* war der 1944 geborene Gitarrist und Sänger *Tony McPhee.* Die Bluesrockband existierte mit einigen Unterbrechungen bis in die 2000er Jahre. Im Juni ist *Tony McPhee,* seit 2009 durch einen Schlaganfall bereits gehandicapt, an den Folgen eines unglücklichen Sturzes verstorben.

Benannt hatte der von *Alexis Korners Blues Incorporated* stilistisch geprägte *McPhee* seine Murmeltiere nach dem „Groundhog Blues" von *John Lee Hooker,* den sie – ebenso wie *John Mayall* oder *Champion Jack Dupree* – in der Folge auf deren Europa-Tourneen begleitete. Das Angebot von *Mayall,* bei seinen *Bluesbreakers* den ausgeschiedenen *Eric Clapton* zu ersetzen, hatte *Tony McPhee* seinerzeit übrigens abgelehnt…

In den 70er und 80er Jahren war die Band zumeist in Trio-Besetzung aktiv, dazwischen betätigte sich *Tony McPhee* als Solist oder Produzent. Obwohl er nie den ganz großen Durchbruch erlebte, fanden seine Platten stets Wohlwollen bei der Kritik und beim treuen Publikum. Er galt auf der Insel als einer der besten Bluesgitarristen seiner Generation, gehörte den *British Blues All Stars* an und trat 1995 zum Gedenkkonzert für *Alexis Korner* auf. Nun ist er selbst 79jährig verstorben.

2009 legte *Lilith Records* unter dem Titel „Hoggin' The Stage" eine Compilation von Liveaufnahmen der *Groundhogs* aus den Jahren 1971 bis 1976 vor. Ausgewählt

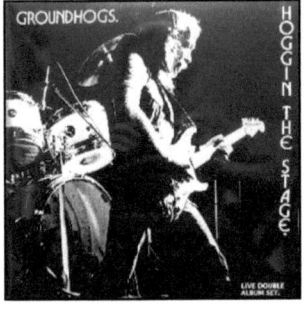

habe ich das von *Tony McPhee* geschriebene und gesungene „Garden". Das metaphorische Plädoyer für ein Leben ohne Zwänge wurde 1971 in Leeds mitgeschnitten. Begleitet wird *Tony McPhee* hier von *Peter Cruickshank* am Bass und dem Schlagzeuger *Ken Pustelnik*.

Tony McPhee (Groundhogs): Garden

Einen herben Verlust musste auch die US-amerikanische Countryrock-Szene in diesem Jahr verkraften: Am 12. Juni ist der Songwriter, Sänger, Gitarrist und Harmonikaspieler *Lee Clayton* im Alter von 80 Jahren in den Musikerhimmel abberufen worden. Das Musikmagazin *GoodTimes* würdigte den auch als Buchautor hervorgetretenen *„wundersamen Cowboy"* wie folgt: *„Seine Musik klang nie so, wie seine Platten-Cover aussahen. Während sich Lee Clayton auf den Frontbildern immer etwas futuristisch gab, blieb er musikalisch sehr erdig. Dem Country Rock verbunden, komponierte Clayton bittersüße Melodien und erzählte Geschichten voll Ironie und Zynismus"* [96] – die *Badische Zeitung* nannte es in ihrem Nachruf *„die Lieder eines Getriebenen"* [97]. Nachdem sich *Lee Clayton* in den 80er Jahren eine musikalische Auszeit gegönnt hatte, um mehrere autobiografische Romane zu verfassen, tourte er zum Ende des Jahrzehnts in Skandinavien, begleitet von jungen norwegischen Musikern, die altersmäßig seine Söhne sein könnten. Ausschnitte eines 1988 in Oslo gespielten Klubkonzerts veröffentlichte das *Provogue*-Label im Folgejahr unter dem Titel „Another Night". Daraus jetzt der von *Lee Clayton* geschriebene Song „Like A Diamond", in dem er sich auf die Suche nach sich selbst begibt – ein verrückter Engel zwischen Jesus und dem Teufel, wie es im Text heißt, der seinen inneren

---

[96]   https://goodtimes-magazin.de/blogs/goodtimes-blog/der-wundersame-cowboy-ist-tot-lee-clayton-mit-80-verstorben.

[97]   https://www.badische-zeitung.de/die-lieder-eines-getriebenen-zum-tod-von-lee-clayton.

Frieden erst finden werde, wenn er perfekt sei wie ein Diamant. Da schwingt wohl eine gehörige Portion Selbstironie mit…

Lee Clayton: Like A Diamond

Bei meinem LiveRillen-Jahresabschluss 2023 steht nun noch der Abschied von einem ganz Großen der traditionsbewussten nordamerikanischen Rockszene an: Wenige Tage nach seinem 80. Geburtstag ist der kanadische Gitarrist, Sänger und Songschreiber *Robbie Robertson* am 8. August nach langer Krankheit verstorben. Mit seiner Band, die schlicht genau so hieß, war er zwischen 1968 und 1976 kongenialer Begleiter von *Bob Dylan,* nachdem er mit der Vorläufer-Combo *The Hawks* zuvor jahrelang dem Rockabilly-Star *Ronnie Hawkins* gedient hatte. Doch es wäre viel zu kurz gegriffen, den als Sohn eines jüdischen Vaters, der noch vor seiner Geburt starb, und einer indigenen Mohawk-Frau Geborenen auf diese Begleitfunktionen zu reduzieren. Mit *The Band* schuf er Dutzende Songperlen mit der seltenen Eigenschaft, auch nach Jahren und Jahrzehnten nichts von ihrem Glanz zu verlieren – vielleicht gerade weil *Robertson* als *„Urvater des Roots Rock"*[98], wie *GoodTimes* titelte, nicht auf modernistische Attitüden setzte, sondern auf ehrliches, solides Handwerk. *Siegfried Schmidt-Joos* zitiert ihn in seinem Rocklexikon so: *„Lange genug haben die Leute eine Konservendose als Kunst angesehen und sich an Rückkopplungsgeräuschen berauschen müssen. Jetzt sagen sie: Lasst uns mal wieder eine richtige Story hören, wir haben die Wahrheit lange vermißt"*[99]. Solche wahrhaften Storys hat *Robbie Robertson* verfasst – „The Night They Drove Old Dixie Down", "Up On Cripple Creek", "When You Awake" oder "King Harvest (Has Surely Come)". Und ganz weit oben im Ranking der 20 besten *Robertson*-Songs, das der *Rolling Stone* nach seinem Ableben flugs zusammengestellt hat[100], findet sich „The Weight", eine *„kauzige Fabel über Schulden und Last, die von einem unauslöschlichen Mitsing-Refrain getragen wird",* wie es dort heißt. Auf dem Debütalbum „Music From The Big Pink" von *The Band* bildete dieser Titel ebenso das musikalische Zentrum wie auf dem grandiosen Livealbum „Rock Of Ages" aus dem Jahr 1972.

Nebenher schuf *Robertson* etliche Filmmusiken, vor allem für *Martin Scorsese,* der auch bei dem großartigen *The-Band*-Abschiedsfilm „The Last Waltz" Regie führte.

---

[98] GoodTimes, 5/2023, S. 11.
[99] RL, Band 1, S. 87.
[100] https://www.rollingstone.de/robbie-robertson-seine-20-besten-songs-2623881/.

Zum Tod seines Freundes äußerte sich *Scorsese* tief bewegt: „*Robbie Robertson war eine Konstante in meinem Leben und in meiner Arbeit. Ich konnte mich immer an ihn wenden,*

als Vertrauter. Ein Kollaborateur. Ein Berater. Ich habe versucht, das Gleiche für ihn zu sein."[101]

Zum musikalischen Abschied von *Robbie Robertson* spiele ich „The Weight" – aufgenommen im August 1976 im *Carter Barron Amphitheater* in Washington DC und 2015 auf dem *DOL*-Label veröffentlicht.

Robbie Robertson (The Band): The Weight

Seine Familie bat nach seinem Tod übrigens um Spenden für ein neues Kulturzentrum der *Six Nations of The Grand River*, das größte Reservat in Kanada, in dem *Robertson* als Kind aufgewachsen war.

Und auch mit dem nächsten Todesfall bleiben wir stilistisch im Umfeld von Rootsrock, Folk und Country: Am 26. Juli verstarb *Randy Meisner*, Bassist und Mitbegründer von *Poco* und den *Eagles*. Noch als Teenager kam er 1965 nach Kalifornien, wo er nach lokalen Bands 1968 gemeinsam mit den ex-*Buffalo-Springfield*-Musikern *Richie Furay* und *Jim Messina* die Band *Poco* gründete, die er allerdings bereits nach einem Jahr auf Druck der anderen Bandmitglieder wieder verlassen musste. Er verdingte sich kurzzeitig in den Bands von *Ricky Nelson* und *Linda Ronstadt* und spielte für *James Taylors* Plattendebüt „Sweet Baby James" den Bass ein, bevor er mit *Don Henley, Glenn Frey* und *Bernie Leadon*, die er bei *Linda Ronstadt* kennengelernt hatte, Ende 1971 die *Eagles* gründete, die zu einer der erfolgreichsten US-amerikanischen Bands der 1970er Jahre aufstiegen. Bis 1977 war *Meisner* dabei, ehe er nach einem Streit mit *Glenn Frey* das Handtuch warf. Als Komponist trat er bei den *Eagles* kaum in Erscheinung, bereicherte aber neben seinem fundierten Bassspiel mit seiner hohen Stimme den ohnehin beeindruckenden Satzgesang der *Eagles* nachhaltig. Und beim ersten Nummer-Eins-Hit der Band, „Take It To The Limit", übernahm er sogar den Solo-Part am Mikrofon.

Als die *Eagles* 1998 in die *Rock and Roll Hall of Fame* aufgenommen wurde, stand er noch einmal mit seinen einstigen Weggefährten auf der Bühne, während er ansonsten nach kurzer Solokarriere nur noch ab und an im Studio für befreundete

---

[101] https://www.fr.de/kultur/musik/an-der-gitarre-robbie-robertson-ist-tot-ein-mathematisches-genie-92453518.html.

Musiker tätig war. Zuletzt kämpfte er gegen die tückische Lungenkrankheit COPD und verlor.

Hier sind die *Eagles* live aufgenommen in Houston, Texas, im November 1976 mit dem erwähnten Song „Take It To The Limit" – Bass und Sologesang: *Randy Meisner.*

Randy Meisner (Eagles): Take It To The Limit

Leider ist die Liste der Abgänge des Jahres viel zu lang, als dass ich jede und jeden in dieser LiveRille durch eine Erinnerungsmusik würdigen konnte. Wenigstens genannt seien: Jazz-Legende *Wayne Shorter,* die Sängerin *Sinéad O'Connor, David LaFlamme,* Geiger und Gründer von *It's A Beautiful Day,* der langjährige Keyboarder der *Kinks, John Gosling,* Gitarrist *Bernie Marsden, Bruce Guthro,* zuletzt Sänger bei *Runrig,* der Keyboarder *Gary Wright* und der US-Songwriter *Jimmy Buffett.* Nicht zu vergessen *Ulrich „Ed" Swillms,* einer der profiliertesten Ost-Musiker, als Keyboarder Mitglied von *Panta Rhei* und *Karat,* wo er sich als Komponist des Ohrwurms „Über sieben Brücken" in den Pop-Olymp katapultiert hat. Aber da es im nächsten Jahr mehrere LiveRillen-Sendungen über deutschsprachigen Rock geben wird – darunter auch eine aus ostdeutscher Perspektive –, hebe ich mir diese Würdigung noch etwas auf.

Den elegischen Schlusspunkt dieser Sendung setzt die Band der wohl bekanntesten Jazzpianistin der vergangenen Jahrzehnte: *Carla Bley.* Die 1936 geborene Kalifornierin ist am 17. Oktober in der Nähe von New York verstorben. Bereits mit vier Jahren übte sich die Tochter eines Organisten im Klavierspiel, heiratete mit 20 den Jazzpianisten *Paul Bley,* für den sie auch komponierte, und stieß in den 1960ern bis in die Spitze des internationalen Jazz-Kosmos vor – als Instrumentalistin ein Novum zu einer Zeit, da weiblichen Protagonisten im Jazz vorrangig der Platz am Mikrofon zugewiesen war. Doch *Carla Bley* setzte sich mit Talent und Selbstbewusstsein durch in der Männerdomäne Jazz. Ihre Erfolge führten sie rund um die Welt, ihre Veröffentlichungsliste ist kaum zu überblicken, ebenso die Namen derer, mit denen sie gemeinsam musizierte. Dabei beherrschte sie sowohl das solistische Spiel als auch die große Form, wie diverse Orchesterwerke und eine Jazz-Oper belegen.

Ich lege ihre Live-LP auf, die in Bläser-Besetzung mit Rhythmusgruppe im August 1981 in der *Great American Music Hall* in San Francisco mitgeschnitten wurde, und spiele daraus „Time And Us" – die Zeit und wir; was könnte zum Thema

Abschied Besseres erklingen? Die Januar-Sendung der LiveRillen wird an britische Bands und jene musikalische Invasion in den USA erinnern, die ziemlich genau 60 Jahre zurückliegt, darunter die *Kinks*, die *Hollies*, die *Herman's Hermits* und *The Who*.

Carla Bley: Time And Us

Quellen:
- ➢ Bachmann Turner Overdrive: B.T.O. Japan Tour, LP, Phonogram, 1977
- ➢ Bachmann Turner Overdrive: Live! Live! Live!, LP, CURB Records, 1986
- ➢ The Band: Live In Washington DC 1976, LP, DOL/Vinylogy, 2015
- ➢ Jeff Beck: Live From Japan (1999), LP, LOV Records, 2016
- ➢ Carla Bley: Live!, LP, Watt Works, 1982
- ➢ Lee Clayton: Another Night, LP, Provogue, 1989
- ➢ Cream: The Best Of Cream Live, Do.-LP, Karussell, 1972
- ➢ Crosby & Nash: Live, LP, ABC, 1977
- ➢ Eagles: Live In Houston 1976, Do.-LP, Virgin/DOL, 2016
- ➢ Gentle Giant: Playing The Fool, Do.-LP, Chrysalis, 1976
- ➢ Groundhogs: Hoggin The Stage, Do.-LP, Lilith Records, 2009
- ➢ Gordon Lightfoot: Sunday Concert, LP, UA, 1969
- ➢ Lynyrd Skynyrd: One More From The Road, Do.-LP, MCA, 1976
- ➢ Procol Harum: Live / In Concert With The Edmonton Symphony Orchestra, LP, Chrysalis, 1972
- ➢ Johnny Rivers and his L. A. Boogie Band: Last Boogie In Paris, LP, WEA, 1974
- ➢ Simple Minds: Live In The City Of Light, Do.-LP, Virgin Records, 1987
- ➢ Tina Turner: Tina Live In Europe, Do.-LP, Capitol/EMI, 1988

No. 70: 60 Jahre British Invasion
Januar 2024

Willkommen zur ersten LiveRille des noch jungen Jahres 2024. Ich hoffe, ihr seid gesund und optimistisch in dieses Jahr gestartet, in dem Vieles eigentlich nur besser werden kann – möge es so sein!

Musikalisch allerdings geht es heute weit zurück in die Vergangenheit, rund sechs Jahrzehnte, und wir landen in einer Zeit, da sich eine ganze Reihe britischer Beatgruppen im Gefolge der *Beatles* und der *Rolling Stones* aufmachte, die Alte wie die Neue Welt zu erobern, was in den USA zur ein wenig panisch anmutenden Metapher der *British Invasion* führte. Also – bitte einsteigen in die LiveRillen-Zeitmaschine, die uns in den kommenden zwei Stunden in die bewegten 1960er Jahre – The Roaring Sixties! – zurückbeamen wird…

Unmittelbarer Anlass ist der 60. Geburtstag der *Kinks*, die just *„am Neujahrstag 1964 aus einer Amateurband hervor(ging), die schon drei Jahre lang unter dem Namen The Ravens im Londoner Stadtteil Muswell Hill getingelt hatte".* [102] Noch am Silvesterabend 1963 hatten sie jedenfalls als Raben-Combo auf einer privaten Party in einem Londoner Hotel aufgespielt, wo sie ein einflussreicher Konzertpromoter hörte [103] – und so nahmen die Dinge ihren Lauf. Ob es nun am neuen Namen der Combo um die Brüder *Ray* und *Dave Davies* lag, dass sie nach dieser erfolglosen Zeit noch im selben Monat ihren ersten Plattenvertrag bei *Pye Records* erhielten, ist nicht bekannt – Tatsache aber ist, dass sich die *Kinks* innerhalb der nächsten drei Jahre mit ihrer erdigen, vom Blues schwarz eingefärbten und dennoch britisch-melodischen Spielweise und den die englische Mittelschicht satirisch verätzenden Texten in der Oberliga der populären Musik weltweit etablieren konnten. In den 1960er Jahren spielte die Band als Quartett, das neben den *Davies*-Brüdern durch *Mick Avory* am Schlagzeug und den Bassisten *Pete Quaife* komplettiert wurde; letzterer wurde 1969 durch *John Dalton* ersetzt, ehe 1970 dann noch der im vergangenen Jahr verstorbene Keyboarder *John Gosling* hinzukam.

Zurück zu den Anfängen. Ende Januar 1964 hatten die *Kinks*, produziert von einem gewissen *Shel Talmy*, im *Pye*-Tonstudio vier stilistisch noch stark an die frühen *Beatles* erinnernde Titel aufgenommen, die auf zwei wenig beachteten Singles veröffentlicht wurden. Mit der am 12. Juli 1964 aufgenommenen dritten Single „You Really Got Me" (die Studio-Session hatten die Musiker, die mit den vorherigen Aufnahmen unzufrieden waren, übrigens selbst finanziert! [104]) gelang

---

[102] RL, Band 1, S. 496.
[103] Siehe GoodTimes 1/2014, S. 10.
[104] Vgl. Ebenda.

dann aber schon der internationale Durchbruch: schon im August toppte der Titel sowohl die britischen als auch die US-Charts.

Durch die innerhalb kürzester Zeit erscheinenden Langspielplatten „Kinks", „Kinda Kinks", „Kink Kontroversy" und „Face To Face" konnte die Band ihren frischen Rum grandios untermauern, bevor mit „Live At Kelvin Hall" 1967 die erste Konzertplatte der *Kinks* – übrigens noch in Mono – erschien.

Daraus jetzt „All Day And All Of The Night", "A Well Respected Man" und

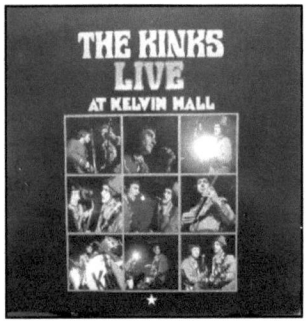

"Sunny Afternoon" – allesamt Kompositionen des 1944 geborenen älteren *Davies*-Bruders *Ray* – auf die bis heute andauernden Querelen der beiden Brüder bin ich ja in der August-Sendung des letzten Jahres ausführlich eingegangen, die den „Brothers On Stage" gewidmet war.

Kinks: All Day And All Of The Night / A Well Respected Man / Sunny Afternoon

Den Bezug zum Blues in der musikalischen Stilistik der *Kinks* habe ich schon erwähnt; ähnlich wie die *Rolling Stones* – und eben ganz anders als die Liverpooler Pilzköpfe – waren die *Davies*-Brüder begeisterte Konsumenten des auf US-Importplatten verfügbaren authentischen schwarzen Blues, auch wenn gecoverte Bluestitel bei den *Kinks* nicht denselben Stellenwert besaßen wie auf den frühen Stones-Scheiben. Immerhin findet sich auf der „Live At Kelvin Hall"-LP als Abschluss ein Medley, für den der „Milk Cow Blues" die Klammer bildet. Den hatte der 1899 geborene *John Estes,* genannt *Sleepy John,* 1930 veröffentlicht, der als bis heute einflussreicher Bluesgitarrist gilt – 1977 ist er verstorben. Seinen Spitznamen verdankt *Sleepy John Estes* der Tatsache, dass er aufgrund seines niedrigen Blutdrucks häufigen Schlafanfällen ausgesetzt war; es wird berichtet, er sei sogar mehrfach auf der Bühne weggenickt…

Die Liste der Coverversionen des Milchkuh-Blues' ist lang und reicht von *Sleepy Johns* Zeitgenossen *Robert Johnson* über *Elvis Presley, Aerosmith* und *Bob Dylan* bis zu *Willie Nelson* und *Eric Clapton.* Da ist die *Kinks*-Version, deren Studiofassung schon auf der 65er LP „Kinks Kontroversy" erschienen war, also in guter Gesellschaft. Zusätzlich eingebaut in das Medley, in dessen Mittelpunkt der *Ray-Davies*-Song „Tired Of Waiting For You" steht, wurde das Batman-Thema, das der US-amerikanische Jazztrompeter, Komponist und Arrangeur *Neal Hefti* als Titelmelodie für die ab 1966 laufende TV-Serie über den Superhelden kreiert hatte.

Kinks: Medley (Milk Cow Blues / Batman Theme / Tired Of Waiting For You)

Nach ihrem Überraschungshit „Lola" von der 1970 erschienenen LP „Lola Versus Powerman And The Money-Go-Round" wurde es in der Folge etwas ruhiger, was Spitzenplätze in den Charts betrifft. Mehrfach wechselten die *Kinks* das Label, was den Überblick über ihre auch weiterhin kontinuierlich erscheinenden Platten nicht gerade vereinfacht. Erwähnenswert auf jeden Fall das Bestreben von *Ray Davies,* über Hitsingles hinaus komplexere Kunstformen zu realisieren, was durch den Erfolg der Rockoper „Tommy" von *The Who* noch befeuert wurde. Resultat waren sowohl das 1969 erschienene Konzeptalbum „Arthur (Or the Decline and Fall of the British Empire)" als auch die sozialkritischen Songzyklen „Preservation Act 1 & Act 2" in den 1970er Jahren.

Mit verändertem Personal lief die *Kinks*-Musikmaschine rund um die beiden *Davies*-Brüder auch in den 80ern und 90ern auf durchaus hohem Niveau, wovon LPs wie „Give The People What They Want" (1981), „Think Visual" (1986) oder „To The Bone" (1995) zeugen. Die 82er Single „Come Dancing" platzierte sich sogar in den USA und England in den Charts.

Ich beende den *Kinks*-Block innerhalb der an die *British Invasion* erinnernden LiveRillen mit drei ganz unterschiedlichen Titeln. Zunächst ihr erster Single-Hit „You Really Got Me" mit seinem bis heute als antizipierter Hardrock gefeierten Gitarrenriff. Diese Livefassung stammt vom 1980 erschienen Doppel-Album „One For The Road", ebenso wie das nachfolgende „Victoria", das seinerzeit das Konzeptalbum über Arthur und

den Aufstieg und Fall des britischen Empire eröffnet hatte – ziemlich harter Tobak für die britische Monarchie: *„Ich wurde geboren, ich hatte Glück / In einem Land, das ich liebe / Obwohl ich arm bin, bin ich frei / Wenn ich erwachsen bin, werde ich kämpfen / Für dieses Land werde ich sterben / / / Land der Hoffnung und des Ruhms / Land meiner Queen Victoria / Lass ihre Sonne niemals untergehen".*

Als dritter Song dann die erwähnte Single „Come Dancing" von der Live-LP „Kinks / Live / The Road", die 1987 erschienen ist.

The Kinks: You Really Got Me / Victoria / Come Dancing

Die Geburtsstunde der nächsten britischen Beatcombo, die seinerzeit im Zuge der „British Invasion" erstaunliche Erfolge verbuchen konnte, schlug Ende 1963 in Manchester: *The Herman's Hermits*. Das Gerüst der Band stammte mit dem singenden Teenager *Peter Noone, Keith Hopwood* (Gitarre) und *Karl Green* (Bass) aus ehemaligen Mitgliedern der *Heartbeats*, einer erst im selben Jahr gegründeten Coverband. Hinzu kamen der Gitarrist *Derek Leckenby* und Schlagzeuger *Barry Whitwam*, die vorher bei den *Hel(l)ions* und den *Wailers* gespielt hatten – letztere nicht zu verwechseln mit der späteren Begleitband des Reggae-Stars *Bob Marley*. Wer der ominöse *Herman* war, als dessen Einsiedler sie sich nun augenzwinkernd bezeichneten, blieb allerdings ihr Geheimnis.

In einem Bandporträt der Musikzeitschrift GoodTimes wurden *Herman's Hermits* als *„exaktes Gegenteil der Rolling Stones"* so beschrieben: *„Sie bündelten locker-flockige Gitarren, einen milden Bass und ein nicht gerade ‚auf den Putz hauendes' Schlagzeug zu einem ohrwurmigen, im besten Sinne strikt unterhaltsamen, aber nicht banalen Soft-Beat-Sound, über den Peter Noone seinen halb jugendlich unbekümmerten, halb clever sexy gefärbten Gesang legte, oft fröhlich geprägt, seltener etwas nachdenklicher, aber nie albern oder belanglos klingend."* [105] Und *Siegfried Schmidt-Joos* ergänzt die Beschreibung in seinem Rocklexikon so: *„In feinen Maßanzügen, frisch gewaschen und sorgfältig frisiert, präsentierten sich die Musiker als Saubermänner der britischen Beatmusik"* [106]. Also nichts mit Sex & Drugs & Rock'n'Roll, dafür aber Akzeptanz auch in der Generation der potenziellen Schwiegermütter auf beiden Seiten des Atlantiks. Immerhin verkauften *Herman's Hermits* 1965 mehr Singles als die *Beatles* und landeten bis zu ihrer Auflösung 1969 insgesamt 18 Top-Ten-Hits! Gleich drei davon präsentiert der nächste Musikblock in Liveversionen: „I'm Into Something Good", „No Milk Today" und „Silhouettes" – allesamt von versierten Songwritern den netten Jungs aus Manchester auf den Leib geschrieben – „I'm Into Something Good" etwa von *Carol King;* es wurde 1964 ihr erster Nummer-Eins-Hit in England.

Zu hören sind diese Konzertmitschnitte auf der LP „Herman's Hermits featuring Peter Noone Live" – es sind die einzigen mir bekannten Liveaufnahmen der Gruppe, die auf Vinyl erhältlich sind. Die Platte ist 1988 auf dem belgischen *SKYLINE*-Label erschienen; nähere Angaben zum Zeitpunkt der Aufnahmen fehlen leider. Das Foto auf dem Cover zeigt die Band immerhin in ihrer

---

[105] GoodTimes 3/2020, S. 40.
[106] RL, Band 1, S. 415.

Originalbesetzung aus den 1960er Jahren, und die Songs werden versiert dargeboten mit einem Orchester-Wohlfühl-Background als gefälliger und harmonischer 60er-Jahre-Sound, der sich hörbar stark an Vorbildern wie den *Beatles* oder den *Beach Boys* orientierte.

Herman's Hermits: I'm Into Something Good / No Milk Today / Silhouettes

Zum Erfolg der smarten Boygroup in ihrer britischen Heimat trug übrigens ganz wesentlich der von der Isle of Man aus betriebene Piratensender *Radio Caroline* bei, der 1964 das eben gehörte „I'm Into Something Good" zum Sommerhit des Jahres hochpushte. Der Erfolg in den USA hing wiederum mit der cleveren Marketing-Strategie ihres Managements zusammen, die Musiker auch in der Unterhaltungs-TV-und-Film-Branche zu etablieren. Nicht zuletzt durch seichte Streifen wie „When The Boys Meets The Girls" von Regisseur *Sam Katzman,* in dem die Sängerin *Connie Francis* die Hauptrolle spielte, „Hold On" und vor allem „Mrs. Brown You've Got A Lovely Daughter" wurden *Herman's Hermits* sogar *„der größte Exportschlager aus England seit den Beatles"* [107]. Und obwohl viele ihrer Single-Hits durch Studiomusiker eingespielt worden sind, unter denen sich illustre Namen wie *Jimmy Page* oder *John Paul Jones* finden [108], tourte das Quintett auch live, so etwa im Jahr 1967 auf Stützpunkten der US-Army in der Bundesrepublik, wobei auch ein Gastspiel im Münchener „Circus Krone" abfiel. Mit dem Ende des Jahrzehnts kam auch das Aus für die *Herman's Hermits.* Sänger und Teenie-Schwarm *Peter Noone,* der sich zwischenzeitlich schon ein Studio in New York aufgebaut und eine Boutique eröffnet hatte, versuchte sich mit geringem Erfolg als Solist, anfangs sogar mit Songs von *David Bowie;* auch gab es einige kurzlebige Neuauflagen der einstigen Erfolgscombo. *Siegfried Schmidt-Joos* zitiert *Peter Noone* mit den Worten: *„Ich habe niemals behauptet, ein guter Sänger zu sein. Mir gelingen nur gewisse Dinge, andere schaffe ich einfach nicht. Ich kenne genau die Grenzen der Gruppe, wir haben nicht vor, sie zu überschreiten."* [109] Immerhin blieben sie mehr als eine Fußnote der Popmusikgeschichte. *Peter Noone* selbst, inzwischen 75, blieb über die Jahre als beliebter Moderator von Oldie-

[107] Manfred Langner: Beat-Lexikon. Vom Mersey-Beat bis zum Bubblegum – Die Sound-Invasion der Sixties, Berlin 1999, S. 132.
[108] Vgl. ebenda sowie RL, Band 1, S. 415.
[109] RL, Band 1, S. 415.

Formaten präsent und ist in England und den USA immer mal wieder mit den alten Hits auf der Bühne zu erleben. Warum auch nicht? Davon gibt es hier noch mal drei am Stück. Zunächst – und das schlägt die Brücke zu den bereits gewürdigten *Kinks* – „Dandy", das *Ray Davies* den *Herman's Hermits* überlassen hat, bevor er es selbst mit seiner Band aufnahm. Danach „Needles And Pins", ein Ohrwurm der amerikanischen Songschreiber *Jack Nitzsche* und *Sonny Bono*, der von den *Searchers* bis zu *Smokie* immer mal wieder für ein Cover gut war. Und schließlich mit „Mrs. Brown (You've Got A Lovely Daughter)" der Titelsong des erwähnten Filmkunstwerks über eine im Wortsinn verlauste Beatgruppe, die in London eine Schallplatte aufnehmen will und dabei diverse harmlose Abenteuer zu überstehen hat.

Herman's Hermits: Dandy / Needles And Pins / Mrs. Brown (You've Got A Lovely Daughter)

Ohrwürmer sind auch bei der nun folgenden Gruppe garantiert, die ganz wesentlich an der *British Invasion* der 1960er Jahre beteiligt war und die tatsächlich bis heute weltweit auf Konzertbühnen präsent ist – die Rede ist von den *Hollies*. Deren Gründung liegt sogar noch ein Jahr länger zurück – Weihnachten 1962 beschlossen Sänger *Allan Clarke*, die ebenfalls singenden Gitarristen *Graham Nash* und *Tony Hicks*, *Eric Haydock* am Bass sowie Schlagzeuger *Bobby Elliott*, allesamt schon im Vorfeld in und um Manchester musikalisch aktiv gewesen, künftig gemeinsam als Quintett mit melodiösen, vor allem von den ausgefeilten Gesangssätzen lebenden und textlich eher leichtgewichtigen Songs es den nun schon erfolgreichen *Beatles* gleichzutun. „*Talentvoll dargebotene Diskotheken-Unterhaltung*"[110], nannte es *Siegfried Schmidt-Joos*, deren Bilanz allerdings für sich spricht: In Großbritannien landeten die *Hollies* innerhalb eines Jahrzehnts 23 Hitsingles, was nur von den *Fab Four* selbst übertroffen wurde!
Dem Erfolg taten auch einige Personalwechsel – 1966 übernahm *Bernie Calvert* den Bass, und den während einer USA-Tournee 1968 abgängigen *Graham Nash* ersetzte *Terry Sylvester* von den *Swinging Blue Jeans* – zunächst keinen Abbruch; selbst Frontmann *Allan Clarke* wurde zu Beginn der 70er für einige Jahre durch den Schweden *Mikael Rickfors* ersetzt. Erst im Zuge der weiteren Ausdifferenzierung der populären Musik zwischen Hard Rock, Progressive, Fusion oder Glam Rock wurde es ruhiger um die Hollies, ohne dass sie gänzlich von der Bildfläche verschwunden wären. In späteren Zeiten komplettierten sogar

---

[110] RL, Band 1, S. 418.

bekannte Namen wie ex-*Move*-Sänger *Carl Wayne* oder *Pete Howarth* das Line-Up der unermüdlich tourenden Band, die ich im Jahr 2019 in bestechender Form in Erfurt erleben durfte.

Auch wir dürfen sie jetzt erleben – eine einzige Live-LP haben sie veröffentlicht, die im Anschluss an ihre Welttournee 1976 erschienen ist und natürlich nicht alle wichtigen Songs der Band enthalten kann. Aber zumindest diese: „Bus Stop", „I'm Down" und das vom scheppernden Banjosound, für den *Tony Hicks* sorgt, geprägte „Stop, Stop, Stop".

Hollies: Bus Stop / I'm Down / Stop, Stop, Stop

Das Repertoire der *Hollies* bestand gleichberechtigt aus Eigenkompositionen der Bandmitglieder *Clarke, Sylvester, Nash* oder *Hicks* sowie aus Übernahmen international bekannter Songwriter. Und bis heute sind die Titel der Band aus keinem Oldie-Radio wegzudenken.

Im Jahr 2010 gabs dafür die lange verdiente Aufnahme in die *Rock and Roll Hall of Fame*. Zu Zeremonie standen mit *Allan Clarke, Graham Nash* und *Terry Sylvester* drei der Urgesteine der Band mit weiterer Gastmusiker auf der Bühne, während die eigentliche Band, in der noch die Gründungsmitglieder *Tony Hicks* und *Bobby Elliott* aktiv waren, aufgrund einer Tourneeverpflichtung unabkömmlich waren.

Inzwischen ist auch *Bobby Elliott* in den Ruhestand getreten; *Tony Hicks,* der gerade am 16. Dezember seinen 80. Geburtstag gefeiert hat, ist in der aktuellen Besetzung der letzte jener Teenager, die vor über sechs Jahrzehnten daran gingen, ihren Traum vom Ruhm zu verwirklichen. Was in ihrem Fall überaus erfolgreich war und seinerzeit zur zunehmenden Resonanz englischer Beatmusik in den USA wesentlich beigetragen hat. Aktuell zeigt die offizielle Homepage der *Hollies* zwar keine Tourdaten an, doch ist nicht auszuschließen, dass sich das im Laufe des Jahres wieder ändert.

Zur Erinnerung an ihre große Zeit hier noch drei weitere Songs aus ihrem umfangreichen Katalog. Zunächst „Long Cool Woman (In A Black Dress)" vom 1971 erschienenen Album „Distant Light" – eine für die Band ungewöhnlich rhythmische Nummer, die ein wenig an das Erfolgsrezept von *Creedence Clearwater Revival* erinnert: geradlinig und schnörkellos. Danach mit „Sandy" bzw. „4th Of July, Asbury Park" ein Coversong des seinerzeit noch wenig bekannten *Bruce Springsteen,* und schließlich „The Air That I Breathe", ein hübsches Liebeslied, das

Albert Hammond und *Lee Hazlewood* geschrieben haben: „*Alles, was ich brauche, ist die Luft zum Atmen und – dich zu lieben…*".

Hollies: Long Cool Woman (In A Black Dress) / 4th Of July, Asbury Park (Sandy) / The Air That I Breathe

Wie die *Hollies* und die zuvor gehörten *Herman's Hermits* stammt auch die folgende Gruppe, deren Gründung vor ziemlich genau sechs Jahrzehnten erfolgte, aus Manchester: *The Moody Blues*. In den ersten Jahren versuchten sie sich als Rhythm&Blues-Band, hatten mit „Go Now" einen Achtungserfolg landen können und spielten 1966 gemeinsam mit den *Beatles* in den USA. Zu dieser Zeit war Gitarrist *Denny Laine* treibende Kraft der Gruppe; er wird ab 1973 in *Paul McCartneys Wings* einsteigen. 1967 verließ *Denny Laine* die *Moody Blues*, dafür stieg *Justin Hayward* ein, und auch der Bassist *Clint Warwick* wurde gegen *John Lodge* ausgetauscht. Zugleich vollzog die Band unter ihrem Produzenten *Tony Clarke* einen radikalen Stilwechsel hin zum Versuch, „*Rock, Rimsky-Korsakov und Religion zu einem neuen Sound zu verschmelzen*" [111], wie *Siegfried Schmidt-Joos* befand. Wesentlich zum orchestralen Gepräge der *Moody Blues* trug der Einsatz des Mellotrons bei, eines elektronischen Tasteninstruments, das auf zuvor ungeahnte Weise ganze Streichersätze imitieren konnte. *Justin Hayward* wurde zum prägenden Songschreiber der Band, und der kommerzielle Erfolg stellte sich mit der LP „Days Of Future Passed" und dem darauf enthaltenen weltweiten Hit „Nights In White Satin" rasch ein. Klar, dass dieser Ohrwurm gleich zu hören sein wird. Im Dezember 1969 spielten *Moody Blues* ein umjubeltes Konzert in der Londoner *Royal Albert Hall*, das erst 1977 fast komplett auf drei Seiten des Doppelalbums „Caught Live + 5" veröffentlicht wurde – die vierte Plattenseite enthielt nämlich

fünf neue Studiowerke der gerade wiedervereinten Band, die sich zwischenzeitlich aufgelöst hatte. Vor „Nights In White Satin" spiele ich noch die ebenfalls von *Justin Hayward* verfasste Ballade „Gipsy".

Moody Blues: Gipsy / Nights In White Satin

---

[111] RL, Band 2, S. 613.

Ein Jahr nach diesen Aufnahmen waren *Moody Blues* übrigens auch beim legendären *Isle-of-Wight*-Festival dabei – neben *Jimi Hendrix, Ten Years After, Procol Harum* oder *Leonard Cohen.*

„Unter den noch aktiven Bands der so genannten British Invasion waren sie nach den Rolling Stones und The Who die dauerhaft erfolgreichste, vor allem in den USA, wo sie bis Ende 2018 jedes Jahr tourten" [112], weiß *Wikipedia* über die weitere Geschichte der Gruppe zu berichten – viele dieser Konzerte absolvierte die Band nun in Begleitung von großen Sinfonieorchestern, was den aufwändigen Arrangements ihrer Songs zusätzlichen Pomp verlieh – mehrere in den letzten Jahrzehnten erschienene Liveplatten der *Moodies* zeugen davon. Und *Justin Hayward* fühlt sich mit seinen 77 Jahren keineswegs zu alt, um immer mal wieder auch in kleinerer Besetzung live aufzutreten.

Im *Wikipedia*-Zitat war ja eben schon von ihnen die Rede: natürlich dürfen *The Who* nicht fehlen, wenn es um die überfallartige Dominanz britischer Beat- und Rockgruppen in den USA in der zweiten Hälfte der 1960er Jahre geht. Und da auch sie unmittelbar vor ihrem 60jährigen Jubiläum stehen, passt das als Abschluss auch bestens in die heutige LiveRillen-Ausgabe!

Zuvor aber noch die Erinnerung an eine der wirklich dienstältesten britischen Musikinvasoren – die *Tremeloes,* gegründet bereits 1958 als Begleitcombo des Popsängers *Brian Poole.* 1962 stachen sie sogar die *Beatles* aus im Rennen um einen Plattenvertrag bei *Decca Records.* Dort hatten sie mit diversen Songcovern einige Anfangserfolge. Dennoch stieg der heute 82jährige *Brian Poole* 1966 wieder aus und versuchte sich als Solist, was nur mäßige Beachtung fand.

Mehr Glück hatten die verbliebenen Bandmitglieder mit ihrem heiter-harmonischen und tanzbaren Pop-Sound, der über England hinaus in Europa und zunehmend auch in den USA Anklang fand und ihnen in der zweiten Hälfte der 1960er Jahre einige vordere Chartpositionen einbrachte – elf ihrer Singles landeten bis 1970 in den britischen Top Ten. Als neuer Leadsänger profilierte sich mit *Dave Munden* der Schlagzeuger der Band, aber auch die anderen Musiker – darunter der 1996 verstorbene Gitarrist *Alan Blakely* und Bassist *Leonard Hawkes* – trugen das Ihre zum wohlklingenden Vokalsound der Gruppe bei.

Größter Hit dies- und jenseits des Atlantiks wurde 1967 ihre Version von „Silence Is Golden", ursprünglich eine Single-B-Seite der *Four Seasons:* in England Platz Eins, in den USA immerhin Rang 11 und in Deutschland Platz 8 der Charts. Nach und nach versuchten sich auch die *Tremeloes* selbst als Song-Autoren, insgesamt ist

---

[112] https://de.wikipedia.org/wiki/The_Moody_Blues.

aber dem Urteil der Musikzeitschrift *GoodTimes* über die *Tremeloes* zuzustimmen: *„Sie coverten lieber gekonnt, statt mittelmäßige eigene Songs zu verfassen."* [113] Hier sind sie live im Jahr 1968 von der LP „The Tremeloes Live In Cabaret" mit den Songs "Silence Is Golden", "Even The Bad Times Are Good" und "Suddenly You Love Me".

Tremeloes: Silence Is Golden / Even The Bad Times Are Good / Suddenly You Love Me

Zumindest als Markenname sind die *Tremeloes* mit ihren ins Ohr gehenden Songs noch immer hin und wieder auf Oldie-Konzerten anzutreffen, auch wenn sie damit nicht gerade die Musikwelt revolutioniert haben.

Das ist bei ihnen ganz anders: *The Who* gehörten Mitte der 1960er Jahre zu den innovativsten, kreativsten und anregendsten Bands Englands. Der *Rolling Stone* listet sie auf Platz 29 der hundert einflussreichsten Musiker aller Zeiten; schon 1990 wurden sie in die *Rock and Roll Hall of Fame* aufgenommen. Einen Begriff für ihren exzessiven Musikstil hatten sie sich gleich selbst geschaffen: *„Maximum R&B"*, was nicht nur dem harten Riff-Spiel des Leadgitarristen *Pete Townshend* und der enormen Lautstärke geschuldet war, sondern auch der Tatsache, dass am Ende ihrer Auftritte jeweils ein Großteil des Equipments draufging. *„Diese Zerstörungen seien laut Townshend durch das Konzept der Autodestruktiven Kunst von Gustav Metzger beeinflusst worden, der an dem von Townshend und Entwistle besuchten Ealing Art College lehrte"* [114], weiß *Wikipedia* zu berichten. *Metzger*, ein 1926 in Nürnberg geborener jüdischer Aktionskünstler, war 1939 durch einen Kindertransport vor den Nazis gerettet worden; seine Eltern überlebten den Holocaust nicht.

Who-Sänger *Roger Daltrey* hatte schon 1959 in einer Londoner Schulband mitgemischt. 1961 stieß zuerst der Bassist *John Entwistle* hinzu, im Folgejahr dann der Gitarrist *Pete Townshend*. Im Februar 1964 spielten sie zum ersten Mal unter dem Bandnamen *The Who*, allerdings noch mit *Doug Sandom* am Schlagzeug, der wenig später durch den wesentlich jüngeren und hoch explosiven *Keith Moon* ersetzt wurde. Manager *Peter Meaden* beschaffte ihnen einen Plattenvertrag, doch ihre erste Single erschien im Juli 1964 unter dem geänderten Bandnamen *The High Numbers*. Davon verkauften sich gerade mal 500 Stück. Ein neues Management

---

[113] GoodTimes 6/2020, S. 12.
[114] https://de.wikipedia.org/wiki/The_Who

übernahm die Geschäfte, der Name wurde in *The Who* zurückverwandelt, und ihr erster Fernsehauftritt, der mit der wohlkalkulierten Zerstörung des Instrumentariums endete, brachte den Durchbruch. Nun wurden die stets modisch gekleideten, sich exaltiert gebenden Musiker rasch zu Identifikationsfiguren der urbanen britischen *Mod*-Kultur, der sie spätestens mit „My Generation" im Jahr 1965 die ultimative Hymne lieferten. Ihre energetischen Festivalauftritte in Monterey, Woodstock oder auf der Isle of Wight erhöhten ihre Popularität weiter, und so blieben sie *„bis in die neunziger Jahre hinein für ihre Generation tonangebend"* [115], wie *Siegfried Schmidt-Joos* anerkennend feststellt.

Hören wir also mal rein in die 1960er Jahre, und das mal nicht mit ihrer bekannten Konzertplatte „Live At Leeds". Obwohl *Pete Townshend* der Band zahlreiche Hits zulieferte und obendrein mit der Rockoper „Tommy" den Beweis antrat, dass sein kompositorisches Talent weit über dreiminütige Singles hinausreichte, gehörten live auch immer wieder Coversongs zur Setlist – allerdings in durchaus neuem Gewand.

Hier zwei Beispiele von ihrem Auftritt im April 1968 im New Yorker *Fillmore East,* einem der angesagtesten Musiktempel jener Jahre in den USA.

Zunächst der „Summertime Blues", mit dem *Eddie Cochran* 1958 einen echten Sommerhit gelandet hatte. Danach „Fortune Teller", das der schwarze Songwriter *Allen Toussaint* verfasst hatte; 1962 war der Titel als B-Seite einer Single des Rhythm&Blues-Sängers *Benny Spellman* erschienen und hatte zahlreiche Coverversionen zur Folge, unter anderem von den *Rolling Stones* oder den *Hollies.*

Dass *The Who* diese Songs hier im *Fillmore* im Repertoire hatten, dürfte auch als Zugeständnis an das US-amerikanische Publikum gewertet werden.

Die Aufnahmen sind 2018 bei *Polydor* als Dreifach-Album erschienen.

The Who: Summertime Blues / Fortune Teller

Die vor rund sechs Jahrzehnten gegründeten *The Who* waren und sind neben den *Rolling Stones* wohl *die* Konstante in der von *Good Old England* ausgehenden und die internationale Musikwelt erobernden Beatmusik.

---

[115] RL, Band 2, S. 989.

Allerdings riss der Tod des genialen Drummers *Keith Moon,* der 1978 an einer Medikamentenüberdosis verstarb, eine spürbare Lücke, die in der Folge durch *Kenney Jones, Simon Philipps* oder *Zak Starkey* gefüllt wurde. 2002 verstarb zudem *John Entwistle* an Herzversagen, unmittelbar vor einer US-Tour, die dennoch stattfand, da kurzfristig der italienischstämmige Brite *Pino Palladino,* ein weltweit gefragter Studio-Bassist, einspringen konnte. *Pete Townshend,* vom eigenen Gitarrenlärm inzwischen schwerhörig geworden, und *Roger Daltrey* mit ergrauter Lockenmähne blieben aber weiterhin aktiv und lieferten auch im 21. Jahrhundert durchaus spektakuläre Shows ab bis hin zu ihrer „The-Who-Hits-Back"-Tour im Vorjahr, die sie am 20. Juni in die Berliner Waldbühne führte, gemeinsam mit großem Orchester. Und obwohl aktuell keine Konzerttermine angekündigt sind, prognostiziere ich mal, dass das noch längst nicht alles gewesen ist in der Causa *The Who…*

Zur aktuellen Tourband gehören laut offizieller *Who*-Website übrigens neben dem erwähnten Schlagzeuger *Zak Starkey,* Sohn von *Beatles*-Drummer *Ringo Starr,* unter anderem *Pete Townshends* Sohn *Simon* an Gitarre und Mandoline, der versierte Bassist *Jon Button,* der unter anderem mit *Sheryl Crow, Robben Ford* und *James Blunt* gearbeitet hat, sowie Keyboarder *Loren Gold.* Übrigens sind auf der Homepage alle jemals gespielten Gigs der Band aufgelistet, beginnend am 1. Juli 1962 im Londoner *Paradise-Club* – damals noch unter dem Namen *The Detours.*

Am Ende der heutigen LiveRillen, die der *British Invasion* gewidmet war, spiele ich noch „Were Not Gonna Take It" aus jenem Konzert, das *The Who* am 29. August 1970 auf der *Isle of Wight* spielten – es ist 2012 als Dreifach-Album bei *Eagle Records* erschienen.

Die nächste Ausgabe der LiveRillen würdigt einerseits im Gedenken an den 5. Todestag von *Peter Rüchel* den von ihm erfundenen *Rockpalast* als bleibendes Kulturgut und gratuliert andererseits dem großartigen Bluesrock-Gitarristen *Gary Clark Jr.* zum 40. Geburtstag.

The Who: Were Not Gonna Take It

Quellen:

- Herman's Hermits feat. Peter Noone: Live, LP, Skyline, 1988
- Hollies: Live Hits, LP, Polydor, 1976
- The Kinks: Live At Kelvin Hall, LP, Ariola, 1967
- The Kinks: One For The Road, Do.-LP, Arista, 1980
- The Kinks: The Road, LP, London Records, 1987
- The Moody Blues: Caught Live + 5, Do.-LP, DECCA, 1977
- The Tremeloes: Live In Cabaret, LP, CBS, 1968
- The Who: Live At The Fillmore East 1968, 3-LP-Set, Polydor, 2018
- The Who: Live At The Isle Of Wight Festival 1970, 3-LP-Set, VVRecords, 2012

No. 71: Der Erfinder des Rockpalasts – eine Würdigung | Gary Clark jr. wird 40

Februar 2024

Der erste Teil dieser LiveRille ist dem vor fünf Jahren verstorbenen Erfinder eines einflussreichen Medienformats gewidmet, das wohl jeder und jede kennt, der bzw. die sich hierzulande für populäre Musik interessiert. Und vor allem Angehörige meiner (und damit der älteren) Generation verehren ihn noch heute, denn kaum ein anderer hat so viel für die mediale Popularisierung der Rockmusik in Deutschland (und zwar beiderseits der Mauer!) geleistet wie er: *Peter Rüchel,* der Erfinder des WDR-Rockpalastes, der uns seit Mitte der 1970er Jahre die weltweit führenden Bands und Interpreten per Television direkt ins Haus brachte. Und auch jeder Rockfan, der in dieser Zeit in der DDR seine musikalische Sozialisation erfuhr, kann Storys von jenen Nächten erzählen, in denen man – mit dem nötigen Alkohol versorgt – vor dem Bildschirm hockte, das per Diodenkabel an den selbst gelöteten Audioausgang des Fernsehers angeschlossene Tonbandgerät aufnahmebereit und zumeist noch eine Spiegelreflex-Kamera der Dresdner Pentacon-Werke im Anschlag, um die Akteure abzufotografieren und damit den Mangel an einschlägigem Bildmaterial diesseits der Mauer zumindest ansatzweise auszugleichen.

Schon die Anmoderation von *Alan Bangs* mit der ikonischen Formel *„German Television proudly presents…"* wurde zur Legende, und wer danach auf der Bühne stand, eroberte in der Regel unsere Herzen im Sturm. Ich kann mich jedenfalls nicht erinnern, jemals von einer der Rocknächte enttäuscht gewesen zu sein, die da ab 1977 das Rockpalast-Format ergänzten und bis 1986 im Schnitt zwei Mal jährlich über den Bildschirm flimmerten, auch wenn die Sendungen in der alten Bundesrepublik (und die zählte ja seinerzeit zur offiziellen Statistik) nie wirkliche Quotenbringer waren: Die Einschaltquoten lagen um die fünf Prozent. Eigentlich ein Armutszeugnis, das wir Ossis der einschlägigen Generationen wohl hinlänglich relativiert hätten…

Glücklicherweise werden aus dem reichhaltigen Archiv des WDR nach und nach die Mitschnitte der Konzerte veröffentlicht; nicht alle auf Vinyl, leider, aber einige habe ich doch bereits im Regal, als da wären: die Reggae-Bands *Aswad* und *Black Uhuru,* der Gitarrist *Kenny Wayne Shepherd,* ex *Mott-The-Hoople*-Rockröhre *Ian Hunter* gemeinsam mit *Mick Ronson, Graham Parker* mit *Rumour, Ten Years Later* mit dem legendären Saitenzauberer *Alvin Lee* sowie die Twin-Gitarren-Band *Wishbone Ash.* Sie alle werden jetzt nach und nach zu hören sein als Würdigung des Lebenswerks von *Peter Rüchel,* der am 20. Februar 2019 im Alter von 81 Jahren verstorben ist.

Und bevor einiges zu seiner Person nachgetragen werden soll und wir natürlich auch das Medienformat etwas genauer betrachten, hier zunächst Musik aus dem Rockpalast. Ich habe meine Platten nach der Entstehungszeit der Aufnahmen angeordnet und beginne also mit der ältesten, die noch im ersten Jahr des Rockpalastes – also 1976 – mitgeschnitten wurde: Am 1. Dezember standen *Wishbone Ash* auf der Bühne des Kölner Sportpalastes. 1969 in London gegründet, wurden *Wishbone Ash* 1972 vom *Melody Maker* zur beliebtesten britischen Newcomer-Band des Jahres gekürt. Zugleich avancierte ihre dritte LP „Argus" zum „Album des Jahres", und 1973 hatten sie mit dem grandiosen Konzertalbum „Live Dates" ihren von zwei Leadgitarren geprägten Sound endgültig international etabliert. „*Intelligente Gruppenmusik mit fesselnden Solobeiträgen, ohne sich zu weit von erprobten Rockpfaden zu entfernen*"[116], urteilt *Siegfried Schmidt-Joos* in seinem Rocklexikon anerkennend.

1974 vollzog das Quartett seinen ersten Personalwechsel: Der neben dem Bandgründer *Andy Powell* die zweite Leadgitarre spielende *Ted Turner* stieg aus und wurde durch den erst 21jährigen gebürtigen Londoner *Laurie Wisefield* ersetzt, der insgesamt eine etwas härtere Ausrichtung der Ash-Stilistik einleitete. Nach zwölf gemeinsamen Jahren wird er bei *Wishbone Ash,* die rund um *Andy Powell* übrigens bis heute aktiv sind, aussteigen und unter anderem Tourgitarrist für *Tina Turner* werden.

Gut nachvollziehbar ist sein Einfluss auf die Musik von *Wishbone Ash* an „It Started In Heaven", einem Song der 1976 erschienenen LP „Locked In". Den spiele ich jetzt in der Rockpalast-Live-Fassung anstelle der sicheren Bänke „The King Will Come", „Blowin' Free" oder „Warrior", die bis heute bei keinem *Ash*-Konzert fehlen dürfen. Und natürlich gibt es auch bei „It Started In Heaven" eine kleine, aber feine Passage der typischen Twin-Gitarren…

Wishbone Ash: It Started In Heaven

Der 1937 in Berlin geborene *Peter Rüchel* hatte zunächst gar nicht so viel mit Rockmusik am Hut. Sein Vater war ein renommierter Violinist im klassischen Fach; er selbst hatte nach dem humanistisch-altsprachlichen Abitur Philosophie und Germanistik studiert, bevor er 1968 zum *Sender Freies Berlin* kam. Dort aber

---

[116] RL, Band 2, S. 1006.

wurde der inzwischen 30Jährige rasch vom Zeitgeist infiziert, arbeitete an der Sendereihe *SFBeat* mit und wechselte 1970 zum ZDF, wo er das Jugendprogramm „Direkt" mit aufbaute.

1974 warb ihn der Journalist *Christian Wagner* zum WDR ab, und gemeinsam mit diesem entwickelte er die Idee zum „Rockpalast". Erste Konzertbeiträge liefen unter diesem Motto bereits 1975 im Kölner Sender, bevor es dann Mitte 1977 mit den eigens konzipierten Rocknächten richtig losging. Dabei stand *Peter Rüchel* nie selbst im Rampenlicht – die Präsentation übernahmen *Alan Bangs* und *Albrecht Metzger* mit jener erwähnten Einleitungsformel, der dann zumeist zwei oder drei exquisite Musik-Acts folgten, deren Auswahl vom guten Gespür der Redaktion zeugte. So waren etwa *Mink DeVille, R.E.M.,* die *Dire Straits* oder *U2* bereits am Anfang ihrer Karriere im Rockpalast zu bestaunen. Schon die erste Rocknacht am 23. Juli 1977 wurde mit *Thunderbyrd* durch eine gerade erst gegründete Band eröffnet – auch wenn in deren Zentrum mit *Roger McGuinn* ein bekannter Musiker stand, der einst mit seiner 12saitigen Rickenbacker-Gitarre den typischen Sound der von ihm mitbegründeten *Byrds* geprägt hatte. Der Präsentation seiner neuen Band folgten dann mit *Rory Gallagher* und *Little Feat* zwei echte Top-Acts in der Essener Grugahalle.

In einem Interview anlässlich seines 80. Geburtstags im Jahr 2018 sagte *Peter Rüchel* der Zeitschrift *musikexpress* zum Stellenwert des Rockpalastes: *„Es war und ist zentraler Teil meines Lebens. Es hat mich 40 Jahre lang beschäftigt. Und nach dem Konzert war immer vor dem Konzert: Wir hatten nicht nur die ‚Rockpalast'-Nächte in der ‚Grugahalle', sondern auch in der ‚Zeche' in Bochum, in der ‚Markthalle' in Hamburg und im ‚Metropol' in Berlin. Ich war pausenlos beschäftigt. Aber es entsprach dem, was ich machen wollte. Insofern war ich in meiner beruflichen Laufbahn privilegiert: Ich verdiente mein Geld mit dem, was mir am Herzen lag."* [117]

Dafür ist ihm nicht nur mein Dank gewiss.

Hier nun wieder Musik aus dem Rockpalast. Zur dritten Rocknacht am 15. September 1978 kam neben den Bands von *Peter Gabriel* und *Paul Butterfield* auch der britische Bluesrock-Gitarrist *Alvin Lee,* der mit seiner früheren Combo *Ten Years After* bereits in Woodstock für Furore gesorgt hatte, mit seinem neuen Trio in die Grugahalle: *Ten Years Later.* An seiner Seite spielten nun der Bassist *Mick Hawksworth* und der Schlagzeuger *Tom Compton,* der nach der Trennung der nur kurzlebigen Band dann bei *Johnny Winter* viele Jahre für den treibenden Rhythmus sorgte.

---

[117] https://www.musikexpress.de/peter-ruechel-wdr-rockpalast-interview-1046643/.

Aus dem umjubelten Set, das *Ten Years Later* 1978 im Rockpalast darboten, hier der *Alvin-Lee-* Klassiker „I'm Going Home", der mit knapp zehn Minuten Länge allen Beteiligten genügend Raum zur Entfaltung ihres musikalischen Könnens bietet.

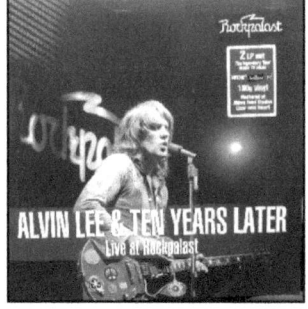

Alvin Lee & Ten Years Later: I'm Going Home

Im Jahr 2013 ist *Alvin Lee* in Südspanien, wo er seit einigen Jahren lebte, überraschend an den Folgen eines chirurgischen Routine-Eingriffs verstorben; er wurde nur 69 Jahre alt. Dass er nie in die *Rock and Roll Hall of Fame* aufgenommen wurde und bis heute vom *Rolling Stone* nicht unter den hundert weltbesten Gitarristen geführt wird, zeigt für mich, wie subjektiv derartige Ehrungen und Rankings sind. Auf der Website futurerocklegends.com finden sich dazu Kommentare wie *„Ich bin einfach fassungslos, dass Alvin Lee und Ten Years After nicht in der Rock Hall sind. Wie konnte das passieren? Eine der besten Bluesrockbands aller Zeiten, angeführt von einem der besten Gitarristen seiner Generation."* [118]

Nun, immerhin wurde er 2019 postum in die britische *Blues Hall of Fame* aufgenommen.

Zurück zum Rockpalast und seinem Erfinder, dem vor fünf Jahren verstorbenen *Peter Rüchel.*

Eine enge Freundschaft verband ihn bis zu seinem Lebensende mit dem US-amerikanischen Gitarristen *Little Steven,* bekannt vor allem durch seine Mitwirkung in *Bruce Springsteens E-Street-Band.* Die aktuelle Rockwelt interessierte den Rentner *Rüchel* übrigens nach eigener Aussage herzlich wenig. Wen er präsentieren würde, wenn er noch eine Rocknacht ausrichten könne, wurde er im Jahr vor seinem Tode gefragt. *Rüchel* winkte müde lächelnd ab: Da kenne er sich nicht mehr aus…

Umso umfassender war sein Blick auf die Szene der 1970er und 80er Jahre, und so wurde er auch auf den 1950 in London geborenen *Graham Parker* aufmerksam, der sich zunächst ziemlich erfolglos in diversen britischen Bands als Gitarrist und Sänger versucht hatte, ehe er ab 1975 mit *The Rumour* um den Gitarristen *Brinsley Schwarz* eine passende Begleitband für seine sozialkritischen, bitter ironischen und mitunter düsteren Songvisionen fand. Musikalisch zwischen Bluesrock, Soul, Rhythm & Blues und Wave verortet, gehörten sie bald zu den beliebtesten

---

[118] https://futurerocklegends.com/Artist/Ten_Years_After/.

Livebands in England. *Graham Parkers* erste, 1976 erschienene LP „Howlin' Wind" listet der *Rolling Stone* übrigens unter den 500 besten Rockalben aller Zeiten – na bitte, geht doch, möchte man sagen! Zwei Mal wurde *Graham Parker* mit *The Rumour* in den Rockpalast eingeladen – 1978 zu einem WDR-Studiokonzert, dann noch einmal 1980 in die Grugahalle, gemeinsam mit *The Police* und *Jack Bruce & Friends*. *Peter Rüchel* berichtet von der Enttäuschung *Parkers*, als die BBC, die erstmals einen Rockpalast aufzeichnete, dann lediglich die bekannteren Stars ausstrahlte und sein Set vollkommen ignorierte.

Nun, wir tun das natürlich nicht, zumal das 1980er Konzert im Jahr 2016 bei *Let Them Eat Vinyl* als Doppelalbum erschienen ist, mit Linernotes von *Peter Rüchel*, der dabei auch verrät, dass in dieser Nacht mit *Nicky Hopkins* eine Musikerlegende am Piano saß, die unter anderem bereits mit *Jeff Beck, Quicksilver Messenger Service,* der *Steve Miller Band* und – natürlich – sowohl mit den *Beatles* als auch den *Rolling Stones* gespielt hatte! Das wertet dieses bemerkenswerte Konzert noch zusätzlich auf, aus dem ich jetzt zwei – nun ja – meteorologische Songs aus der Feder von *Graham Parker* spiele: „Howlin' Wind", Titelsong seiner 76er LP, und anschließend „Thunder And Rain".

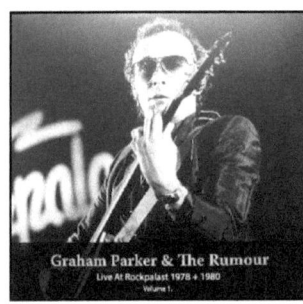

Graham Parker & The Rumour: Howlin' Wind / Thunder And Rain

Noch im selben Jahr trennte sich *Parker* von *The Rumour;* seine anschließende Solokarriere verlief – kommerziell gesehen – zwar nicht besonders erfolgreich, auch wenn seine späteren Studioproduktionen von der Kritik zumeist gelobt wurden. Noch heute ist der inzwischen 73jährige Brite musikalisch aktiv; 2017 tourte er gemeinsam mit dem *Rumour*-Gitarristen *Brinsley Schwarz;* im September des Vorjahres spielte er sechs Konzerte in England mit einem Bandprojekt namens *The Goldtops* zum Release seiner bislang letzten Platte „Last Chance To Learn The Twist". Erwähnenswert auch sein soziales und politisches Engagement; so beteiligte sich *Graham Parker* beispielsweise an dem aktivistischen Projekt „Musicians United for Safe Energy", das sich für erneuerbare Energien und gegen Atomkraft einsetzt.[119]

Zurück zum Rockpalast, dessen musikalisches Spektrum ja über den Genrebegriff „Rock" weit hinausreicht: Blues und Soul waren und sind dort ebenso präsent wie

---

[119] https://www1.wdr.de/fernsehen/rockpalast/bands/ueber-graham-parker-100.html.

Folk und Reggae. Auch diese stilistische Vielfalt sicher ein Verdienst von *Peter Rüchel,* der insbesondere dem bis dato in Deutschland unterrepräsentierten Reggae die Tür weit öffnete.

So gastierte mit *Aswad* im Jahr 1980 eine der britischen „Punky Reggae Party" zugehörige, noch relativ unbekannte Band im Studio-B des WDR, die erst in den Folgejahren zum neben *Steel Pulse* wichtigsten Protagonisten der englischen Reggae-Szene aufsteigen würde. Das einstündige Konzert, das übrigens vor einem in Stuhlreihen sitzenden Publikum stattfand, ist, verteilt auf drei Plattenseiten, 2016 bei *MIG Music* erschienen.

Aswad – der Name stammt aus dem Arabischen und bedeutet schlicht „Schwarz" – spielen dabei einen harten, von Punk und Ska beeinflussten Reggae mit teils aggressiven, militanten Aussagen, ganz sicher gespeist von einschlägigen Erfahrungen als farbige Immigranten in den sozialen Schmelztiegeln britischer Industriestädte.

Dass ausgerechnet *Aswad* in der ansonsten ausgesprochen umfang- und detailreichen Darstellung des Rockpalast auf der Website des WDR [120] fehlen, verwundert schon, hält mich aber nicht davon ab, die Band hier zu präsentieren mit „Sons Of Criminals" – der programmatische Titel war 1979 auf ihrem zweiten Album erschienen.

Aswad: Sons Of Criminals

Reggae im Rockpalast – ich komme gleich noch einmal auf diese Musikstilistik zurück. Zuvor noch ein Blick auf die 6. Rocknacht, die als zweitägiges Event im März 1980 stattfand und zu der neben *ZZ Top, Joan Armatrading* und *The Blues Band* auch *Ian Hunter* in der Grugahalle gastierte. Bekanntgeworden war der 1939 in England geborene Sänger Ende der 1960er Jahre mit *Mott The Hoople,* nachdem er sich zuvor schon als Bassist in anderen Bands erprobt und nebenher als Journalist gearbeitet hatte. Zunächst waren *Mott The Hoople* vor allem als Liveband populär, während ihre Studioalben wenig Erfolg hatten. Das änderte sich 1972, als der mit *Ian Hunter* befreundete *David Bowie* der Band seinen neuen Song „All The Young Dudes" spendierte. Die Single stürmte bis auf Platz 3 der britischen Charts, die gleichnamige LP verkaufte sich bestens. 1973 riss der Ausstieg des Gitarristen *Mick Ralphs,* der gemeinsam mit dem ex-*Free*-Sänger *Paul Rogers* die Gruppe *Bad*

---

120   https://www1.wdr.de/fernsehen/rockpalast/startseite/index.html.

Company gründete, eine Lücke, die *Ian Hunter* selbst mit dem Griff zur Gitarre zu stopfen suchte, ehe *Luther Grosvenor* zu *Mott The Hoople* stieß; er hatte zuvor bei *Spooky Tooth* und *Stealer's Wheel* gespielt. Im Lineup von *Mott The Hoople* erscheint er übrigens stets unter seinem Pseudonym *Ariel Bender*.

Für eine 1974 aufgenommene Live-LP kam kurzzeitig noch der Gitarrist *Mick Ronson* hinzu – auch er ein enger Freund von *David Bowie* und zuvor in dessen Band aktiv.

1974 verließ *Ian Hunter* dann *Mott The Hoople*, um mit eigener Band eine Solokarriere zu starten. Die Zusammenarbeit mit *Mick Ronson* hielt allerdings bis zu dessen Tod 1993 intensiv an, und so verwundert es auch nicht, dass *Mick Ronson* beim Rockpalast-Konzert der *Ian Hunter Band* gemeinsam mit seinem alten Kumpel auf der Bühne der Grugahalle stand. Im Alter von nur 46 Jahren verstarb *Mick Ronson* in seiner Geburtsstadt Hull an Leberkrebs; der *Rolling Stone* führt ihn auf Platz 46 der hundert weltbesten Gitarristen.

Ian Hunter kann im Frühsommer dieses Jahres seinen 85. Geburtstag feiern; in der Juni-Ausgabe der LiveRillen werde ich ihm dazu musikalisch gratulieren.

Hier nun aus dem Doppelalbum mit dem kompletten Rockpalast-Set der *Ian Hunter Band feat. Mick Ronson* zunächst „Just Another Night", das *Hunter* und

Ronson auch gemeinsam geschrieben haben, und danach „We Gotta Get Out Of Here" – das Stück war erstmals auf dem kurz zuvor veröffentlichten Live-Album von *Ian Hunter* „Welcome To The Club" erschienen.

Ian Hunter Band feat. Mick Ronson: Just Another Night / We Gotta Get Out Of Here

Ich erwähnte schon, dass Rockpalast-Erfinder *Peter Rüchel* den Genrebegriff „Rock" keineswegs eng interpretierte – Reggae gehörte erfreulicherweise genauso zum Konzept der Konzertreihe wie andere Stilistiken der populären Musik. Und nachdem vorhin bereits die aus farbigen Immigranten bestehende britische Band *Aswad* zu hören war, die ein Jahr zuvor noch mit dem Studio-B im WDR-Funkhaus Vorlieb nehmen musste, kommen nun am 17. Oktober 1981 zur 9. Rockpalast-Nacht mit *Black Uhuru* aus Jamaika ganz authentische Vertreter des Reggae auf die große Bühne der Grugahalle. Wenige Monate zuvor war mit *Bob Marley* der weltweit bekannteste Reggaemusiker verstorben; nun galten *Black Uhuru* als *„das innovativste, was Jamaika abseits des immer mehr in den Fokus drängenden Dancehall zu bieten hatte"*, wie es in den Linernotes der 2016 erschienenen Doppel-LP heißt.

Und tatsächlich überzeugte das neunköpfige Ensemble, das mit den drei extrovertierten Gesangssolisten *Puma Jones, Michael Rose* und *Duckie Simpson* rasch eine Brücke zum begeisterungsfähigen Publikum schlug, anderthalb Stunden lang restlos.

Aus ihrem Set spiele ich "Guess Who's Coming To Dinner", und da horchen die Cineasten unter euch sicher auf: Genau – so hieß ein 1967 erschienener Spielfilm mit *Katharine Hepburn* und *Spencer Tracy,* der in der Regie von *Stanley Kramer* den Rassismus der bürgerlichen Mittelschicht der USA anprangert und Rollenklischees sowie Generationskonflikte kritisch beleuchtet. Die Tochter der von *Hepburn* und *Tracy* verkörperten Daytons präsentiert ihren Eltern als künftigen Schwiegersohn einen Schwarzen: Dr. John Prentice, dargestellt von *Sidney Poitier,* dem ersten farbigen Oscar-Preisträger. „Schau mal, wer zum Essen kommt" – der Film präsentiert in geschliffenen Dialogen die Widersprüche zwischen liberaler Attitüde und konkretem Verhalten. Am Ende aber steht die Zustimmung der Familie zur Verbindung; ein wichtiges Zeichen zu einer Zeit, da noch immer Pogrome des Ku-Klux-Klan in den Südstaaten der USA an der Tagesordnung waren. Es war übrigens der letzte Film des bereits schwerkranken *Spencer Tracy,* der nur zwei Wochen nach Abschluss der Dreharbeiten verstarb. *Katharine Hepburn* – auch im wirklichen Leben lange Jahre an der Seite von *Tracy* – hat den fertigen Film nach eigenem Bekunden nie gesehen; ihre Tränen, die sie in der abschließenden Filmszene zu vergießen hatte, seien echt gewesen, heißt es…

Zurück zur Musik. *Black Uhuru* greifen diese rassismuskritische Filmgeschichte natürlich bewusst auf und das Publikum lässt sich gern einbeziehen in die ironische Fragestellung, wer denn da zum Abendessen käme: *Guess Who's Coming To Dinner.* Die gleichnamige LP, die kurz vor dem Gastspiel in Essen erschienen war, zählt der britische *Rough Guide* übrigens zu den hundert Essentiales des Reggae.

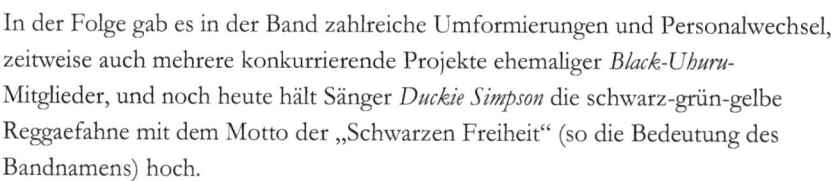

Black Uhuru: Guess Who's Coming To Dinner

In der Folge gab es in der Band zahlreiche Umformierungen und Personalwechsel, zeitweise auch mehrere konkurrierende Projekte ehemaliger *Black-Uhuru-* Mitglieder, und noch heute hält Sänger *Duckie Simpson* die schwarz-grün-gelbe Reggaefahne mit dem Motto der „Schwarzen Freiheit" (so die Bedeutung des Bandnamens) hoch.

Ich mache in der Würdigung des Rockpalastes jetzt einen großen zeitlichen Sprung: Auch fünf Jahre nach dem Tod seines Geburtshelfers *Peter Rüchel* ist das seinerzeit so innovative Medienformat noch längst nicht „nur Geschichte", sondern höchst lebendig, auch wenn sein Stellenwert in unserer heutigen ausdifferenzierten Medienwelt mit ihren vielfältigen digitalen Streaming-Angeboten sicher ein anderer ist als in den 1970er und 80er Jahren. Nachdem im März 1986 mit der 17. Rocknacht, bei der *BAP, Jackson Browne* und *Big Country* auf der Bühne standen, das Ende erreicht schien, weil *Peter Rüchel* die unerfreulichen Diskussionen zu den Einschaltquoten angesichts sich im MTV-Zeitalter ändernder Sehgewohnheiten des Publikums leid war, kam ab 1990 die Rolle rückwärts, und seit Ende der 90er Jahre firmieren viele Formate unter dem angestammten Logo, darunter das *Bizarre-Festival,* die *Leverkusener Jazztage, Rock am Ring* oder die zumeist in der Bonner *Harmonie* aufgezeichneten *Crossroads Festivals* – letztere nicht zu verwechseln mit dem gleichnamigen Event, das *Eric Clapton* alle drei Jahre zugunsten des von ihm unterstützten Therapiezentrums auf Antigua veranstaltet.

Und so komme ich zum Abschluss des Kapitels Rockpalast zu einem Künstler, der erst ein halbes Jahr nach *Rüchels* Tod in dessen Wahlheimat gastierte: *Kenny Wayne Shepherd* war am 7. November 2019 mit seiner Band Gast der Leverkusener Jazztage. Der 1977 in Louisiana geborene *Shepherd* galt als gitarristisches Wunderkind; bereits mit 13 Jahren holte *Stevie Ray Vaughan* den Autodidakten zu sich auf die Bühne. Mit 18 erschien auf dem Major-Label *Giant Records* dann seine Debüt-LP, deren positive Aufnahme bei Kritik und Publikum ihn umgehend an die Spitze der Bluesrock-Musiker seiner Generation katapultierte – die wertenden Vergleiche reichen bis hin zu *Jimi Hendrix,* dessen „Voodoo Child" häufig als Zugabe seiner Konzerte erklingt. So auch in Leverkusen, wo *Shepherd* seinen herausragenden Ruf eindrucksvoll untermauern konnte, zumal sich seine eingespielte Band mit Sänger *Noah Hunt* und ergänzt um Trompete und Saxofon in herausragender Form präsentierte. Ich spiele aus dem 2020 bei *Provogue*

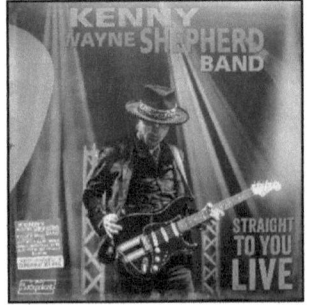

erschienen, soundmäßig brillanten Album „Straight To You Live" die Titel „Woman Like You" und „Blue On Black", beide geschrieben von *Kenny Wayne Shepherd* himself.

Kenny Wayne Shepherd Band: Woman Like You / Blue On Black

Seit gut zehn Jahren betreibt *Shepherd,* der mit einer Tochter des Schauspielers *Mel Gibson* verheiratet ist, übrigens gemeinsam mit *Stephen Stills* und dem Blues-Keyboarder *Barry Goldberg* unter dem Namen *The Rides* ein erfolgreiches Trio-Projekt, das bereits mehrere LPs veröffentlicht hat. Dass er nebenher ein ziemlicher Autonarr sein muss, kann man sich auf seiner Website [121] in einer Bildergalerie anschauen. Soeben ist eine Mammut-Tournee der *Kenny Wayne Shepherd Band* durch die USA und Kanada angelaufen, und ich hoffe sehr, dass er auch mal wieder hier in Deutschland live zu erleben sein wird.

Soweit also ein Querschnitt des Rockpalastes; Anlass war der 5. Todestag von *Peter Rüchel,* der das Format Mitte der 1970er Jahre für den WDR erfunden und etabliert hat. Dafür nochmals großen Dank! –

Der Rest dieser Ausgabe gehört einem stilistisch eng verwandten Geburtstagskind dieses Monats: Am 15. Februar feiert der texanische Gitarrist, Sänger, Songschreiber und Schauspieler *Gary Clark jr.* seinen 40. Geburtstag. Und der Schwenk von *Kenny Wayne Shepherd* zu *Gary Clark jr.* gelingt schon deshalb spielend, weil beide viele Gemeinsamkeiten aufweisen – mal abgesehen von der Tatsache, dass der 1984 in Austin geborene *Clark* noch sieben Jahre jünger ist als *Shepherd.* Wie dieser wurde *Clark* bereits in jungen Jahren gerühmt für sein virtuoses, zugleich gefühlvolles Gitarrenspiel. Mit 12 Jahren erhielt er seine erste Elektrogitarre und erinnert sich so an diese Zeit: *„Ich habe versucht, alles nachzuspielen, das ich gehört habe. Irgendwann gab mir ein Kumpel die Jimmy Hendrix-Compilation und ‚Texas Flood' von Stevie Vaughan; das war ein Knackpunkt in meinem Leben".* [122] Bald fiel er in Austin und Umgebung in diversen Bluesclubs auf, wurde von *Jimmy Vaughan* protegiert und spielte sich 2010 bei *Eric Claptons* Crossroads-Festival an der Seite von *B. B. King, Buddy Guy, Steve Winwood, Sheryl Crow, Jeff Beck* und *ZZ Top* ins internationale Rampenlicht, das zwei Jahre später durch einen Gastauftritt beim Abschluss der 50-Jahre-Jubiläumstour der *Rolling Stones* in New Jersey noch einmal heller strahlte. Nach mehreren EPs erschien Anfang 2013 dann mit „Blak And Blu" seine erste Langrille. Und ein Jahr später folgte bereits ein schlicht „Live" betiteltes Doppelalbum bei *Warner Brothers Records,* das Mitschnitte einer anderthalbjährigen Konzerttour enthält und als „Blues-Album des Jahres" ausgezeichnet wurde. Begleitet wird *Gary Clark* dabei von dem Gitarristen *King Zapata, Johnny Bradley* am Bass und *Johnny Radelat* am Schlagzeug. Aus diesem

---

[121] Siehe https://www.kennywayneshepherd.net/automotive.
[122] Zitiert nach: https://www.laut.de/Gary-Clark-Jr.

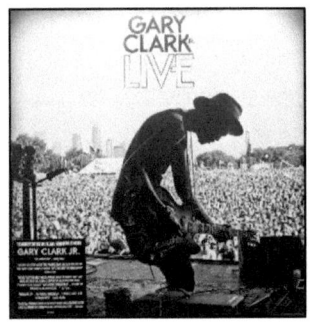

inzwischen hoch gehandelten Album hier der Einstieg, den *Gary Clark* als Verbeugung vor dem großen *Muddy Waters* mit dessen „Catfish Blues" zelebriert.

Gary Clark: Catfish Blues

Der „Catfish Blues", hier virtuos dargeboten von *Gary Clark jr.*, zum Zeitpunkt der Aufnahme erst knappe 30 Jahre alt. In wenigen Tagen wird er nun 40, und schon jetzt ist die Liste seiner Ehrungen beeindruckend. Bereits 2011 erklärte ihn der *Rolling Stone* zum „Best Young Gun" des Jahres; 2013 erhielt er einen *Grammy Award* und den *Austin Music Award* als bester Blues- und E-Gitarrist, und seit 2001 begeht seine Geburtsstadt Austin jährlich einen „Gary Clark Jr. Day". Zudem hat die Musikelektronik-Firma Dunlop 2020 ein Crybaby-Wah-Pedal als Signature-Modell für *Gary Clark* herausgebracht und schreibt dazu: *„Seine Fähigkeit, Hip-Hop, Funk und Rock'n'Roll nahtlos mit einem auf Blues basierenden Kern zu verschmelzen, macht ihn zu einem der größten musikalischen Talente der Neuzeit."* [123]
Neben der Musik machte der schlaksige junge Mann auch als Schauspieler auf sich aufmerksam. 2007 spielte er in dem Mitte des vorigen Jahrhunderts in Alabama angesiedelten Independent-Film „Honeydripper" den jungen Bluesgitarristen Sonny. Der in Deutschland leider nicht gezeigte Streifen des Regisseurs *John Sayles* handelt laut *Wikipedia „von Diskriminierung und Bürgerrechten [...] und von dem Moment, als der Blues zum Rock 'n' Roll wurde".* [124]
Sehr wohl in unsere Kinos kam 2022 das Biopic "Elvis" von *Baz Luhrman.* Darin spielt *Gary Clark* den US-amerikanischen Sänger und Blues-Gitarristen *Arthur „Big Boy" Crudup*, aus dessen Feder mit „That's All Right Mama", „So Glad You're Mine" und „My Baby Left Me" gleich drei der ganz großen *Elvis-Presley*-Hits stammen.
Durch die Filmarbeit hat es *Gary Clark* in den letzten Jahren musikalisch etwas ruhiger angehen lassen; 2019 ist sein bislang letztes Studio-Album „This Land" erschienen. Auf dem Rock-Portal laut.de heißt es dazu: *„Das stark politische aufgeladene Werk prangert bereits mit dem Titelsong die von Donald Trump geprägten Spannungen in der US-Gesellschaft an. Gary Clark jr. sieht sich selbst nun in der Tradition Woody Guthries."* [125] Auch für dieses Album hat *Clark* drei *Grammys* eingeheimst.

---

[123] https://www.garyclarkjr.com/news.
[124] https://de.wikipedia.org/wiki/Honeydripper.
[125] https://www.laut.de/Gary-Clark-Jr.

Aktuell verzeichnet seine Website zwar keine Konzerttermine, doch ich bin sicher, dass man in Zukunft von dem 40Jährigen musikalisch noch einiges erwarten darf – neben eigenem Material auch immer wieder Coversongs seiner Vorbilder, wie zum Beispiel *Albert Collins:* Zum 90. Geburtstag des Bluesgitarristen mit dem eisklaren Sound habe ich ja in den LiveRillen vom Oktober 2022 eine Aufnahme seines selbstironischen Songs „If Trouble Was Money" vorgestellt. Der Titel findet sich 2014 ebenfalls auf *Gary Clarks* Live-Album – hier ist seine Verbeugung vor dem ein halbes Jahrhundert älteren Blues-Altmeister mit dessen Erkenntnis, dass er wohl längst Millionär wäre, wenn Ärger sich finanziell auszahlen würde.

Gary Clark jr.: If Trouble Was Money

Bluesrock ist ja nicht unbedingt prädestiniert, die Single-Charts zu stürmen. 2017 allerdings gelang *Gary Clark* sein erster Chart-Eintrag in den USA mit dem *Beatles*-Cover „Come Together", das er für einen Filmsoundtrack aufgenommen hatte. Im Jahr 2018 schloss sich *Clark Tom Morellos* All-Star-Projekt *The Atlas Underground* an und steuerte Gesang und Gitarre zum Titel „Where It's It Ain't What It Is" bei.[126] Nur zwei Jahre nach dem Album „Live" ist 2016 mit „Live North America" eine zweite Konzert-Doppel-LP erschienen, die sich hauptsächlich aus Material vom ein Jahr zuvor erschienenen Studiowerk „The Story Of Sonny Boy Slim" speiste. Die Liveaufnahmen – ebenfalls im bereits genannten Quartett-Lineup dargeboten – stehen dem Vorgänger in nichts nach: wiederum entspannte Songs, die oft die Offenheit eines weiten Raumes atmen, in dem sich das virtuose Spiel von *Gary Clark* über die fast minimalistische Begleitung erheben kann, ohne als aufgesetzte Attitüde zu erscheinen. Und auch hier gibt es Coversongs, etwa von *Jimmy Reed* oder *Elmore James,* die vom Traditionsbewusstsein *Clarks* künden, der den Texasblues keineswegs revolutioniert, wohl aber innerhalb seiner Generation als jemand gilt, *„der den Blues wieder beatmete",*[127] wie es auf dem Portal laut.de heißt. Tja, und da dürfte in den kommenden Jahren und Jahrzehnten noch viel Belebendes von *Gary Clark jr.* zu erwarten sein – zunächst erst einmal alles Gute zum 40. Geburtstag am 15. Februar! Zum musikalischen Ausklang dieser LiveRillen folgt gleich sein Blues „When My Train Pulls In" vom Album „Live North America".

---

[126] Vgl. https://www.allmusic.com/artist/mn0000989208#biography.

[127] https://www.laut.de/Gary-Clark-Jr.

Die nächste LiveRillen-Ausgabe kommt im März als Teil Eins einer dreiteiligen musikalischen Reise durch die deutschsprachige LiveSzene der vergangenen Jahrzehnte. Zunächst Perspektive West – von *Udo Lindenberg* über *Peter Maffay, Heinz Rudolf Kunze, Klaus Lage* und *Westernhagen* bis zu *Wolf Maahn, Ina Deter* oder

den *Ulla Meinecke*. Einen Monat später folgt die Perspektive Ost mit einem Akzent auf seltenen Liveaufnahmen der Gruppe *Renft* und im Mai dann die Austria-Szene – freut euch drauf! Zum Schluss für heute lässt *Gary Clark jr.* noch wie angekündigt seinen Zug einfahren: „When My Train Pulls In".

Gary Clark: When My Train Pulls In

Quellen:

➤ Aswad: Live At Rockpalast – Cologne 1980, Do.-LP, MIG-Music/WDR, 2016
➤ Black Uhuru: Live At Rockpalast – Essen 1981, Do.-LP, MIG-Music/WDR, 2016
➤ Gary Clark jr.: Live, Do.-LP, Warner Bros. Records, 2014
➤ Gary Clark jr.: Live / North America 2016, Do.-LP, Warner Bros. Records, 2017
➤ Ian Hunter Band Feat. Mick Ronson: Live At Rockpalast, Do.-LP, LTEV/WDR, 2016
➤ Graham Parker & The Rumour: Live at Rockpalast 1978 + 1980, Do.-LP, LTEV/WDR, 2016
➤ Kenny Wayne Shepherd Band: Straight To You / Live (Rockpalast 2019), Do.-LP, Provogue, 2020
➤ Ten Years Later: Live At Rockpalast, Do.-LP, WDR/Repertoire Records, 2016
➤ Wishbone Ash: Live At Rockpalast 1976, Do.-LP, MIG-Music/WDR, 2020

No. 72: Rock auf gut Deutsch – Perspektive West
März 2024

Das heutige Thema bildet den Auftakt zu einer Trilogie – es wird bis einschließlich Mai um die deutsche Sprache in Rock und Pop gehen, wobei die drei Sendungen einem ebenso geografischen wie damit verbundenen kulturpolitischen Prinzip folgen: Heute gibt es die westdeutsche Perspektive vor 1989, im April dann der Blick auf den Osten und im Mai Konzertantes aus der Alpenrepublik Österreich. Klingt ein bisschen schematisch, zugegeben, scheint mir aber ganz sinnvoll, um die Gemeinsamkeiten, aber auch die Spezifika dieser drei Musiklandschaften darzustellen.

Gehen wir zunächst – mal wissenschaftlich gesprochen – den deduktiven Weg – von außen nach innen sozusagen, vom Allgemeinen zum Besonderen. Unbestreitbar, dass Beat- und Rockmusik ihren Ursprung im angloamerikanischen Sprachraum haben, während die deutsche Sprache zur Entstehungszeit von Rock'n'Roll und Merseybeat lediglich im zumeist romantisierenden Schlagerkitsch der 1950er Jahre vorkam, mal abgesehen vom Möchtegern-Elvis *Peter Kraus* oder dem One-Hit-Wonder *Drafi Deutscher*. Aber zugegeben – bei ihnen klang der deutsche Gesang beinahe parodistisch, ähnlich wie einige frühe *Beatles*-Songs, die von den *Fab Four* in einem lustig klingenden, dialektverfremdeten Deutsch eingesungen wurden. So blieben die 1960er Jahre also bis auf wenige Exoten englisch dominiert.

Dabei wurde natürlich auch in Deutschland (West) schon kräftig gerockt, wofür Bands wie die *Lords,* die *Rattles* oder *Wonderland* stehen, die aber halt so klingen wollten wie ihre britischen und amerikanischen Vorbilder. Und auch der sich um 1970 herausbildende *Krautrock* ist – obwohl hier und da der deutschen Sprache mächtig – nicht das, was im eigentlichen Sinne unter Deutschrock zu verstehen ist. Als Grenzfall oder vielleicht besser Brückenbauer dürfen *Ihre Kinder* gelten, eine Nürnberger Band, die seit 1968 mit deutschsprachigen Songs auf der Bühne stand und ein Jahr später ihre erste LP bei *Philips* veröffentlichen konnte – vielleicht die Geburtsstunde des Deutschrock?!

Die eigentlichen Achtungszeichen setzte allerdings ein gebürtiger Westfale, der sich mit Anfang Zwanzig seine ersten Sporen in der Hamburger Szene 1968 als Schlagzeuger bei den *City Preachers* und dem Jazz-Saxofonisten *Klaus Doldinger* verdient hatte: *Udo Lindenberg.* Waren seine ersten beiden Solo-LPs „Lindenberg" und „Daumen im Wind" 1971 und 72 noch auf geringes Interesse gestoßen, kam 1973 der Durchbruch mit „Alles klar auf der Andrea Doria"; ein Jahr später gab es für den Nachfolger „Ball Pompös" die erste Goldene Schallplatte.

Damit war *Udo Lindenberg* zum Bahn- oder Eisbrecher der deutschen Sprache geworden, der auch mit seinen Kompositionen durchaus Eigenständigkeit nachwies und mit seinen oft skurril-witzigen Texten und seiner schnoddrigen Attitüde ein sich ständig erweiterndes Publikum erreichte und begeisterte. 1979 erschien sein erstes Konzertalbum „Livehaftig", das sich 25 Wochen in den deutschen Charts hielt und bis auf Platz 15 kletterte. Eine wirklich schön gestaltete Doppel-LP mit 8seitigem Booklet, dessen Fotos und Texte aufschlussreiche Einblicke in die Panik-Orchester-Familie gestatten.

Aus den Aufnahmen der von *Fritz Rau* gemanagten Wanderzirkustourneen

zwischen Januar 1978 und 79, an denen als Gastsolist auch *Eric Burdon* beteiligt war, habe ich den Konzert-Opener – „Alles klar auf der Andrea Doria" – sowie den Titel „Sie ist 40" ausgewählt, dessen Text *Lindenberg* gemeinsam mit der Sängerin *Ulla Meinecke* verfasst hat.

Udo Lindenberg: Alles klar auf der Andrea Doria / Sie ist 40

Nun fiele es nicht schwer, eine ganze LiveRille mit Konzertmaterial des seit Mitte der 1990er Jahre im Hamburger Hotel Atlantic beheimateten Barden mit Zweitwohnsitz am Potsdamer Platz in Berlin zu füllen. Ein gutes Dutzend Livealben hat er im Laufe seiner langen Karriere vorgelegt. Neben „Livehaftig" von 1979 finden sich auch „Intensivstationen" (1982), „Lindstärke 10" (1983) sowie „Live in Leipzig" (1990) in meinem Plattenregal. Aber es soll ja vor allem um die Breite der sich seit den 70er Jahren entwickelnden bundesdeutschen Deutschrock-Szene gehen; deshalb begnüge ich mich mit zwei Titeln der letztgenannten LP, mit der sich *Lindenberg* endlich den Traum von Konzerten in der Noch-DDR erfüllen konnte, nachdem ja seine engagierte Kommunikation mit DDR-Staats- und Parteichef *Erich Honecker* von Anfragen seines Managements über das Tauschgeschäft Lederjacke gegen Schalmei und eine geschenkte E-Gitarre bis zum „Sonderzug nach Pankow" zwar für Schlagzeilen gesorgt, aber nicht zum eigentlichen Ziel geführt hatte – bis auf ein Konzert im Ostberliner *Palast der Republik,* das vor handverlesenem FDJ-Publikum stattfinden musste. Nun also, nach dem Fall der Mauer, endlich eine Tour durch den Osten mit Stationen in Rostock, Magdeburg, Leipzig. Im Panik-Orchester fehlten zwar die bekannten Namen – weder Bassist *Steffi Stephan* noch Schlagzeuger *Bertram Engel,* Keyboarder *Jean-Jaques Kravetz* oder Gitarrist *Hannes Bauer* waren im Line-Up vertreten, doch das minderte weder die Qualität der Auftritte noch die Stimmung bei den Fans, die viele Texte des in der DDR außerordentlich populären West-Stars mitsangen.

Zwei der bekanntesten Lindenberg-Titel will ich in der Fassung von „Live in Leipzig" vorstellen: Zunächst „Cello", das den sensiblen Einstieg ins Konzert bildete (und ein Vierteljahrhundert später in einer gemeinsam mit dem Erfurter Songwriter *Clueso* gesungenen Version nochmals zum Hit avancieren sollte), danach mit „Bunte Republik Deutschland" eines jener Stücke, mit denen sich *Lindenberg* den Ruf eines politisch wachen und klaren Geistes erarbeitet hat – eine gewisse Naivität darf dabei dem künstlerischen Engagement ja durchaus eigen sein...

Udo Lindenberg: Cello / Bunte Republik Deutschland

Wie kaum ein anderer Künstler hat es *Lindenberg* geschafft, trotz der Tiefen, die seine Karriere auch hatte, sich immer wieder neue Publikumsgenerationen zu erobern und dabei durchaus stets er selbst zu bleiben. Dass sein *erster* Nummer-Eins-Hit in den deutschen Single-Charts der genau vor einem Jahr gemeinsam mit dem Deutsch-Rapper *Apache 207* aufgenommene Song „Komet" wurde, für den es im Anschluss noch dreifaches Gold gab, wird sicher eine bezeichnende Fußnote der populären Kultur hierzulande bleiben, ebenso wie die Tatsache, dass er in dem ZDF-Ranking der bekanntesten Deutschen von 2002 seinerzeit nur auf Platz 120 landete – weit hinter *Dieter Bohlen, Peter Kraus* oder *Daniel Küblböck*... So what! Möge der 77Jährige, der sich ja auch als Schauspieler und Maler (nicht nur von Likörellos!) einen Namen gemacht hat, noch eine ganze Weile so präsent bleiben.

Zurück zu den Anfängen des Deutschrock. Und da bieten sich als Brückenschlag die vorhin genannten Panikrocker *Engel, Kravetz, Stephan* oder *Diez* geradezu an, denn die sind seit Jahrzehnten nicht nur für Lindenberg aktiv, sondern auch für den drei Jahre jüngeren *Peter Maffay*, 1949 in der rumänischen Stadt Brasov geboren und mit seinen deutschstämmigen Eltern als 14Jähriger nach Westdeutschland übergesiedelt. Früh zeigte sich sein musikalisches Talent; er spielte zunächst in lokalen Beatgruppen Gitarre und gründete ein Folk-Beat-Duo, in dem er *„Lieder auf Deutsch, Englisch, Französisch, Spanisch, Ungarisch, Rumänisch und*

Russisch (sang) – alles Sprachen, die Maffay auch beherrscht" [128], wie *Wikipedia* vermerkt. Mit den beiden Singles „Du" und „Du bist anders" landete er im Jahr 1970 überraschend Millionenseller, die den gerade 21jährigen Sänger für die Folgejahre im Schlagerfach einbetonierten – durchaus verhängnisvoll, hängt ihm doch dieser durch den 76er Erfolg von „Und es war Sommer" manifestierte Ruf bis heute an. 1979 vollzog *Maffay* dann einen radikalen Stilwechsel, um sein Schlager-Image

abzuschütteln, und mit der Platz Eins der Album-Charts stürmenden und Platin-veredelten LP „Steppenwolf" gelang ihm dies auch überzeugend – nicht zuletzt dank der bereits genannten, hervorragenden Begleitmusiker, die ihm im Studio und auf der Bühne zur Seite standen. Mit „Live ʻ82" erschien dann seine erste Konzert-LP, von der ich „Wer wirft den ersten Stein" spielen will. Und da auch *Maffay* zu jenen Künstlern gehört, die unmittelbar nach dem Mauerfall im Osten sehnsüchtig erwartet wurden, gibt es als weitere Parallele zu *Lindenberg* auch von ihm eine 1990 in Leipzig

aufgenommene Live-LP. Daraus „Es wird Zeit", ein weiteres Beispiel für den politisch wachen Künstler *Peter Maffay,* dessen soziales Engagement und langjähriges Bemühen um weltweite kulturelle Brückenschläge bekannt sein dürfte.

Peter Maffay: Wer wirft den ersten Stein / Es wird Zeit

Peter Maffay, inzwischen 74 und junger Vater in fünfter Ehe, steuert in seinem Anwesen in Tutzing am Starnberger See nun offensichtlich auf das Rocker-Altenteil zu – für 2024 ist seine große Farewell-Tour angekündigt. Und da ich vorhin das ZDF-Ranking der berühmtesten Deutschen erwähnte – es gab 2007 ja eine spezielle ZDF-Sendung unter dem Motto „Unsere Besten – Musikstars aller Zeiten" [129]. Auch da tauchte *Udo Lindenberg* nicht auf in den Top Ten, wohl aber *Peter Maffay* – immerhin Platz Vier! Zu seiner Popularität beigetragen hat sicher auch seine erfolgreiche Arbeit für Kinder – die Programme und Produktionen

---

[128] https://de.wikipedia.org/wiki/Peter_Maffay.
[129] Siehe:
https://de.wikipedia.org/wiki/Unsere_Besten#Unsere_Besten_%E2%80%93_Musikstars_aller_
Zeiten.

rund um den kleinen grünen Drachen *Tabaluga*, den er gemeinsam mit Kinderliedermacher *Rolf Zuckowski* kreiert hat, dürften seit den 1990er Jahren in kaum einem deutschen Kinderzimmer fehlen.

Wie breit das Spektrum des Deutschrock der alten Bundesrepublik ist, zeigt ein Künstler, der ab 1970 von Westberlin aus die deutsche Szene aufmischte und noch heute, 28 Jahre nach seinem frühen Tod, von vielen fast kultisch verehrt wird: *Ralph Christian Möbius*, besser bekannt als *Rio Reiser*.

Der gebürtige Westberliner war gerade mal Zwanzig, als er 1970 gemeinsam mit seinen Kumpels *R.P.S. Lanrue* (dereinst auf *Ralph Steitz* getauft), *Wolf Seidel* und *Kai Sichtermann* in einem Hinterhaus-Studio in Kreuzberg die Titel „Macht kaputt, was euch kaputt macht" und „Wir streiken" aufnahm, die auf Singles gepresst als authentisches Erbe der Achtundsechziger rasch Verbreitung in der alternativen Szene fanden. *Ton Steine Scherben* waren geboren – ein wesentlicher, bis heute nachwirkender Impuls für die deutschsprachige Rockmusik, der *Rio Reiser* sowohl mit seiner Anarcho-Kapelle als auch später als Solist wesentliche Fassetten hinzufügte mit Texten, die so zuvor in deutscher Sprache noch nicht geschrieben und gesungen worden waren. Im Jargon der aufbegehrenden Jugend „*rotzen sie Gefühle aus, vermitteln Sehnsucht nach Freiheit, provozieren Lust an der Revolution, machen Mut, radikalisieren und sensibilisieren*"[130], schwärmte die Zeitschrift *Sounds* seinerzeit über die zuvor unerhörte Poesie der Straße.

Im September 1970 hatten sie beim Fehmarn-Festival ihren ersten Auftritt; übrigens fünf Stunden, nachdem *Jimi Hendrix* dort den letzten seines kurzen Lebens absolviert hatte. Im November folgte eine erste Tournee; 1971 erschien dann die erste *Ton-Steine-Scherben*-LP „Warum geht es mir so dreckig?" auf eigenem Label mit dem für sich sprechenden Namen *David Volksmund Produktion*. *Reiser* und Band lieferten den Soundtrack zur Westberliner Hausbesetzer-Szene, zogen 1975 ins nordfriesische Fresenhagen um, zerstritten sich, litten unter chronischer Geldknappheit, rauften sich wieder zusammen, machten Kinderplatten, spielten auf Solidaritätskonzerten für Nikaragua und gegen das AKW in Brokdorf, wurden von der Mitbegründerin der Grünen und aktuellen Staatsministerin für Kultur und Medien, *Claudia Roth,* gemanagt, bevor die Musikerkommune schließlich Mitte der 1980er Jahre doch zerplatzte – trotz guter Plattenverträge und zahlreicher Konzerte hatte der Schuldenberg die Einnahmen deutlich überstiegen.

Rio Reiser startete eine durchaus erfolgreiche Solo-Karriere, indem er verkündete, was er als „König von Deutschland" alles machen würde, dem „Junimond" bye, bye sagte und im Wahlkampf der Grünen „Alles Lüge" besang. Auch als

---

130   Zitiert nach: RL, Band 2, S. 932.

Schauspieler war er in Film und Fernsehen präsent und durfte 1988 sogar in der DDR auftraten, etliche Songs von TSS im Gepäck. Als Vorgruppe spielte die Band des Gitarristen *Lutz Kerschowski,* der nach dem Mauerfall dann festes Mitglied der Rio-Reiser-Band wurde und heute seinen musikalischen Nachlass verwaltet. 1996 ist der sich offen zu seiner Homosexualität bekennende Sänger und Songschreiber *Rio Reiser,* der 1990 Mitglied der PDS geworden war, im Alter von nur 46 Jahren in Fresenhagen verstorben, wo er zunächst auch beigesetzt wurde. Nach dem Verkauf des Hofes in Nordfriesland wurde sein Leichnam nach Berlin überführt; seit 2021 hat Rio Reiser seine letzte Ruhestätte auf dem Alten St.-Matthäus-Kirchhof in einem Ehrengrab des Landes Berlin gefunden. Nun wird es aber Zeit für seine Musik, besser gesagt, seine Texte, denn die

Kompositionen der TSS-Zeit besorgte zumeist *Lanrue.* Von der 1984 in der Westberliner UFA-Fabrik aufgenommenen LivePlatte von *Ton Steine Scherben* hören wir „Ich will ich sein" und „Keine Macht für niemand".

Ton Steine Scherben: Ich will ich sein / Keine Macht für niemand

Der Song „Keine Macht für niemand" war ursprünglich übrigens eine Art Auftragswerk, das die *RAF* als Polithymne ihres bewaffneten Kampfes nutzen wollte; als es fertig war, passte es den militanten Terroristen aber doch nicht ins Konzept – es sei, wie der Journalist, Punk-Produzent und Rio-Reiser-Biograph *Hollow Skai* berichtet, vom Politbüro der *RAF* als *„Blödsinn, irrelevant und für den antiimperialistischen Kampf unbrauchbar"* [131] abgelehnt worden…

Bleiben wir noch einen Moment bei gesungenen gesellschaftspolitischen Bekenntnissen, die seinerzeit durchaus Konjunktur hatten. So etwa durch die Kölner Politrocker *Floh de Cologne.* 1966 als Studentenkabarett gegründet, setzte die Truppe in der Folge verstärkt auf rockmusikalische Elemente, um ihre gesellschaftskritischen Botschaften an ihr linksintellektuelles Publikum zu bringen. 1970 waren auch sie beim Fehmarn-Festival dabei, im Folgejahr schufen sie mit „Profitgeier" die erste deutschsprachige Rockoper. Szenische Zutaten blieben auch danach wichtig für die Truppe, in deren Vordergrund sich Keyboarder *Vridolin Enxing* als Hauptkomponist und Schlagzeuger *Hansi Frank* als Texter etablierten. 1974 waren sie in der Essener Grugahalle beim Gedenkkonzert für

---

[131] Zitiert nach: RL, Band 2, S. 768.

den von den Putschisten um General *Pinochet* ermordeten chilenischen Sänger *Victor Jara* dabei. Ihre Platten erschienen bis zu ihrer Auflösung 1983 beim linken *Pläne*-Label, so auch die LP zum Bühnenprogramm „Prima Freiheit", die im Mai 1978 bei den Ruhr-Festspielen live mitgeschnitten wurde.

Daraus spiele ich „Eddi, der Bär"; vielleicht eine ironische Reminiszenz an *Udo Lindenbergs* 1974 auf „Ball Pompös" erschienenen „Cowboy-Rocker"…

Danach mit *Schneewittchen* so etwas wie das weibliche Pendant zu den Polit-Flöhen vom Rhein, wenn auch weniger rockig, dafür mit einem Stilmix aus Folk, Jazz und Chanson. Die Frauen-Band um die Liedermacherin und Jazzsängerin *Angi Domdey* und die Musikerin *Bruni Regenbogen* hatte sich 1977 in Hamburg gegründet und war vier Jahre lang vor allem in der sich etablierenden feministischen Szene so populär, dass ihre Platten sogar auf dem Major-Label *Phonogram* erschienen und sich erfolgreich verkauften. Sowohl musikalisch als auch textlich überzeugte die Qualität; *Schneewittchen*-Songs liefen im Radio, die Band war mehrfach im Fernsehen präsent, der NDR drehte eine Dokumentation über das feministische Quartett. Und bevor es mit weiblichen Stimmen des Deutschrock weitergeht, hier von der *Schneewittchen*-LP „Feuerball live" aus dem Jahr 1979 der Folkblues „Die Frauen", komponiert

von *Angi Domdey,* die später längere Zeit in Frankreich lebte und arbeitete und seit 2007 in Berlin zu Hause ist, wo sie an der Filmschauspielschule unterrichtete. Hin und wieder ist die inzwischen 74-Jährige noch live zu erleben.

Floh de Cologne: Eddi, der Bär
Schneewittchen: Die Frauen

„Frauenmusik – Frauenlieder" lautet der Untertitel der Liveplatte von *Schneewittchen;* so also klang feministisches Engagement vor 45 Jahren! Und wir bleiben bei den weiblichen Stimmen des Deutsch-Rock mit zwei Vertreterinnen, die das Genre wesentlich mitgeprägt haben: *Ina Deter* und *Ulla Meinecke,* von der schon kurz im Kontext von *Udo Lindenberg* die Rede war.

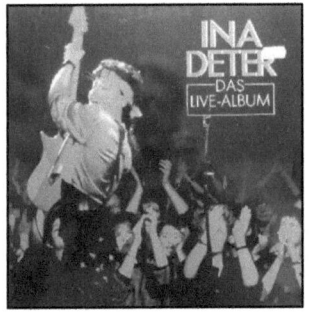

Ina Deter, 1947 in Westberlin geboren, erlernte seit ihrem 11. Lebensjahr das Gitarrenspiel, gründete mit 16 ihre erste Band und mischte in den späten 60ern kräftig in der Westberliner Folkszene mit. Schließlich hängte sie ihren Beruf als Werbegrafikerin an den Nagel und konzentrierte sich ganz auf die Musik. Mehrere Platten im Liedermacherstil erschienen, bevor 1982 der kommerzielle Durchbruch erfolgte mit einer LP, deren Titel rasch zum geflügelten Wort wurde: „Neue Männer braucht das Land"! Jetzt hatte sie auch eine kräftig rockende Band an ihrer Seite, die allerdings in häufig wechselnder Besetzung agierte, was dem ein Jahrzehnt anhaltenden Erfolg keinen Abbruch tat: 1983 war sie beim Abschiedskonzert von *Floh de Cologne* dabei, und die 86er LP „Frauen kommen langsam – aber gewaltig" sowie das ein Jahr später erschienene Livealbum machten *Ina Deter* zur Rock-Ikone der Frauenbewegung. Nach dem Tod ihres langjährigen musikalischen Inspirators und Lebensgefährten *Manni Holländer* 1993 zog sie sich zeitweise aus dem Musikgeschäft zurück, um nach einigen Jahren mit Chansons von *Edith Piaf* auf die Bühne zurückzukehren. Heute tritt die an Brustkrebs Erkrankte nur noch selten öffentlich auf. Von ihrem Live-Album, das übrigens *Edo Zanki* produziert hat, von dem gleich noch die Rede sein wird, spiele ich das selbstbewusste Statement „Frauen kommen langsam – aber gewaltig"; möglicherweise *Ina Deters* Antwort auf *Herbert Grönemeyers* „Männer"?!

Apropos *Edo Zanki* – der Keyboarder, Komponist und Produzent spielte auch für *Ulla Meineckes* Karriere eine entscheidende Rolle – ihr wohl bekanntester Titel „Die Tänzerin" lebt wesentlich von seiner Musik. Die in Usingen im Taunus geborene Sängerin konnte im Vorjahr ihren 70. Geburtstag feiern; als Jugendliche schrieb sie schon eigene Lieder, und die Begegnung mit *Udo Lindenberg* stellte 1976 endgültig die Weichen ins professionelle Musikgeschäft. Sie zog um nach Hamburg, leitete *Lindenbergs* Büro, brachte 1977 ihre erste LP raus und stand ihre Frau auf der Bühne – als Gast von Udos Konzerten, aber auch zunehmend mit eigenen Programmen. Gleich noch mehr Informationen zu *Ulla Meinecke* – wir hören sie erstmal mit der „Tänzerin" inklusive ihrer Ansage, vorher noch *Ina Deter*.

Ina Deter: Frauen kommen langsam – aber gewaltig
Ulla Meinecke: Die Tänzerin

Ulla Meineckes 1986 bei *RCA* erschienenes Live-Album „Kurz vor acht", von dem gerade „Die Tänzerin" erklang, gilt als einer der Höhepunkte ihrer Karriere. Es enthält Mitschnitte von Konzerten in Fürstenfeld, Bad Godesberg, Salzburg und Westberlin. Das reich bebilderte Booklet präsentiert die gesamte Crew, nicht nur die Musiker, die auf der Bühne stehen. Und *Ulla Meinecke* selbst sagt darin, live zu spielen sei für sie so etwas wie die Belohnung für die einsame Arbeit beim Schreiben der Songtexte. Kompositorisch unterstützt wurde sie seinerzeit neben *Edo Zanki* vor allem durch den Österreicher *Herwig Mitteregger*, der mit seiner Band *Spliff* gerade im Umfeld der *Neuen Deutschen Welle* Erfolge feiern konnte. 1981 und 1985 war *Ulla Meinecke* Gast im WDR-Rockpalast, doch auf Dauer konnte sie nicht die großen Hallen füllen. Sie verabschiedete sich von der Band zugunsten kleinerer musikalischer Formen, schrieb daneben mehrere Bücher, nahm Kinderlieder auf, textete für *Annett Louisan* und spielte in Berlin Theater. Bei Hommage-Projekten für *Udo Lindenberg, Reinhard Mey* oder *Rio Reiser* ließ sie sich ebenfalls nicht lange bitten. Die letzten Einträge ihrer eigenen Website [132] datieren zwar von 2012, doch auf der Seite ihrer *Agentur Reisinger* [133] werden Konzerttermine bereits bis September 2025 gelistet! Möge es für sie so aktiv weitergehen.

Auch ich muss weitergehen zum nächsten Künstler, und wenn ich sage, dass wir nun zu einem ganz Großen der Deutschrock-Szene kommen, meint das neben seiner musikalischen Klasse durchaus auch die Körpergröße: Der 1955 in Westberlin geborene, danach lange in München lebende und nun seit langem in Köln beheimatete Sänger, Gitarrist, Songschreiber und Bandleader *Wolf Maahn* misst ja gute Einsneunzig. Seine musikalische Erweckung verdankt er den *Beatles,* die er elfjährig im Münchener *Circus Krone* erlebte. In den 70ern gründete er mit Freunden die *Food Band,* sang auf Englisch und spielte unter anderem als Vorband für *Fleetwood Mac* und *Bob Marley.* 1982 dann gründete er seine Band *Die Deserteure* und sang fortan auf Deutsch, wobei ihm von Beginn an die gesellschafts- und sozialkritischen Botschaften seiner Texte wichtig waren. Der *SPIEGEL* schrieb, *Wolf Maahn* singe und spiele *„unverdrossen gegen diese Flachwelle an – mit solidem Hand- und schwarzem Mundwerk."* [134]

---

132 http://www.ulla-meinecke.de/biografie.html.
133 https://www.agentur-reisinger.de/ulla-meinecke/termine/.
134 Pop-„Deserteure" mit Wolf Maahn, Spiegel Online, abgerufen am 8. Januar 2017; zitiert nach: https://de.wikipedia.org/wiki/Wolf_Maahn.

Die nunmehr erscheinenden LPs verkauften sich gut; insbesondere das 1984 erschienene Album „Irgendwo in Deutschland" und der Nachfolger „Kleine Helden" von 1986 festigten mit den dazugehörigen Konzerttouren den guten Ruf des Linkshänders, der für sich eine ganz eigene Spieltechnik entwickelt hat – er spielt eine Gitarre, deren höchste Saite oben aufgezogen ist, also quasi verkehrt herum.

Nachdem *Wolf Maahn & Die Deserteure* 1985 als erster deutscher Act bei einer Rocknacht in der Essener Grugahalle gastieren durften, erschien 1986 dann auch das von *EMI* opulent aufgemachte Live-Album „Rosen im Asphalt" als 3-LP-Vinylbox. Ich persönlich halte dieses Album noch immer für eine der sträflich unterbewerteten Sternstunden des Deutsch-Rock. Daraus jetzt der Konzertauftakt

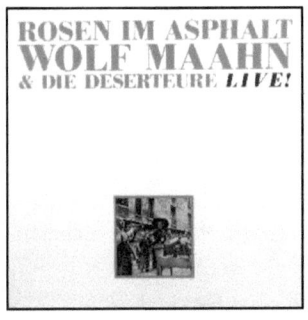

mit „Kleine Helden" und „Irgendwo in Deutschland" und anschließend das hochpolitische „Nicaragua" – ein Song, der den wachen, zeitkritischen Geist von Wolf Maahn dokumentiert.

Wolf Maahn: Intro (Kleine Helden) / Irgendwo in Deutschland / Nicaragua

Sein Engagement für eine bessere Welt ist bis heute nicht erlahmt; so bietet er etwa eine Sonderedition seines bislang letzten Albums „Break out of Babylon" von 2020 im Netz für Superreiche an. Der *Deutschen Presse-Agentur* sagte der Künstler, Bedingung sei, *„dass eine Million Euro gespendet werden an zwei Nichtregierungsorganisationen, je zur Hälfte für Naturschutz und soziale Projekte".* [135] Neben seiner eigenen Musik produziert *Wolf Maahn* immer wieder auch befreundete Künstler, so auch diesen ihm im inhaltlichen Anspruch durchaus verwandten Sänger: *Klaus Lage.* Und bevor ich einiges zu dem bodenständigen

Barden, der seit 15 Jahren in Bremen lebt, nachtrage, hören wir Musik aus *Lages* 1986 bei *EMI* erschienener Liveplatte „Mit meinen Augen": Zunächst den Titelsong, danach „Monopoli", an dessen Text *Wolf Maahn* mitgeschrieben hat.

Klaus Lage: Mit meinen Augen / Monopoli

---

135 https://www.zeit.de/news/2020-02/04/wolf-maahn-will-millionaere-fuers-gemeinwohl-koedern.

1950 in Soltau geboren, siedelte *Klaus Lage* zwanzigjährig nach Westberlin um und arbeitete dort als Erzieher in einem Kinderheim. Seine ersten musikalischen Sporen verdiente er sich im *Berliner Rock-Ensemble BRE;* um 1980 herum erschienen seine ersten eigenen Platten, und 1983 kam der Durchbruch mit der von *Wolf Maahn* produzierten LP „Stadtstreicher". Die erfolgreiche Zusammenarbeit setzte sich fort und führte auf der platinveredelten LP „Schweißperlen" mit dem Song „1000 und 1 Nacht (Zoom!)" zu einem echten Chartbreaker, an dessen Text mit *Dieter Dehm* eine durchaus schillernde Figur mitgewirkt hat – der damalige SPD-Politiker ist heute für die Linken aktiv und als Millionär ja keineswegs unumstritten…

Zusätzlich sorgte sein Titelsong für *Schimanskis* Kino-Film-Debüt „Faust auf Faust" für Bekanntheit. In den späten 80ern durfte *Klaus Lage* mehrfach in der DDR auftreten, wo es dann aber Ärger gab, weil er den *Biermann*-Titel „Ermutigung" im Programm hatte.

Jüngst hat *Klaus Lage* mit seinen in Big-Band-Swing und Jazz neu eingekleideten „alten" Songs für Aufsehen gesorgt; aktuell ist er zumeist als Solist auf kleinen, intimen Bühnen zu erleben und noch immer ein musikalisches Ereignis.

Nun zu einem bundesdeutschen Sänger und Songschreiber, der den Ruf des intellektuellen Oberlehrers verkörpert wie kein anderer: *Heinz Rudolf Kunze.* 1956 im Flüchtlingslager Espelkamp als Sohn eines ehemaligen SS-Offiziers geboren, studierte er nach dem ausgezeichneten Abitur Germanistik und Philosophie und schrieb erste Texte in Prosa und Lyrik. 1980 stand er als Liedermacher auf der Bühne, gewann bei einem Nachwuchs-Festival im Theater Würzburg einen Preis und konnte erste Aufnahmen veröffentlichen. Ab 1984 vollzog er einen Stilwechsel hin zu rockigeren, kommerziell gefälligeren Klängen, woran der Gitarrist seiner Begleitband, *Heiner Lürig,* als Komponist wesentlichen Anteil hatte. Spätestens seit 1985, als er mit „Dein ist mein ganzes Herz" einen Single-Hit landete, hat sich *Kunze* in der Oberliga des Deutschrock etabliert, wo er bis heute aufgrund der literarischen Qualität seiner Lied- und Zwischentexte durchaus eine singuläre Stellung beansprucht. Neben den Konzerten mit seiner schlicht Verstärkung benannten Band ist er auch solistisch mit musikalisch-literarischen Programmen unterwegs, er schreibt ständig Songs für andere Künstlerinnen und Künstler, übersetzt Texte von *Randy Newman* oder *Bruce Springsteen,* betreibt mit zwei Gitarristen das Parallelprojekt *Räuberzivil,* spielt in ARD-Fernsehserien mit, unterrichtet an Hochschulen als Dozent das Songwriting, ist journalistisch wie publizistisch tätig und mischt sich gern polemisch in gesellschafts- und sprachkritische Debatten ein – ein erstaunliches Pensum des umtriebigen Mittsechzigers, dessen jüngstes Produkt die im Vorjahr erschienene Platte

„Können vor Lachen" ist. Und das ist der sage und schreibe 39. Tonträger des passionierten Brillenträgers, der seine markante Sehhilfe ja auch schon zum Albumtitel gemacht hat.

Ich habe bewusst ein Stück aus seiner heute vielen eher unbekannten Anfangszeit ausgesucht: „Für nichts und wieder nichts". Die Aufnahme stammt von *Kunzes* Livealbum mit dem schönen Titel „Deutsche singen bei der Arbeit", das 1987 erschienen ist.

HRK: Für nichts und wieder nichts

Soweit *Heinz Rudolf Kunze* im besten Hochdeutsch.
Dass aber auch Mundart durchaus ihren inzwischen anerkannten Platz im westdeutschen Rock beanspruchen darf, ist vor allem dem waschechten Kölner *Wolfgang Niedecken* zu verdanken. Der 1951 geborene Niedecken begeisterte sich als Kunststudent für *Dylan,* die *Rolling Stones* und *Bruce Springsteen,* und beinahe zufällig wurde aus dem Gelegenheitsmusiker um 1980 herum einer der auffälligsten und wichtigsten deutschsprachigen Songschreiber und Sänger der gesellschaftlich engagierten urbanen Szene. Seine dialektgefärbten Slang-Texte erreichten ihr Publikum längst nicht nur im Kölner Raum; er kleide *„Angst und Ärger seiner Kiez-Mitmenschen in eine literarisch reizvolle und politisch engagierte Form"* [136], lobt *Siegfried Schmidt-Joos* in seinem Rocklexikon.
Mit seiner Band *BAP,* in der vor allem Gitarrist *Klaus „Major" Heuser* als Mitkomponist und *Alex „Effendi" Büchel* an den Keyboards soundprägend waren, spielte er in den 80ern erfolgreiche Platten ein und absolvierte bundesweit ausverkaufte Tourneen. Mit *Heinrich Böll* war *Niedecken* befreundet; *Willy Brandt* rezensierte im *Stern* seine 86er LP „Ahl Männer, aalglatt", *Wolf Biermann* ist ihm ebenfalls seit langem verbunden, und *Wolf Maahn* produzierte 1987 seine Solo-LP „Schlagzeiten".
In seinen häufig biografisch – vor allem durch die Auseinandersetzung mit seinem erzkatholischen und konservativen Vater – geprägten Songtexten macht Niedecken aus seiner Haltung keinen Hehl; für sein soziales und politisches Engagement erhielt er 2013 das Bundesverdienstkreuz 1. Klasse. Zudem ist er als Maler mit eigenen Ausstellungen international anerkannt. Und auch ein mit 60 Jahren erlittener Schlaganfall konnte den Künstler nicht dauerhaft aus der Bahn

---

[136] RL, Band 1, S. 89.

werfen; 2020 erschien die bislang letzte *BAP*-LP
„Alles fließt", die bis auf Platz Zwei der
deutschen Album-Charts kletterte, 2022 gefolgt
von der Soloplatte „Dylanreise" mit Coversongs
des Nobelpreisträgers im kölschen Sprachgewand.
Auf WDR 4 gestaltet *Niedecken* übrigens die
monatliche Radiosendung „Songpoeten", in der
er seine internationalen Favoriten von *Neil Young*
über *Dylan* und *Springsteen* bis *Leonard Cohen*
präsentiert – da haben wir ja durchaus was gemeinsam.
Hier nun Musik von *Niedecken & BAP*. Zunächst
vom 1983er Livealbum „bess demnähx" der Titel
„'ne schöne Jrooß", anschließend vom 91er
Album „Affrocke", das bei der „X für'e U-Tour"
im Kölner E-Werk mitgeschnitten wurde, „Alles
em Lot".

BAP: 'ne schöne Jrooß / Alles em Lot

Den Schlusspunkt dieser dem bundesrepublikanischen Deutschrock gewidmeten
LiveRille setzt einer, der in diesem Jahr wieder auf große Tour geht und dabei
seinen jüngst begangenen 75. Geburtstag ausgiebig zelebrieren wird: *Marius Müller
Westernhagen.* Und wer nun enttäuscht feststellt, dass in dieser Sendung ein gewisser
Herbie mit seiner Knödelstimme fehlte, dem sei gesagt, auch ich habe meine
(Schmerz-)Grenzen – sorry.

Noch ein paar Worte zu *Westernhagen,* dessen Karriere als Schauspieler begann –
insbesondere seine Titelrolle in „Theo gegen den Rest der Welt" (1980, Regie:
Peter F. Bringmann) ist in Erinnerung geblieben. Zur selben Zeit hatte der gebürtige
Düsseldorfer aber bereits sein zweites Standbein – die Musik – aufgebaut: seine
78er LP „Mit Pfefferminz bin ich dein Prinz" erhielt Platin, und auch die
Nachfolger „Sekt oder Selters" und „Stinker" oder später „Halleluja", „Jaja" oder
„Nahaufnahme" platzierten sich ganz vorn in den Charts. Dabei gönnt sich der
Künstler immer mal wieder kreative Pausen und genießt das Comeback danach
wohl umso mehr. Und so dürfte auch die „75Westernhagen-Tour" in diesem
Sommer ein Erfolg werden.

2016, zu seinem 50jährigen Bühnenjubiläum, spielte *Westernhagen* in der Berliner
Volksbühne für den Musiksender *MTV* übrigens ein Unplugged-Konzert, zu dem

er *Udo Lindenberg* als Bühnengast begrüßte – so schließt sich der Kreis dieser LiveRillen.

Die nächste Liverille im April widmet sich wiederum der deutschsprachigen Rockmusik, dann aus der Perspektive Ost, und da darf ich schon mal einige selten zu hörende Mitschnitte der *Klaus-Renft-Combo* ankündigen – freut euch drauf!

Den Schlusspunkt dieser Ausgabe setzt *Marius Müller Westernhagen* mit seiner Hymne auf die Liebe „Lass uns leben" – vom 1990 erschienen Album „Westernhagen Live".

Westernhagen: Lass uns leben

Quellen:

> ➤ BAP: Live – bess demnähx, Do.-LP, Musikant, 1983
> ➤ BAP: … affrocke!, Do.-LP, EMI/Electrola, 1991
> ➤ Ina Deter: Das Live-Album, Do.-LP, Phonogram, 1987
> ➤ Floh de Cologne: Prima Freiheit, LP, Pläne, 1978
> ➤ Heinz Rudolf Kunze: Deutsche singen bei der Arbeit, Do.-LP, WEA, 1987
> ➤ Klaus Lage: Live – Mit meinen Augen, LP, EMI, 1986
> ➤ Udo Lindenberg: Livehaftig, Do.-LP, Telefunken, 1979
> ➤ Udo Lindenberg: Live in Leipzig, LP, Polydor, 1990
> ➤ Wolf Maahn & Die Deserteure: Rosen im Asphalt – Live!, 3-LP-Box, EMI, 1986
> ➤ Peter Maffay: Live '82, LP, Metronome Music, 1982
> ➤ Peter Maffay und Band: '90 Leipzig, LP, TELDEC, 1990
> ➤ Ulla Meinecke: Kurz vor acht, Do.-LP, RCA/Ariola, 1986
> ➤ Schneewittchen: Feuerball live, LP, Philips/Phonogram, 1979
> ➤ Ton Steine Scherben: In Berlin 1984, LP, David Volksmund Produktion, 1984
> ➤ Westernhagen: Live, Do.-LP, WEA, 1990

No. 73: Rock auf gut Deutsch – Perspektive Ost
April 2024

Diese zweite Ausgabe der LiveRillen-Serie, die sich der deutschen Sprache in der populären Musik abseits des Schlagers widmet, richtet nach der westdeutschen Perspektive im Vormonat den Blick nun auf den Osten, auf die ehemalige DDR und ihr Verhältnis zu Beat und Rock. Und wie manches andere in der Kulturpolitik des Arbeiter- und Bauernstaates war auch dieses Verhältnis ambivalent, diffizil und diversen Schwankungen und Umorientierungen unterworfen.

Immerhin – und das passte recht gut ins sozialistische Gesellschaftsbild – konstatiert der Musikjournalist *H. P. Hoffmann* in seinem 1973 im Verlag Lied der Zeit erschienenen Grundlagenwerk über „Beat | Rock | Rhythm & Blues | Soul": *„Im Beat dominiert das Kollektiv".* [137] So etwas hörte man offiziell gern in einem Staat, in dem sich der Wert des Einzelnen danach bemaß, wie gut er sich unter Hintanstellung individueller Ansprüche in die sozialistische Menschengemeinschaft integrierte. Dass dieses Wunschbild der Partei- und Staatsführung wenig mit dem Alltag im real existierenden Sozialismus zu tun hatte und die ostalgische Mär von der zwischenmenschlichen Solidarität nur eine Variante des auf den eigenen Vorteil ausgerichteten „Eine-Hand-wäscht-die andere"-Prinzips war, dürfte sich herumgesprochen haben. Doch ich will ja hier kein Ost-Bashing betreiben, aber neben diversen Quellen auch ganz subjektiv einiges von dem berichten, was ich in meinen 35 DDR-Jahren selbst erleben durfte. Schauen wir also zunächst tief in die 1960er Jahre.

Als die *Beatles* den Planeten eroberten, machte ihr Siegeszug auch vor der DDR nicht halt. Bis 1965 erschienen hier immerhin zwei Singles und zwei LPs der Pilzköpfe. Im Musikunterricht jener Jahre habe ich erlebt, wie versucht wurde, den Titel „A Hard Days Night" als Anklage der kapitalistischen Ausbeutung zu interpretieren: Man müsse dort arbeiten wie ein Hund! Zugleich fragte aber schon SED-Chef *Walter Ulbricht,* ob man denn jeden Dreck, der da aus dem Westen käme, mitmachen müsse – man solle doch lieber Schluss machen mit dem „Yeah, yeah, yeah". Und nachdem in der DDR erste Beatgruppen ihren westlichen Vorbildern nacheiferten, gab es 1965 ein staatliches Verbot, auf das jugendliche Fans in Leipzig am 31. Oktober mit der legendären Beat-Demo antworteten. Die Staatsmacht schlug zurück – es gab 279 Verhaftungen und 144 strafrechtliche

---

[137] H. P. Hoffmann: Beat | Rock | Rhythm & Blues | Soul. VEB Lied der Zeit – Musikverlag Berlin, 1973, S. 10.

Ermittlungsverfahren. Betroffen von diesem Verbot waren auch die Leipziger *Butlers*, Keimzelle der späteren *Klaus-Renft-Combo*, zu der ich noch ausführlich kommen werde.

Und doch artikulierte die Nachkriegsgeneration im Osten in der zweiten Hälfte der 1960er Jahre ihr Bedürfnis nach zeitgemäßer Jugendkultur am deutlichsten im gemeinsamen Singen und Musizieren.

In Berlin, Leipzig oder Dresden entstanden Singegruppen und Songclubs, die sich mit Beat-Instrumentarium und eigenen Texten Gehör verschafften. Um die ideologische Kontrolle zu behalten, stellte sich die FDJ an die Spitze dieser Singebewegung, rief Schulen und Betriebe zur Gründung von Singegruppen auf und organisierte auf Kreis-, Bezirks- und Republiksebene Werkstätten und Leistungsvergleiche. Wie eng die Verbindung zum Beat war, zeigen die Tatsachen, dass eine der ersten DDR-Beatgruppen – *TEAM 4* (später auf Druck von oben in *Thomas-Natschinski-Combo* umbenannt) – zugleich das musikalische Gerüst des 1967 gegründeten Berliner *Oktoberklubs* stellte und dass der Philosophiestudent *Hartmut König,* der es später bis zum stellvertretenden Kulturminister der DDR bringen sollte, für beide Kollektive eifrig und linientreu textete: „Sag mir, wo du stehst…"!

Freilich kann ich in dieser Sendung nicht annähernd die Vielfalt, Breite und häufige Widersprüchlichkeit der DDR-Kulturpolitik in Bezug auf die Beat- und Rockmusik abbilden. Zudem muss ich vor allem mit dem Vorlieb nehmen, was an Konzertmitschnitten beim Staatslabel *AMIGA* erschienen ist, und da ist die Auswahl begrenzt.

Eine der Gruppen, die sich das zu Beginn der 1970er Jahre durch den Wechsel in der Staatsführung von Walter Ulbricht zu Erich Honecker zunächst einsetzende ideologische Tauwetter zunutze machten und bis heute für viele das Aushängeschild des DDR-Rock darstellen, waren die *Puhdys.* Anfangs als Amateurband spielten sie zum Tanz vor allem internationale Hits nach. Nebenher qualifizierten sich die fünf Bandmitglieder *Dieter Birr, Dieter Hertrampf, Peter Meyer, Harry Jeske* und *Gunter Wosylus* an der Musikschule Berlin-Friedrichshain zu Berufsmusikern; erste eigene Titel wie „Geh dem Wind nicht aus dem Wege" oder „Türen öffnen sich zur Stadt" entstanden, die sich diverser Hardrock-Versatzstücke bedienten, die man so auch schon bei *Led Zeppelin* oder *Deep Purple* gehört hatte. Die Texte lieferte der ihnen zugeordnete Dichter *Wolfgang Tilgner.* 1972 gewannen die *Puhdys* den erstmals vom DDR-Jugendmagazin *Neues Leben* vergebenen *Interpretenpreis der DDR* in der Rubrik Musikgruppen. Andererseits gab es Kritik an ihrem stilistischen Eklektizismus: *„Anfang 1972 verstärkte sich*

vorübergehend die Tendenz zu ausgefalleneren Kompositionen ", [138] heißt es etwa im Beat-
Buch von *H. P. Hofmann.* Die Gruppe ließ sich von kulturpolitischen Vorgaben
willig lenken, erhielt im Gegenzug großzügige Förderungen, hohe Medienpräsenz
und die Möglichkeit, im Ausland zu gastieren – zunächst innerhalb der
sozialistischen Staatengemeinschaft, zunehmend dann auch im NSW (so der
DDR-Sprachgebrauch für das „Nicht-sozialistische Währungssystem").

Ehe nun aber diese LiveRille zu einer trockenen Vorlesung gerät, sollen die *Puhdys*
musikalisch zu Wort kommen. In der Reihe ihrer nun beim Staatslabel *AMIGA*
regelmäßig erscheinenden Langspielplatten stellte die Nummer 6 als Live-
Doppelalbum durchaus ein Novum im Portfolio von *AMIGA* dar. Das Album
wurde vom westdeutschen *POOL*-Label übernommen, einem Ableger von
Telefunken-Decca.

Daraus jetzt „Sturmvogel", getextet von *Burkhard
Lasch,* und „Lebenszeit" – hier war *Wolfgang
Tilgner* Textautor. Für die Kompositionen
zeichnete jeweils die Gruppe insgesamt
verantwortlich.

Puhdys: Sturmvogel / Lebenszeit

Die *Puhdys* live vor einem hörbar begeisterten und textsicheren Publikum. Der
andauernde Erfolg ist ihnen nicht abzusprechen; auch wenn sie frühzeitig in einem
ihrer populärsten Songs schon die Rockerrente beschworen, hielten sie über
deutsche Einheit und Jahrtausendwende aus und beglückten ihre Fans mit dem
ewig gleichen, insgesamt wenig originellen Aufguss aus Versatzstücken des
internationalen Mainstreams.

Zu ihrer frühen Popularität entscheidend beigetragen hat zweifellos der
Soundtrack des DEFA-Spielfilms „Die Legende von Paul und Paula", den drei
eigens dafür geschriebene Titel prägten: „Geh zu ihr", „Zeiten und Weiten" sowie
„Wenn ein Mensch lebt". Allerdings ist der Anteil, den die Band daran hat, auf die
reine Interpretation beschränkt – die Texte verfasste der Drehbuchautor *Ulrich
Plenzdorf* selbst, die Kompositionen lieferte der Filmkomponist *Peter Gotthardt.*
Trotzdem identifizierte das Kinopublikum – immerhin zog der 1973 erschienene
Film von Regisseur *Heiner Carow* mehr als drei Millionen Besucher in die DDR-
Kinos! – die Songs natürlich mit der Rockkapelle um *„Maschine" Birr* und *„Quaster"
Hertrampf,* die sich nur zu gern in diesem Ruhm sonnten.

---

[138] Ebenda, S. 44.

Plenzdorf, dessen literarische Vorlage einen bisher so nicht gezeigten Ausschnitt der DDR-Wirklichkeit zwischen Braunkohlenmief, runtergekommenen Hinterhäusern, angepasster Lebensweise und phantasievoll ausgelebter Sinnlichkeit in den Fokus nahm, gelang es mit dem Text zu „Wenn ein Mensch lebt", den kulturpolitischen Instanzen sogar alttestamentarische Zitate unterzujubeln, wie wir gleich hören werden. Ebenso hörbar ist, dass sich *Gotthardt* kompositorisch recht ungeniert bei den *Bee Gees* und ihrem frühen Hit „Spicks And Specks" bedient hat. Hier sind nochmal die *Puhdys* mit „Wenn ein Mensch lebt" vom Live-Album aus dem Jahr 1979, das anlässlich ihres zehnjährigen Bandjubiläums aufgenommen wurde.

Puhdys: Wenn ein Mensch lebt

„Wenn ein Mensch lebt" mit den *Puhdys* aus dem DEFA-Film „Die Legende von Paul und Paula", hier in einer Liveversion der langjährigen DDR-Vorzeige-Rocker aus dem Jahr 1979.

Szenenwechsel: Die seit den 1960ern international gängige Entscheidung, Fan der *Beatles* oder der *Rolling Stones* zu sein, hatte einige Jahre später in der DDR ihr Äquivalent gefunden in der Frage: *Puhdys* oder *Renft!* Und das war keineswegs eine reine Geschmacksfrage, sondern eher eine der grundsätzlichen Einstellung! Während die *Puhdys* recht stromlinienförmig durch alle ideologischen Wellen glitten, gab es bei der Combo, die der Bassist *Klaus Jentzsch,* genannt *Jenni,* da um 1970 herum in Leipzig um sich geschart hatte, von Beginn an Probleme, die bei ihrem im Gegensatz zu den harmlos-bunten *Puhdys* eher an *Steppenwolf, Colosseum* oder den *Stones* (die sie allesamt anfangs auch coverten) orientierten Outfit ansetzten und bei ihrer Trinkfestigkeit, der immensen Lautstärke ihrer Konzerte und ihren aufmüpfigen Texten nicht endeten. Sicher, auch für die *Klaus-Renft-Combo* (der Bandgründer hatte sie nach dem Mädchennamen seiner Mutter so getauft) war die Akzeptanz der kulturpolitischen Entscheider von Jugendorganisation und Einheitspartei zunächst mal Voraussetzung für ihre Berufsausübung und die angestrebte Medienpräsenz. Doch diese Akzeptanz wurde eben nicht durch willfährige Anbiederung erreicht, sondern durch zähe Diskussionen, ein überzeugendes Selbstbewusstsein und nicht zuletzt durch den Druck ihrer glühenden Fans, die mehrheitlich aus dem eher kritischen Jugendmilieu kamen. Aus der Perspektive manches Funktionärs verband sich mit der Förderung von *Renft* wohl auch die Absicht, diese dem sozialistischen Experiment eher unbeteiligt bis ablehnend gegenüberstehenden Jugendlichen irgendwie doch zu integrieren und damit den Druck im Kessel niedrig zu halten.

Dass diese Hoffnung in den *Renft*-Konzerten Anfang der 1970er Jahre von machtvollen Publikums-Chören wie *„Irgendwann will jedermann / raus aus seiner Haut, / irgendwann denkt er dran, / wenn auch nicht laut"* oder *„Macht auf die Tür aus Stahl, / die Tür, die in die Freiheit führt"* niedergesungen wurde (im Originaltext von „Ermutigung" heißt es eigentlich: *„... die Tür, die in den Frühling führt"!*), blieb der Staatssicherheit nicht verborgen, und 1975 kam für *Renft* dann während der Arbeit an ihrer dritten Studio-LP das Totalverbot. Eine offizielle Liveplatte war dem Sachsen-Sextett bis dahin nicht vergönnt, sodass auch ich lange davon ausgegangen war, dass keine Konzertmitschnitte aus jener kurzen und doch so wirkungsreichen *Renft*-Ära auf Vinyl existieren. Doch weit gefehlt…

Klaus „Jenni" Jentzsch war noch 1975 per Ausreiseantrag nach Westberlin übergesicdelt. Sänger *Thomas „Monster" Schoppe* folgte, und auch der Keyboarder, Gitarrist und Sänger *Christian „Kuno" Kunert* und der für die Band textende Liedermacher *Gerulf Pannach* wurden 1976 nach Stasi-Haft in den Westen ausgewiesen. Im Gepäck hatten sie Tonbandkassetten, auf denen neben letzten Probenaufnahmen auch Ausschnitte aus Konzerten in der Kongresshalle Leipzig aus dem Jahr 1972 sowie im Berliner Friedrichstadt-Palast aus dem Jahr 1974 enthalten waren. Die Soundqualität eher bescheiden, der dokumentarische Wert unschätzbar, würde ich mal sagen… Wie mir *Kuno* kürzlich in einer Mail schrieb, konnten sie mit Hilfe ihres Musiker-Freundes *Knut Kiesewetter* in dessen Fresenhof-Studio nördlich von Husum die Aufnahmen aufbereiten – natürlich mit den seinerzeit begrenzten technischen Möglichkeiten: *„Digitale Klangbearbeitung gabs damals noch nicht"*, schreibt *Kuno*, *„außer Hall und Klangregelung standen Effektgeräte nicht zur Verfügung. Also haben wir etliche Spuren parallel mit unseren Aufnahmen bespielt und einzeln verändert, d. h. mit Hall versehen oder … mit den Equalizern unterschiedliche Klangbilder erzeugt für Stereoeffekte, manchmal auch noch einen Schellenring o. ä. drauf gespielt für ein paar Höhen oder um Gurken und Bandaussetzer zu übertünchen, und das Ganze dann zusammengemischt. Ein akustischer Leckerbissen, irgendwas, das mit dem Markt hätte konkurrieren können, ergab sich dabei nicht, wenn ich mich recht entsinne."* [139]
Dennoch habe *Jenni* nicht locker gelassen und daraus tatsächlich eine LP gemacht, deren Cover ein befreundeter Grafiker mit Fotos und Dokumenten ihrer DDR-Zeit gestaltete. *„Bei der hier vorliegenden Zusammenstellung rechtlich nicht gebundener, privater live-Mitschnitte ergaben sich durch den teilweise schlechten Zustand der Ur-Bänder leider nicht zu vermeidende tontechnische Mängel"*, [140] schreiben *Jenni, Monster* und *Kuno* dazu in der Textbeilage dieser „Reminiszenz-Platte", die sie nach eigenem Bekunden *„mit*

---

[139] Zitat aus einer Mail von Christian Kunert vom 5. Februar 2024 an den Verfasser.
[140] Zitiert aus der Textbeilage zur LP „Rock aus Leipzig | Renft-Combo Live".

einer Portion Eigenliebe natürlich und ein wenig Wehmut zusammengestellt" haben, *„auch um den Nimbus ein wenig zu lüften".*[141]

Die wenigen bei *TELDEC* in Hamburg privat und ohne Label gepressten Exemplare, die sich bei Sammlern und *Renft*-Fans größter Nachfrage erfreuen, sind heute entsprechend hochpreisig. Umso schöner, dass ich eines dieser raren Zeitdokumente kürzlich im Netz einfangen konnte.

Daraus jetzt zwei Titel – zunächst „Als ich wie ein Vogel war", getextet von Pannach und gesungen von *Thomas „Monster" Schoppe,* danach das von *Kunos* im Thomanerchor geschulter Stimme getragene Liebeslied „Aber ich kanns nicht

verstehn" mit dem pikanten Text von *Kurt Demmler,* einem DDR-Liedermacher, der zweifellos der produktivste Textlieferant für die Rockmusiker der DDR gewesen ist. Wie gesagt: Der Sound ist mäßig, aber die Authentizität überzeugend!

Renft: Als ich wie ein Vogel war / Aber ich kanns nicht verstehn

Die Gruppe *Renft,* hier privat mitgeschnitten bei einem Konzert im Ostberliner Friedrichstadt-Palast 1974. Ein Jahr später folgte dann das erwähnte Aus der Gruppe, über das *Klaus, Monster* und *Kuno* später schrieben: *„Wir waren auf das Verbot jedenfalls innerlich vorbereitet und nahmen es guten Gewissens zur Kenntnis".* [142] Für viele DDR-Jugendliche ein herber Verlust, den man einerseits durch das Hüten der beiden *AMIGA*-LPs (die natürlich sofort aus den DDR-Plattenläden und Musikbibliotheken entfernt und danach dreistellig auf dem Schwarzmarkt gehandelt wurden) zu kompensieren suchte. Andererseits waren Schlagzeuger *Jochen Hohl* und Gitarrist *Peter „Cäsar" Gläser* bei der Gruppe *Karussell* untergekommen, in der viele *Renft*-Fans anfangs eine Art Vermächtnis zu finden hofften, was dann aber spätestens mit *Cäsars* Ausstieg, der eigene Bandprojekte verwirklichen wollte, endete.

Apropos *Cäsar* – nach der Wende wurde seine Spitzeltätigkeit für die Staatssicherheit publik, was ein bezeichnendes Licht auf die ideologische Morbidität der DDR-Kulturpolitik wirft.

---

[141]   Ebenda.
[142]   Ebenda.

An der nach der Wende möglichen Wiedervereinigung der alten *Renft*-Besetzung beteiligte sich *Cäsar* denn auch nicht; ich komme im Verlauf der Sendung noch einmal darauf zurück.

Hier zunächst noch ein Titel der alten *Renft*-Ära – der „Apfeltraum", aufgenommen 1972 in der Kongresshalle Leipzig. Den Text von *Gerulf Pannach* hat *Cäsar*, der den Titel mit seiner sonoren Bariton-Stimme auch singt, komponiert; die markante Akkordfolge A-Moll und G-Dur wurde mit hohem Wiedererkennungswert in den 70er und 80er Jahren an unseren Lagerfeuern auf zahlreichen Holzgitarren geschrubbt...

Renft: Apfeltraum

Renft live in den heutigen LiveRillen, die sich der Beat- und Rockszene im wilden Osten widmet. Und da komme ich nun zu einer bis heute aktiven und populären Band: *Karat.*

Ihren personellen Ursprung hatte sie in der im Frühjahr 1971 in Berlin gegründeten Gruppe *Panta Rhei,* auch wenn sich der Sound der neuen Band deutlich von deren soulbeeinflusstem Jazzrock mit komplettem Bläsersatz unterschied, dessen Vorbilder unüberhörbar in *Chicago* oder *Blood, Sweat & Tears* zu suchen waren. Den Kern von *Panta Rhei* bildeten der in Halle geborene Gitarrist und Sänger *Herbert Dreilich,* dazu *Henning Protzmann* am Bass und der Keyboarder *Ulrich „Ed" Swillms,* die bereits gemeinsam bei den Ostberliner *Alexanders* gespielt hatten. Als die Sängerin *Veronika Fischer* 1973 *Panta Rhei* zugunsten einer Solokarriere verließ und sich auch die eher dem Jazz zugeneigten Bläser verabschiedeten, war es Zeit für einen sich stärker am Mainstream orientierenden Stilwechsel, der Ende 1974 folgerichtig zum Neustart unter neuem Namen führte: *Karat.* Bereits im Januar 1975 entstanden erste Rundfunkproduktionen, Ende Februar stieg das erste Konzert, und nach einigen personellen Änderungen stand 1977 das Stammquintett, zu dem neben *Protzmann, Dreilich* und *Swillms* nun Gitarrist *Bernd Römer* und Schlagzeuger *Michael Schwandt* gehörten – beide kamen von der *Horst-Krüger-Band.*

In dieser Besetzung spielte sich die Band nicht zuletzt dank des kompositorischen Talents des im Vorjahr verstorbenen *Ed Swillms* rasch an die Spitze der DDR-Rockszene; von den Tantiemen für seinen größten Erfolg – den nicht nur von *Peter Maffay* gecoverten Song „Über sieben Brücken" mit dem metaphernreichen Text des Leipziger Lyrikers *Helmut Richter* – dürften seine Erben noch lange gut leben können. *Swillms* zog sich aufgrund seiner labilen Gesundheit allerdings 1987 von der Bühne zurück, war aber hin und wieder bei Konzerten noch als umjubelter Gast zu erleben. Ansonsten drückten *Thomas Kurzhals* und *Thomas Natschinski* die Tasten, ehe 1992 der noch heute bei *Karat* aktive *Martin Becker* diesen Part übernahm. Apropos noch heute aktiv – Sänger *Herbert Dreilich* verstarb im Dezember 2004 kurz nach seinem 62. Geburtstag an Leberkrebs; den Platz am Solistenmikrofon der Band übernahm sein Sohn *Claudius Dreilich,* dessen Stimme der des Vaters erstaunlich nahe kommt.

Die Aufnahmen, die ich von *Karat* nun spiele, stammen allerdings noch aus den 1980er Jahren: Im November 1984 spielte die Band anlässlich ihres zehnjährigen Gründungsjubiläums nacheinander drei ausverkaufte Konzerte im halleschen Steintor-Varieté, die in der Tonregie von *Helmar Federowski* für *AMIGA* aufgezeichnet wurden. Im Folgejahr erschien dann das für DDR-Verhältnisse opulent aufbereitete Doppelalbum „Auf dem Weg zu euch". Daraus jetzt „Jede

Stunde" – an der Mundharmonika als Gast *Thomas Natschinski* – sowie natürlich „Über sieben Brücken musst du gehn" – der Ohrwurm, den viele immer wieder und einige wohl gar nicht mehr hören können; beides Kompositionen von *Ed Swillms.*

Karat: Jede Stunde / Über sieben Brücken musst du gehn

Wie alle anderen Künste hatte auch die Rockmusik der DDR – zumindest in den Vorstellungen der offiziellen Kulturpolitik – bestimmte gesellschaftliche Funktionen zu erfüllen. So war das sicht- und vor allem hörbare Engagement für Frieden und Sozialismus unabdingbar. Im Kontext der atomaren Konfrontation, zu der die Stationierung mit Atomsprengköpfen bestückter sowjetischer Mittelstreckenraketen vom Typ SS-20 auf der einen sowie US-amerikanischer Pershing-Raketen und Cruise-Missile-Marschflugkörper auf der anderen Seite geführt hatte, kreierte der Zentralrat der FDJ im Januar 1982 erstmals ein Festival unter dem Motto „Rock für den Frieden" im Ostberliner *Palast der Republik,* das bis 1987 jährlich stattfand. Trotz der ideologischen Intention erfreute es sich großer Beliebtheit bei den DDR-Rockfans, zumal mit *Latin Quarter* oder *Tom Robinson* in den Folgejahren auch westliche Künstler auftraten. *Wolfgang Niedecken* und *BAP* allerdings weigerten sich 1984, geforderten Zensurauflagen nachzukommen, und reisten am Vorabend ihres geplanten Auftritts wieder ab… Von mehreren *Rock-für-den-Frieden*-Jahrgängen veröffentlichte *AMIGA* Konzertmitschnitte, so auch von 1983 und 1984. Von ersterer LP spiele ich „Ein

Lied für die Menschen", das die Gruppe *Silly* aus einem Text von *Kurt Demmler* gemacht hatte. *Silly* hatte sich 1978 im Prenzlauer Berg als Spaßkapelle mit *NDW*-Sound gegründet, ehe 1982 durch mehrere Personalwechsel ein spürbarer Stilwandel hin zu anspruchsvollen Kompositionen vollzogen wurde, bei denen sich *Tamara Danz* zunehmend als Frontfrau profilieren konnte. Die Texte lieferte mit *Werner Karma* jetzt
einer der bekanntesten DDR-Rock-Autoren; die 1983 veröffentlichte LP „Mont Klamott" verdeutlichte nachdrücklich den Qualitätssprung in der Bandgeschichte. Zum Schluss der Sendung komme ich nochmal auf *Silly* zurück.

Nach dem „Lied für die Menschen" dann von der 1984er Festivalauflage die vorhin bereits erwähnte Gruppe *Karussell* aus Leipzig. „Grüß dich, Grenada" heißt ihr friedensbewegter Beitrag, zu dem ebenfalls *Kurt Demmler* den Text geliefert hat. Hintergrund war die militärische US-Invasion „Urgent Fury" im Karibikstaat Grenada Ende Oktober 1983.

Silly: Ein Lied für die Menschen
Karussell: Grüß dich, Grenada

Das 86er Festival war dann sogar Geburtsstunde eines über den Anlass hinaus aktiven All-Star-Projektes der DDR-Szene, das unter dem Namen *Die Gitarreros* Musiker führender Bands vereinte und mit einem aus internationalen Hits und eigenen Titeln gemischten Konzertprogramm erfolgreich durch die kleine Republik tourte.

Ein im Februar 1986 in der Leipziger Kongresshalle stattfindendes Konzert der *Gitarreros* wurde wiederum von *Helmar Federowski* mitgeschnitten. *AMIGA* machte daraus noch im selben Jahr die sich gut verkaufende LP „It's Only Rock'n'Roll – Live In Concert", auf der sich unter anderem hörenswerte Cover des „Red House Blues", von „People Get Ready" und „Honky Tonk Woman" finden oder von *Bryan Adams'* „It's Only Love", das *Tamara Danz* gemeinsam mit dem *Rockhaus*-Sänger *Mike Kilian* interpretiert.

Ich habe von dieser Platte den *City*-Song „Meister aller Klassen" ausgewählt, den *Tony Krahl,* Sänger der Berliner Rockband *City,* in seiner stets etwas manieriert wirkenden Interpretation ebenfalls gemeinsam mit *Mike Kilian* darbietet. Im Line-

Up des Projektes dominieren natürlich die Gitarren, gespielt von *Gisbert „Pitty"* *Piatkowski (NO55), Uwe Haßbecker* (zu der Zeit bei *Stern Meißen), Jürgen Ehle*

(PANKOW) und *Bernd Römer* von *Karat.* Das Rockinstrumentarium dieser *Gitarreros* komplettieren *Karat*-Keyboarder *Ed Swillms* sowie die aus dem Bassisten *Hans-Jürgen Reznicek* und *Stefan Dohanetz* am Schlagzeug bestehende Rhythmusgruppe von *PANKOW.*

Gitarreros / City: Meister aller Klassen

Dass es neben den bisher genannten Bands der ersten Reihe wie *Karat, Puhdys, City* oder *Silly* auch die Gruppen für die zahlreichen Klubs und kleineren Bühnen zwischen Ostsee und Thüringer Wald gab, zeigt das nächste Beispiel ostdeutscher Livemusik, das dem insbesondere im Süden der Republik heiß geliebten Blues zuzurechnen ist. Und da gehörte in den 1980er Jahren ausgerechnet die in Rostock gegründete Gruppe *Zenit* um ihren schwergewichtigen Frontmann *Eberhard Stolle,* genannt *Big Joe,* neben der *Engerling Blues Band* und den Bands der Gitarristen *Jürgen Kehrt* und *Hansi Biebl* zu den wichtigsten Vertretern.

Zenit spielte zunächst ab 1975 als Amateurband vor allem Coversongs zum Tanz; erst als *Big Joe* 1980 dazustieß, änderten sich Sound und Anspruch radikal. Nun wurden diverse Bluesstandards in eigenständigen Versionen dargeboten, gemischt mit Songs, die *Stolle* selbst verfasste und in seiner schnoddrigen Art glaubwürdig interpretierte.

Neben *Stolle* ragte zweifellos der Pianist *Alexander Blume* aus dem Quintett heraus, das sich bei Liveauftritten häufig mit weiteren Gästen verstärkte, darunter der Bluesharp-Virtuose *Bernd Kleinow* und die Saxofonisten *Stanley Blume* oder *Konrad „Konnie" Körner.* 1985 erschien mit „Dr. Blues" die erste *Zenit*-LP bei *AMIGA,* der aufgrund ihres Erfolgs 1988 die Liveplatte „Let The Good Times Roll" mit

Aufnahmen eines Konzertes im Studentenklub der Berliner Humboldt-Universität folgte. Die lege ich jetzt auf – wir hören zwei Titel aus der Feder von *Big Joe Stolle:* „Du sagst kein' Ton" und „Bye Bye Blues".

Zenit: Du sagst kein' Ton / Bye bye Blues

Nach der Wende löste sich die Band auf; *Big Joe Stolle* war danach vor allem als Solist unterwegs, ebenso *Alexander Blume* als gefragter Solo-Pianist. Anlässlich eines kleinen Blues-Festivals im thüringischen Oettersdorf im Jahre 2016 entstand die Idee, *Zenit* wiederzubeleben, was *Stolle* mit teils alten, teils neuen Kollegen auch so gut gelang, dass 2018 mit „Noch besser" sogar eine neue *Zenit*-CD auf den Markt kam.

Ich komme nun (und das keineswegs nur aus Lokalpatriotismus) zu einer interessanten halleschen Band, die sich 1980 als Nachfolger der *Klink Formation* unter dem Namen *Zebra* gründete. Von Beginn an spielten eigene Songs neben Covertiteln von *Roger Chapman, Men At Work* oder *STYX* eine wichtige Rolle. Nach einigen Personalwechseln startete *Zebra* 1985 in Zusammenarbeit mit *Rainer Böhm*, dem musikalischen Leiter des *Berliner Ensembles,* ein spannendes Projekt: Songs von *Bertolt Brecht* und *Kurt Weill* der Jugend mit rockmusikalischen Mitteln nahezubringen. *„Die Texte in ihrer Vitalität und sinnlichen Kraft faszinieren mich, und als Musiker macht man ohnehin sehr bedeutende Entdeckungen bei Kurt Weill",* [143] begründete Bandchef und Bassist *Achim Gerber* seine Motivation.

Die landesweite Aufmerksamkeit und das kulturpolitische Wohlwollen für das Projekt blieben der Plattenfirma *AMIGA* nicht verborgen, und da Kunst in der DDR stets auch aus der Bildungsperspektive gesehen wurde, lag es nahe, *Zebra* die Möglichkeit einer LP-Produktion zu bieten. Dafür wurden Aufnahmen genutzt, die der Rundfunk der DDR bei einem Konzert der Band im *Neuen Theater* der Saalestadt am 26. Mai 1986 mitgeschnitten hatte; im Folgejahr erschien dann die LP mit dem etwas sperrigen Titel „Zebra Live Rock mit Brecht/Weill Songs und Balladen". Daraus spiele ich den „Anstatt-dass-Song" sowie den „Kanonensong", beide bestens bekannt aus der „Dreigroschenoper" von *Brecht* und *Weill*.

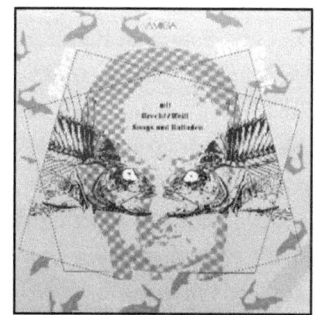

Zebra: Anstatt-dass-Song / Kanonensong

Leider überlebte das hallesche *Zebra* die Wende nicht; *Achim Gerber* gründete gemeinsam mit dem letzten *Zebra*-Gitarristen *Olaf Mehl* das *Metrix*-Tonstudio, das sich von seinem Start im Keller eines Kröllwitzer Einfamilienhauses in den

---

[143]   Zitiert vom Plattencover der LP „Zebra Live Rock mit Brecht/Weill Songs und Balladen", AMIGA, 1987.

vergangenen Jahrzehnten zu einer deutschlandweit führenden Soundschmiede für Kino-, Fernseh- und Multimediaproduktionen gemausert hat.

Es ist schon kurios, dass die durch die 89er Wende möglich gewordene deutsche Einheit, die für viele DDR-Rockgruppen das Aus bedeutete, der 1975 zerschlagenen Gruppe *Renft* einen kaum erwarteten Neuanfang bescherte. *Monster, Kuno* und *Jenni,* die länger als ein Jahrzehnt zwangsweise im Westen gelebt hatten, trafen auf *Cäsar, Pjotr Kschentz* und *Jochen Hohl,* die im Osten geblieben waren, um den noch immer zahlreichen Fans der Kultband das zu bieten, was diese lange vermissen mussten. Doch der eitel Sonnenschein währte nicht lange; die mit der Trennung verbundenen, sehr unterschiedlichen Erfahrungen hatten tiefe Spuren hinterlassen, zudem kam *Cäsars* IM-Spitzeltätigkeit aufs Tableau, und nicht zuletzt wurde heftig darüber gestritten, ob man nur die Titel von einst spielen sollte oder auch an neuem Material arbeiten, wofür sich insbesondere *Kuno* stark machte. Also flog der Sechser rasch wieder auseinander, fehlende Mitglieder der einstigen Band wurden durch neue Musiker ersetzt, zeitweise existierten sogar zwei konkurrierende Gruppen unter dem *Renft*-Label. Zudem hielt Schnitter Tod reichlich Ernte: *Gerulf Pannach,* der mit *Biermann* befreundete Texter, starb 1998; Multiinstrumentalist *Pjotr Kschentz* im Jahr 2005; ein Jahr später folgte der Bandgründer *Klaus Jentzsch/Renft,* im März 2007 verunglückte der neue Gitarrist *Heinz Prüfer* tödlich, und 2008 verstarb schließlich auch der trotz seiner Widersprüchlichkeit großartige, als Gitarrist und als Sänger unverwechselbare *Peter „Cäsar" Gläser.*

Kuno, der jüngste im Bunde, musste nach einem Hörsturz ebenfalls Abschied von der Bühne nehmen. *Jochen Hohl* hatte sich da schon lange wieder ausgeklinkt und war am Schlagzeug durch *Delle Kriese* ersetzt worden, so dass einzig *Thomas „Monster" Schoppe* von der Urbesetzung heute noch die *Renft*-Fahne hochhält, auch wenn sein Stimmorgan inzwischen deutlich von den Jahren gezeichnet ist. Ihm zur Seite stehen der Gitarrist *Gisbert „Pitti" Piatkowski,* der einstige *Puhdys*-Bassist *Peter „Bimbo" Rasym* und seit kurzem der Schlagzeuger *Tobias Ridder.* Neue Fans sind mit dem Absingen der alten Heuler und Hymnen aber kaum noch zu erreichen, und so dürften die Live-Tage von *Renft* wohl gezählt sein. Immerhin kam 2003 noch die vor allem durch *Kuno* geprägte Studio-CD „Als ob nichts gewesen wär".

Kaum beachtet – und damit sind wir wieder bei den LiveRillen – war im Jahr der deutschen Einheit eine im Mai 1990 in Bischofswerda aufgenommene Live-LP erschienen, an der mit *Monster, Renft* selbst, *Pjotr* und *Jochen* immerhin vier Gründungsmitglieder beteiligt waren, ergänzt durch den Leipziger Gitarristen *Lutz „Sauerkraut" Heinrich* (er ist im Vorjahr gestorben) sowie *Robert Hoffmann,* ebenfalls aus Leipzig, an den Tasten. Der von der Rundfunkproduzentin *Luise Mirsch* betreute Mitschnitt, der beim Westberliner *Fluxus*-Label erschienen ist, lässt sich qualitativ gut anhören – daraus jetzt einer jener Titel, die fünfzehn Jahre zuvor zum Verbot geführt hatten: die „Rockballade vom kleinen Otto", deren Vers *„Einmal sagte Otto, das Leben ist wie Lotto und die Kreuze macht 'n Funktionär"* im DDR-Untergrund zum geflügelten Wort geworden war…

Renft: Rockballade vom kleinen Otto

Zum Abschluss dieser dem deutschsprachigen Rock aus Deutschlands Osten gewidmeten LiveRillen noch ein doppelter Leckerbissen, und auch wenn diese Konzertmitschnitte erst nach der Wiedervereinigung der beiden deutschen Staaten entstanden, sind sie doch deutlich von der DDR-Sozialisation ihrer Protagonisten geprägt: Es geht um *Silly* mit ihrer Frontfrau *Tamara Danz* sowie den Liedermacher *Gerhard „Gundi" Gundermann* und seine *Seilschaft.* Ihr gemeinsames Unplugged-Konzert vom 22. November 1994 im Potsdamer Lindenpark hatte seinerzeit der *Ostdeutsche Rundfunk Brandenburg* aufgezeichnet; der nachbearbeitete Mitschnitt wurde 2021 von *Sony Music* als exquisit gestaltetes Dreifach-Album veröffentlicht. Auch als postume Reminiszenz an die beiden Protagonisten: *Tamara Danz* erlag 1996 einem Krebsleiden; *Gundi Gundermann* starb zum Sommeranfang 1998 an einer Gehirnblutung – beide wurden nur 43 Jahre alt. Die Gruppe *Silly* hatte sich in den späten 1980er Jahren gerade dank der interpretatorischen Wucht ihrer Frontfrau zur führenden Rockband der DDR hochgearbeitet; *Gerhard Gundermann* – im Hauptberuf Baggerfahrer im Braunkohlen-Tagebau – war zur selben Zeit durch die Melancholie und Emotionalität seiner packenden Liedpoesie für viele zur gültigen Stimme des Ostens geworden. Eine Zusammenarbeit lag nahe und manifestierte sich in der fast durchgängig von *Gundermann* getexteten Silly-LP „Februar", die im Westberliner *Preußen-Studio* eingespielt werden konnte und im Frühjahr 1989 erschien – *„das wohl wichtigste und beste Album von Silly"* [144] als frostig-klares Stimmungsbild der DDR kurz vor ihrem Untergang…
Dann fiel die Mauer und anschließend so manches Kartenhaus in sich zusammen, so auch das von *Gundermann,* der seine Tätigkeit als Stasi-IM „Grigori" lange tapfer

---

[144] https://blog-arnscht.de/tag/silly/.

verdrängt hatte. Acht Jahre lang hat er durchaus aus Überzeugung für die Mielke-Truppe gespitzelt; dann wurde er selbst zum Beobachtungsfall der geheimen Genossen. Vielleicht wog er innerlich das eine gegen das andere auf? Aber das konnte letztlich nicht gutgehen; als 1995 seine Spitzeltätigkeit publik wurde, kündigten ihm viele die Freundschaft, darunter auch *Tamara Danz*.

Und in seinem Nachruf auf *Gundi* ätzte *Wiglaf Droste* 1998 in der *taz*, wieso eigentlich so viele diesen *„Gundermann mit Eintritt des Todes schlagartig als Ikone einer imaginären besseren DDR, was immer das auch gewesen sein soll"* [145], sehen wollten.

Nun, mit historischen Bewertungen ist das wohl immer so eine Sache. Die Widersprüchlichkeit von *Gundis* Leben stellt der 2018 erschienene Spielfilm „Gundermann" von *Andreas Dresen* realistisch dar. Und wer ohne Schuld ist, nun gut, der werfe den ersten Stein…

Bernd Reinhardt stellt in seiner Filmrezension jedenfalls klar: *„ 'Gundermann' ist ein einfühlsamer Film über einen Idealisten, der sich konsequent auf den stalinistischen Apparat der DDR einlässt, weil er irrtümlich glaubt, er habe etwas mit den Idealen des Kommunismus zu tun. Am Ende merkt er ernüchtert, dass er sich denen gegenüber schuldig gemacht hat, denen er eigentlich nützen wollte."* [146] Und das war wohl bitter genug…

Zurück zur Musik. Die entnehme ich dem Dreifach-Album des besagten Konzertes aus dem Jahr 1994. Zunächst *Silly* mit „Halloween in Ost Berlin", das auf der 93er Platte „Hurensöhne" erschienen war – ein typisches Post-Wende-Lied. Danach dann *Gundis* „Gras" – wunderbar zeitlos in seiner melancholischen Poesie…

Im April folgt der dritte LiveRillen-Teil über die deutschsprachige Szene mit dem Blick auf Österreich, und da dominieren dann Lied und Chanson.

Silly: Halloween in Ost Berlin
Gundermann: Gras

145 https://taz.de/Its-a-Zoni-Fussnote-zu-Gundermann-Von-Wiglaf-Droste/!1334662/.
146 https://www.wsws.org/de/articles/2018/10/13/gund-o13.html.

Quellen:

- Gitarreros: It's Only Rock'n'Roll – Live In Concert, LP, AMIGA, 1986
- Karat: Auf dem Weg zu euch – 10 Jahre, Do.-LP, AMIGA, 1984
- Puhdys: Puhdys – Live (6), Do.-LP, POOL, 1979
- Renft-Combo: Rock aus Leipzig – Live, Originalaufnahmen 1972-75, LP, DECCA, 1980
- Renft: Live 1990, LP, Fluxus, 1990
- Rock für den Frieden '83, Ein Lied für die Menschen (u. a. Berluc, Puhdys, City, NO 55, Karat, Silly), LP, AMIGA, 1983
- Rock für den Frieden! Live '84 (u. a. City, Reform, M.-Jones-Band), LP, AMIGA, 1984
- Silly + Gundermann & Seilschaft: Unplugged. Das legendäre Konzert vom 22. September 1994, 3-LP-Set, AMIGA/Sony Music, 2021
- Zebra: Live Rock mit Brecht/Weill Songs und Balladen, LP AMIGA, 1987
- ZENIT: Let The Good Times Roll – Live, LP, AMIGA, 1988

No. 74: Rock auf gut Deutsch – Österreich
Mai 2024

Mit diesen LiveRillen beginnt nun tatsächlich das siebente Jahr der Sendereihe. Als abschließender Teil der Trilogie, die sich den deutschsprachigen Acts auf der Konzertbühne gewidmet hat, richtet sich nach der west- und der ostdeutschen Perspektive heute der Blick nach Süden zu unseren österreichischen Nachbarn. *„Musik hat in Österreich seit jeher einen hohen Stellenwert"*, heißt es auf der Website www.austria.info, und weiter: *„Hier wurden große Komponisten geboren und hier entstanden Werke von Weltruf. Doch nicht nur die klassische Musik wird in unserem Land gepflegt."* [147] Musikland Österreich – das ist also kaum auf einen Nenner zu bringen. Der Bogen spannt sich von *Mozart* und der Wiener Klassik über den Austro-Pop und Alpen-Rock bis zu *Falco* und *Opus, Wanda, Naked Lunch* oder *Bilderbuch,* und selbst das *„bekannteste Weihnachtslied der Welt"* [148] hat hier seinen Ursprung: „Stille Nacht, heilige Nacht", komponiert von *Franz Xaver Gruber,* erklang am Heiligabend 1818 erstmals in einer kleinen Kirche im salzburgischen Oberndorf… - aber das wirklich nur am Rande!

In diesen LiveRillen werden vor allem Konzertmitschnitte der späten 1970er und frühen 80er Jahre zu hören sein, die im engeren oder weiteren Sinne stilistisch dem Softrock-, Lied- und Chanson-Genre zuzurechnen sind. Da scheinen mir österreichische Künstlerinnen und Künstler durchaus überproportional vertreten, und so wird sich die Sendung zwischen Wiener Schmäh, melancholischer Poesie und hintersinniger Satire bewegen, wobei die Mundart eine wichtige Rolle spielt. Die Abfolge meiner Plattenauswahl ist in etwa dem Entstehungszeitpunkt der Aufnahmen geschuldet; mit der ältesten steige ich ein und komme gleich zu einem Schwergewicht der Szene: *André Heller.*

1947 in Wien geboren, etikettierte sich der Spross einer wohlhabenden jüdischen Süßwarenfabrikanten-Dynastie frühzeitig als *„Verwandlungsreisender"* [149] – einer Berufsbezeichnung, mit der er sich wohl selbst in die Nähe der reisenden Artisten, Akrobaten und sonstigen Manegenkünstler rücken wollte, die den Jungen mit der dunklen Lockenpracht und den wachen Augen von klein auf faszinierten.

An seine Kindheit erinnert sich *Heller* so: *„Man kann meine Erzieher keinesfalls beschuldigen, nicht alles Menschenmögliche unternommen zu haben, um mich auf den Weg des*

---

147 https://www.austria.info/de/aktivitaeten/stadt-und-kultur/musikland-oesterreich.
148 https://www.demokratiewebstatt.at/thema/lebensbereiche/thema-politik-und-musik/musikland-oesterreich.
149 Matthias Henke: Die großen Chansonniers und Liedermacher. Hermes Handlexikon, ECON Taschenbuch Verlag, Düsseldorf, 1987, S. 103.

Allgemeinen und Unauffälligen zu zwingen. Jahre in strengsten Internaten, Wochen im Karzer, tagelanges Sprechverbot sollten mir die Hingabe an das Phantastische austreiben". [150] Die drastischen Maßnahmen erreichten das Gegenteil – *Heller* nimmt früh Schauspielunterricht, jobbt als Diskjockey, besingt 1968 eine erste Schallplatte, schreibt Gedichte, Liedtexte, Stücke fürs Theater und erfindet für sich den Begriff des Dichtersängers, was der poetischen Kraft und lyrischen Qualität seiner Texte durchaus angemessen ist. Er wendet sich zirzensischen Kunstformen zu, übernimmt Filmrollen, wird Kulturmanager, engagiert sich politisch und erfindet für die Fußball-WM 2006 in Deutschland das Motto „Die Welt zu Gast bei Freunden". Die von ihm geplante Eröffnungsgala in Berlin wurde allerdings von der FIFA abgelehnt, da sie angeblich dem Rollrasen des Olympiastadions geschadet hätte.

1970 heiratet er die Schauspielerin *Erika Pluhar,* zu der ich später noch komme; die Ehe wird 1984 geschieden, nachdem *Heller* bereits diverse andere Beziehungen eingegangen war. Die österreichische Tageszeitung *Kurier* wählte ihn unter die 50 bedeutendsten Österreicher der letzten Jahrzehnte, er wurde mit zahlreichen Film- und Theaterpreisen ausgezeichnet und 2020 für sein Lebenswerk mit dem *Amadeus Austrian Music Award* geehrt. Konzerte mit *André Heller* sind allerdings selten geworden in den letzten Jahrzehnten; seine große Liederzeit sind die 1970er und frühen 80er Jahre.

Im November und Dezember 1974 tourte *Heller* durch 27 Konzerthäuser in Österreich, der Schweiz und der Bundesrepublik, begleitet vom Pianisten *Richard Schönherz,* dem Schlagzeuger *Emanuel Rigoni* sowie *Kurt Hauenstein* am E-Bass. Einen Eindruck in die großartige Wortinterpretationskunst des *André Heller* bietet das 1975 erschienene Doppelalbum „Bei lebendigem Leib. Live", daraus jetzt der Konzerteinstieg mit „Das System", „Wienerlied" und „Wenn i amal stirb'", gefolgt vom berührenden „Und dann bin i ka Liliputaner mehr". Ein Tipp: *André Heller* hört man am besten mit geschlossenen Augen…

**André Heller: Das System / Wienerlied /
Und dann bin i ka Liliputaner mehr**

Heute singt der inzwischen 77Jährige öffentlich nicht mehr, ist aber immer noch aktiv, wobei er sich nach eigener Aussage *„nur auf Arbeiten ein[lässt], die ihn in seinem künstlerischen*

---

[150]   Ebenda, S. 104.

Lernhorizont weiterbringen". [151] So hat er gerade im März (2024) eine *Woche des Staunens* in der Hamburger Elbphilharmonie kuratiert...

Ich komme zu *Michael Heltau* und damit zu einem kleinen Problem: als gebürtiger Ingolstädter ist der 1933 Geborene ja eigentlich kein waschechter Österreicher. Doch da er schon als Kind im Salzkammergut aufwuchs, nach der Schule das *Max-Reinhardt-Schauspiel-Seminar* in Wien absolvierte und nach ersten Engagements in Würzburg und München seit 1957 am Wiener *Theater in der Josefstadt* und zehn Jahre später am *Burgtheater* die großen Rollen der dramatischen Literatur von *Shakespeare* bis *Arthur Schnitzler* verkörperte, wird ihm niemand ernsthaft den Status einer österreichischen Künstlerlegende streitig machen, zumal er neben der Schauspielerei eine erstaunliche Karriere als Chansonnier hinlegte. *„Er nimmt die Lieder und Chansons zum Anlaß, kleine Szenen auf der Bühne zu skizzieren",* [152] schrieb die *Berliner Zeitung* 1980. Besonders angetan hatten es ihm frühzeitig die Chansons des Belgiers *Jacques Brel,* der ihm die Exklusivrechte zur Interpretation seiner von *Werner Schneyder,* dem österreichischen Kabarettisten, Regisseur und Boxexperten, kongenial ins Deutsche übersetzten Chansons übertrug. „Heltau singt Brel" hieß denn auch die dritte, im Jahr 1975 erschienene Langspielplatte, der 1976 eine Live-LP mit dem Jaques-Brel-Programm folgte. *Michael Heltau* wird darauf begleitet von

Robert Opratko und seinem Orchester; jenem *Robert Opratko,* der auch die Komposition zu *André Hellers* Liliputaner-Lied beigesteuert hatte, das wir eben gehört haben.

Nun also *Michael Heltau* mit zwei Chansons von *Brel/Schneyder:* zunächst naheliegend „Wien", danach „Das allerletzte Glas".

Michael Heltau: Wien / Das allerletzte Glas

Im Juli 2024 wird *Michael Heltau,* der sich nach dem Tod seines langjährigen Lebensgefährten, des niederländischen Schauspielers und Regisseurs *Loek Huisman,* vor fünf Jahren endgültig von der Bühne verabschiedet hat, 91 Jahre alt – beide waren fast 65 Jahre lang ein Paar.

Was *Brel* für *Michael Heltau* war, das ist für den 1952 in Wien geborenen *Wolfgang Ambros* wohl das prägende Werk von *Bob Dylan,* auch wenn der Sohn eines Lehrerehepaares zu Beginn der 1970er seine musikalische Karriere mit

---

[151] https://de.wikipedia.org/wiki/Andr%C3%A9_Heller.
[152] Matthias Henke: Die großen Chansonniers und Liedermacher. A.a.O., S. 109.

sarkastischen Liedkommentaren auf österreichische Spießigkeit und Provinzialität startete.

Die LP „Es lebe der Zentralfriedhof" erreichte 1975 Platz Eins der österreichischen Charts und festigte *Ambros'* Ruf als Wegbereiter des Austro-Pop. 1978 dann die LP „Wie im Schlaf" mit zehn von Ambros ins Wienerdeutsch übertragenen Songs des späteren Literaturnobelpreisträgers. Mit seiner Band *Die No. 1 vom Wiener Wald* ging *Ambros* im Folgejahr auf eine ausgedehnte Tour durch die Bundesrepublik, begleitet vom Tonmeister *Jürgen Krämer* im Dierks-Mobilstudio. Aus den Aufnahmen stellte *Bellaphon* noch im selben Jahr ein großartiges Doppelalbum zusammen, auf dessen Cover dieser ironische Nachsatz vermerkt ist: *„Da wir weder Zeit noch Lust und schon gar kein Geld für irgendwelche Overdubs hatten, hören Sie auf der Platte lediglich, was wir wirklich gespielt bzw. gesungen haben".* Und das ist allemal hörenswert!

Sein weiteres Leben mit drei Ehen, diversen Beziehungen und Vaterschaften verlief nicht immer skandalfrei; zudem wurde er in sozialen Netzwerken aufgrund seiner kritischen Haltung gegenüber der Politik von ÖVP und FPÖ heftig angefeindet. Andererseits solidarisierten sich *André Heller, Rainhard Fendrich* oder *Georg Danzer* mit *Ambros,* der 2015 das *Große Ehrenzeichen für Verdienste um die Republik Österreich* erhalten hat und heute in Tirol lebt. 2022 ist seine Autobiografie unter dem für sich sprechenden Titel „A Mensch möcht i bleib'n: Mein Leben zwischen Schuld und Schicksal" erschienen.

Die letzte reguläre Plattenveröffentlichung liegt zwar ein Dutzend Jahre zurück; live ist *Wolfgang Ambros* – mal akustisch intim, mal mit seiner Band – aber nach wie vor aktiv und ein durchaus lohnenswertes Ereignis! Das Erfolgskapitel seines Rock-Musicals „Der Watzmann ruft", das ihn fast seine gesamte Karriere hindurch begleitet hat, hat *Ambros* nach eigenem Bekunden [153] allerdings vor zwei Jahren mit einer letzten Tour abgeschlossen.

Hier nun zwei Songs aus dem erwähnten 79er Live-Album. Zunächst „Allan wia a Stan", dem unverkennbar die *Dylan*-Hymne „Like A Rolling Stone" zugrunde liegt. Danach – solistisch vorgetragen – sein noch immer hochaktuelles Lied „Minderheit".

Nach einer selbst verordneten Auszeit im vorigen Jahr steht *Wolfgang Ambros,* der heute mit seiner dritten Ehefrau in einer kleinen Tiroler Gemeinde lebt, inzwischen wieder verstärkt auf der Bühne – ein Blick in seinen Tourkalender lohnt sich allemal.

---

[153] Siehe: https://www.wolfgangambros.at/biographie?view=article&id=460:biographie-2020-heute&catid=15.

Wolfgang Ambros: Allan wia a Stan / Minderheit

Das ist dem folgenden, ebenfalls in Wien auf die Welt gekommenen österreichischen Künstler leider nicht mehr vergönnt: Der 1946 als Sohn eines Beamten geborene *Georg Danzer* ist nur 60 Jahre alt geworden; der Lungenkrebs setzte dem Leben des Kettenrauchers 2007 ein frühes Ende.

Wie *Ambros,* mit dem er längere Zeit gemeinsam auftrat, wird auch *Danzer* gern in die Schublade Austropop gesteckt, was seinem poetischen Werk sicher nicht gerecht wird. Da passt das Etikett „Barde der Alternativkultur", das dem bei allem Charisma stets etwas schüchtern wirkenden Sänger frühzeitig verliehen wird, schon eher; eine als Kind durchlittene Hirnhautentzündung hinterließ bei ihm eine nervöse Labilität, wie es heißt.

Seine Jugend war nach eigenen Worten *„geprägt durch Schwierigkeiten mit Schule und Umwelt. So gut wie keine Freunde, stattdessen Bücher und Kino. Mit dreizehn beginne ich zu rauchen und Gitarre zu spielen. In der Schule faul und desinteressiert, außer in Zeichnen und Deutsch.* "[154]

Nach der Matura trampt *Danzer* durch Südeuropa und Skandinavien, schreibt erste Texte und macht die Bekanntschaft von *Erika Pluhar* und *André Heller,* die Songs von ihm übernehmen. 1973 erscheint seine erste eigene Platte „Honigmond", die unbeachtet bleibt; den Durchbruch bringt erst die 76er LP „Unter die Haut", die bei Polydor erscheint. Ein kleiner Skandal um das ironische Lied „War das etwa Haschisch?" hilft, seine Bekanntheit zu steigern; um 1980 herum sind seine Tourneen ausverkauft. Er wolle *„Tabus sprengen"* und *„die Leute aus ihrer Selbstsicherheit herausfegen",* [155] sagt *Danzer* über seine Intentionen.

Dabei bleibt er lange selbst ein Suchender – im Interview mit der Westberliner Journalistin und Autorin *Kathrin Brigl* sagt er 1980: *„Ich weiß noch immer nicht genau, wer ich bin, und entdeckt habe ich mich noch lange nicht. Wenn man das vergleicht mit Kolumbus und der Entdeckung Amerikas, dann bin ich jetzt im Moment irgendwo in der Mitte des Atlantiks.* "[156]

Zur Verunsicherung beigetragen hat seinerzeit wohl auch der Vorwurf der Standpunktlosigkeit – obwohl er den Überwachungsstaat in Texten genüsslich

---

154 Selbstredend… Interview-Porträts von Kathrin Brigl (Interviews) und Siegfried Schmidt-Joos (Edition), Rowohlt Taschenbuch Verlag, Hamburg, 1985, S. 23.
155 Ebenda, S. 24.
156 Ebenda.

karikierte, hatte *Georg Danzer* 1978 eine Anti-Gewalt-Kampagne des
Bundeskriminalamtes unterstützt. *Kathrin Brigl* gegenüber räumte er später ein: *„Ich
habe mich vor mir selber sehr geschämt, daß ich da mitgemacht habe. [...] Fehler kann man
nicht mehr ändern, man kann sie nur zugeben.*" [157]
Dass er auf poetische Weise auch eindeutig Stellung beziehen konnte, zeigt sein
bis heute aktuelles Lied über die „Freiheit", das ich als musikalisches Beispiel für
den bekennenden *Randy-Newman-*Fan herausgesucht habe. Aufgenommen
wiederum von *Jürgen Krämer* mit dem Dierks-Mobilstudio und bei *Polydor* auf dem
Doppelalbum „Tournee 79" erschienen. Davor noch das bereits erwähnte Stück
über die inzwischen hierzulande legalisierte
Droge. Begleitet wurde der damals 33Jährige von
cincr eingespielten Band, die ihren Ursprung in
der früheren Jazzrock-Formation *Messengers* hatte,
mit der *Danzer* durch Vermittlung seines Berliner
Produzenten *Gerhard Kämpe* seit 1976
zusammenarbeitete.

Georg Danzer: Haschisch / Die Freiheit

Ebenso einfache wie weise Worte von *Georg Danzer* über die Freiheit – *„es sind
gerade die Texte, verbunden mit dem Danzer-typischen Vortragsstil, die den Wiener
unverwechselbar machen. Lässig, fast beiläufig trägt er sie vor"* [158]– eine stimmige
Beschreibung, die *Kerschkamp* und *Lindau* da in ihrem Liedermacher-Report liefern.
Mitte der 80er Jahre erleidet *Danzer* einen lebensgefährlichen Motorradunfall,
verliert seinen Vater durch Suizid, seine Ehe wird geschieden, sein Plattenvertrag
bei *Polydor* nicht verlängert und das Finanzamt fordert Steuern in erheblicher Höhe
nach. Trotz dieser Krisen rappelt sich *Georg Danzer* noch einmal auf und erlebt die
knapp ein Jahrzehnt währende Zusammenarbeit mit *Wolfgang Ambros* und *Rainhard
Fendrich* als *Austria 3* im Status einer Supergroup, bevor der Krebs seinem Leben
2007 ein Ende setzt.
Austria 3 ist dann auch die passende Überleitung zu dem eben genannten *Rainhard
Fendrich*, dessen Biografie – wie *Kerschkamp/Lindau* konstatieren – nach
bürgerlichen Maßstäben alle Merkmale einer gescheiterten Existenz aufweist:
„Wiederholt sitzengeblieben, abgebrochener Klavierunterricht, mehrfach gewechselte

---

[157] Ebenda, S. 33.
[158] Kerschkamp/Lindau: Die großen Liedermacher. A.a.O., S. 23.

Studienrichtung ohne Abschluß, ständig in Geldnot, Jobs als Postbote, Chauffeur,
Musikalienverkäufer, Versicherungsvertreter, Nebenrolle am Theater." [159]
Die Debüt-LP des 1955 in Wien Geborenen trägt denn auch den sprechenden
Titel „Ich wollte nie einer von denen sein". Und bis heute wendet sich *Fendrich* mit
satirischer Schärfe gegen angepasste Spießigkeit und verlogene Scheinheiligkeit in
der Gesellschaft.

Nachdem er in den frühen 1980er Jahren im *Theater an der Wien* als
Musicaldarsteller einige Bekanntheit erlangt hatte, konnte er zeitgleich mit
„Schickeria", „Zweierbeziehung" oder „Oben ohne" erste Erfolge als
Liederschreiber und Sänger verbuchen. Die Zusammenarbeit mit dem bereits
etablierten *Wolfgang Ambros* brachte zusätzlichen Schub; beide absolvierten 1983
mit ihren Bands ein gemeinsames Konzert beim Schulschluss-Open-Air im

Wiener Gerhard-Hanappi-Stadion, von dem ein
repräsentativer Mitschnitt auf der Live-LP „Open
Air" erschien. Daraus jetzt „Es lebe der Sport",
das *Fendrich* gemeinsam mit *Ambros* intoniert,
sowie seine ironische Abrechnung mit der
„Schickeria".

Rainhard Fendrich: Es lebe der Sport /
Schickeria

Schon zu Beginn seiner Karriere lobten *Kerschkamp* und *Lindau* in ihrem
Liedermacher-Report den gerade mal 25Jährigen geradezu euphorisch: *„Der Mut,*
das Maul aufzumachen, ehrt ihn, macht ihn fast einzigartig. Vor allem, da er damit rechnen
muß, sich auch das Maul zu verbrennen. [...] Die so gewonnene Authentizität der Lieder
schafft in hohem Maße Glaubwürdigkeit, die über die erste Begegnung anhält." [160]
Eingelöst hat *Fendrich* diesen Bonus spätestens mit dem 1989 erschienenen Song
„I am from Austria". Das Lied könne inzwischen neben dem „Radetzky-Marsch"
und dem Walzer „An der schönen blauen Donau" durchaus als inoffizielle
österreichische Bundeshymne gelten, wie *Wikipedia* mit Verweis auf den ORF und
dessen Recherchen [161] anlässlich des 50. Jahrestages der Republik Österreich
feststellt. Der ORF wählte den Titel 2011 zum beliebtesten Austropop-Song; 2017
kam er bei Ö3 auf Platz Eins der „1000 Lieblingshits aus 50 Jahren". Im
September desselben Jahres hatte ein gleichnamiges Musical, das auf mehreren

---

[159] Ebenda, S. 43.
[160] Ebenda, S. 45.
[161] https://oe1.orf.at/artikel/205568/Die-heimlichen-Hymnen-der-Republik.

Titeln von *Fendrich* basiert, Premiere, und während der Corona-Pandemie ließ die Wiener Polizei das Lied täglich um 18 Uhr aus den Lautsprechern ihrer Streifenwagen erklingen zum Dank an die Bürger für die Einhaltung der Pandemie-Auflagen. Mehr kann ein Song wohl kaum erreichen…

Ich spiele jetzt noch *Fendrichs* frühe Zwischenbilanz „Alle Zeit der Welt" vom gleichnamigen Livealbum, das im Zuge seiner 85er Tournee in Salzburg aufgenommen wurde: *„I mecht lachn / I mecht wana / I brauch Stana / auf mein Weg / Des kanns doch no net gwesn sei?"*

Und tatsächlich war es das wohl noch lange nicht für *Rainhard Fendrich:* In wenigen Tagen, genau am 17. Mai, erscheint sein neues Livealbum „Symphonisch in Schönbrunn", bei dem *Fendrich* seine Songs mit großem Orchester interpretiert.

Rainhard Fendrich: Alle Zeit der Welt

„Alle Zeit der Welt" – und ein letzter Satz noch zu *Rainhard Fendrich:* Im Herbst 2022 bestritt er im Wiener Marx-Palast ein Unplugged-Benefizkonzert gegen Kinderarmut, dessen 250 Tickets unter tausenden Bewerbern ausgelost wurden, die vorab jeweils mindestens 20 Euro gespendet hatten – ein voller Erfolg für eine gute Sache!

Nun zu einer Künstlerin, die über sich in einem autobiografischen Märchen schreibt: *„Es war einmal eine Schauspielerin, die auch Lieder sang. Sie sang allerlei – altbekannte Lieder, oder solche, die verschiedene Herren eigens für sie geschrieben hatten. […] Und eines Tages fing sie an, sich ihre eigenen Worte aus dem eigenen Kopf und dem eigenen Herzen zu holen und ihre Lieder selbst zu schreiben."* [162]

Erika Pluhar, 1939 in Wien geboren, Absolventin des *Max-Reinhardt-Seminars* und vier Jahrzehnte lang am *Wiener Burgtheater* engagiert, ist in diesem Frühjahr 85 geworden und noch immer nicht bereit, sich aufs künstlerische Altenteil zurückzuziehen, wie ihr erstaunlich gut gefüllter Terminkalender [163] offenbart. Ein echtes Multitalent, klug, wach, unbequem.

„Erika Pluhar hält Vorträge, äußert sich politisch, und ist, ohne je einer ‚Szene' gänzlich zugehörig gewesen zu sein, dennoch übergreifend musizierend, schreibend, politisch Stellung beziehend, nach wie vor öffentlich tätig", [164] verrät ihre Website.

---

[162] Henke, Matthias: Die großen Chansonniers und Liedermacher, a.a.O., S. 162.
[163] Vgl. https://www.erikapluhar.net/termine.htm (Abruf: 01.04.2024).
[164] https://www.erikapluhar.net/biografie.htm.

Die Entwicklung von der Schauspielerin und Interpretin fremder Texte hin zur selbstbewussten Liedermacherin und Autorin, die zunehmend dem eigenen Wort vertraut, geht einher mit ihrer Beziehung zum acht Jahre jüngeren *André Heller,* den sie 1970 in zweiter Ehe heiratet. Zwar hält die Liebe nur wenige Jahre, dennoch ist die künstlerische Liaison wohl mitentscheidend für ihren weiteren Weg. Und eine zweite prägende Begegnung kam hinzu – der 1930 geborene und im hohen Alter von fast 92 Jahren verstorbene Geiger und Komponist *Toni Stricker* wurde für die Pluhar zum kongenialen Begleiter ihrer Laufbahn als Sängerin; von ihm stammen zahlreiche Vertonungen ihrer Texte.

Neben den eigenen Liedern spielten Songs des 1976 aus der DDR ausgebürgerten Liedermachers *Wolf Biermann* für die politisch engagierte Sängerin eine wichtige Rolle; 1979 nahm sie eine ganze LP mit Stücken des schnauzbärtigen Barden auf, was diesem keineswegs gefiel. Zudem warf ihr die *Frankfurter Rundschau* vor, ihre Interpretation nehme der *Biermannschen* Poesie die *„fortgeschrittene Ästhetik der Aufrauhung, die Widersprüchlichkeit der Dialektik von Hoffnung und Skepsis"* und verwandele sie *„in ein dumpfes Ebenmaß der masochistischen Resignation".* [165] Nun gut, über Geschmack lässt sich bekanntlich trefflich streiten…

Selbst sagte die *Pluhar* dazu in einem Interview: *„Das ist auch ganz Wurscht, weil ich ja nicht den Herrn Biermann meine, sondern was da dahintersteckt an Menschlichem. […] Ich glaube, das macht überhaupt die Qualität eines Textes aus, wenn er nicht nur auf den einen Menschen in seiner Schublade paßt, sondern wenn er sich ausweiten läßt. Wenn er genauso eine passende und sehr flexible Hülle für einen anderen Menschen sein kann, der dann in der Hülle dieses Liedes auch seine Gestalt präsentieren kann. Das war mein Empfinden bei den Liedern, die ich mir bei Biermann ausgewählt hab."* [166]

Davon können wir uns gleich überzeugen, denn vom 1981 erschienen Livealbum „Unterwegs" habe ich *Erika Pluhars* Version von *Biermanns* „Das kann doch nicht

alles gewesen sein" ausgewählt. Davor und danach zwei ihrer eigenen, von *Toni Stricker* vertonten Texte: „Frau, lauf weg" und „Trotzdem". Mitgeschnitten wurde das Konzert am 30. Januar 1981 im Wiener Konzerthaus.

Erika Pluhar: Frau, lauf weg / Das kann doch nicht alles gewesen sein / Trotzdem

[165] Selbstredend…, a.a.O., S. 48.
[166] Ebenda, S. 53.

Zum Zeitpunkt dieser Konzertaufnahmen war die singende Aktrice Anfang 40. Nun, mit 85 Jahren, ist ihr Werk auf rund 30 Tonträger, ebenso viele Buchveröffentlichungen, zahlreiche Filme und Dutzende bedeutender Theaterrollen angewachsen. Bedeutende Auszeichnungen hat sie dafür erhalten, so 2019 den *Ehren-Romy* für ihr Lebenswerk, dem sie bei hoffentlich guter Gesundheit wohl noch einiges hinzufügen wird.

Lebenslang anhaltend ist ihre Beziehung zu *André Heller,* auch wenn die Ehe 1984 geschieden wurde, nachdem sich das Paar schon Jahre zuvor bei Tisch und Bett einvernehmlich getrennt hatte. Dennoch sagte *Erika Pluhar* im Interview, *„der Mensch Heller ist so existent in meinem Leben, daß ich mir gar nicht mehr für mich selbst überlegen muss, in welcher Form. … Sicher sind wir auch geschwisterlich geworden. Irgendwo hat sich eine Art von Verwandtschaft ergeben, nach all den Phasen, durch die wir marschiert sind.“* [167] Und so will ich noch einmal auch zu ihm zurückkommen im Zusammenhang mit einem denkwürdigen Konzert, das unter dem Motto „Künstler für den Frieden" am 21. November 1981 in der Dortmunder Westfalenhalle stattgefunden hat. *Hannes Wader* war dabei und *Udo Lindenberg,* die Gruppe *bots* und *Franz Josef Degenhardt, Dietmar Schönherr, Harry Belafonte* und viele weitere – alle vereint in der Warnung vor der atomaren Konfrontation in Mitteleuropa, zu der die Stationierung sowjetischer Mittelstreckenraketen vom Typ SS-20 und der darauf reagierende Nato-Beschluss über Pershings und Cruise-Missiles geführt hatten. *André Heller* stand dort ebenso auf der Bühne wie seine noch-Ehefrau *Erika Pluhar,* und auch sein Landsmann *Ludwig Hirsch* war dabei, von dem ich leider nur diese kurze Liveaufnahme präsentieren kann. Der 1946 in der Steiermark geborene Schauspieler war erst Ende der 1970er Jahre mit seinen von düsteren Visionen durchzogenen Chansons der LPs „Dunkelgraue Lieder" und „Komm großer schwarzer Vogel" als Dichtersänger bekanntgeworden und hatte in der künstlerischen Verarbeitung seiner Dämonen, Alpträume und Urängste einen ganz eigenen Stil gefunden, geprägt vom suggestiven Sprechen, wie *Kerschkamp* und *Lindau* als *„durchgängiges Kennzeichen des Vortrags seiner Lieder"* herausstellen: *„Süffig, einschmeichelnd, genau akzentuiert zieht einen diese Sprechweise in den Bann. Hirsch nutzt diese Kunst im Überfluß, schwelgt in ihr, läßt sich von ihr davontragen, wickelt seine Texte darin ein wie ein blutiges Schlachtermesser in ein weiches Samttuch."* [168] Davon zeugt auch „1928", der Mitschnitt seines Beitrags in Dortmund, Zuvor noch *André Hellers* „Vom Schreien nach Frieden" und *Erika Pluhar* mit „Jetzt".

---

[167] Ebenda, S. 65.
[168] Kerschkamp/Lindau: Die großen Liedermacher. A.a.O., S. 60.

André Heller: Vom Schreien nach Frieden
Erika Pluhar: Jetzt
Ludwig Hirsch: 1928

Ludwig Hirsch mit seiner ganz eigenen Interpretationsweise; der an Lungenkrebs unheilbar erkrankte Künstler schied im November 2011 durch Suizid aus dem Leben. Im Folgejahr erhielt er postum den *Amadeus Austrian Music Award* für sein Lebenswerk; ein Park in Wien trägt heute seinen Namen… Vielfach geehrt ist auch der folgende virtuose Gitarrist und Sänger in der heutigen LiveRillen-Ausgabe über die österreichische Musikszene: *Peter Horton*. 1941 im damaligen Feldsberg, dem heute wieder tschechischen Valtice, geboren, kam er als Kind mit seiner Familie nach Österreich und verbrachte Kindheit und Jugend in Wien. Mit sechs Jahren erhielt er Klavierunterricht, mit acht wurde er Mitglied der weltberühmten Wiener Sängerknaben. Am Wiener Konservatorium absolvierte er die Fächer Klavier und Klarinette, vertieft durch Musikstudien in Stuttgart, Ost-Berlin und Rio de Janeiro, wo er sich verstärkt der Gitarre zuwendet, die ihm in der Folge zum liebsten Begleiter wird. In den 1960er Jahren hat er einige Erfolge als Schlagersänger und vertritt Österreich 1967 beim „Grand Prix Eurovision de la Chanson". Andererseits beschäftigte er sich mit fernöstlichen Philosophien, mit Meditation und einem Leben in Harmonie mit der Natur. In den 1970er Jahren fand er so zu anspruchsvolleren Liedformen und etablierte sich nicht zuletzt aufgrund seiner herausragenden Fähigkeiten auf der Gitarre, aber auch seiner im besten Wortsinn einfachen und doch tiefsinnigen Poesie rasch in der deutschsprachigen Chansonszene. Als Moderator diverser Sendeformate in ARD und ZDF bot er zudem Nachwuchskünstlern ein wichtiges Sprungbrett, wirkte als Dozent an der Musikhochschule Hamburg, veröffentlichte Bücher mit Aphorismen, Satiren und Gedichten, begleitete Weltstars wie *Plácido Domingo* oder *Peter Schreier* und war insbesondere im Duo *Guitarissimo* mit seinem Hamburger Kollegen *Siegfried Schwab* als Gitarrenvirtuose erfolgreich. Sein inniges Verhältnis zu seinem Instrument hat er mal so beschrieben: *„Ich glaube nicht, daß es mich beherrscht, aber ich beherrsche es auch nicht so, daß es mir keine Geheimnisse mehr zu bieten hätte."* [169] Schön gesagt, wie ich finde. Im Vorjahr ist *Peter Horton*, der zuletzt an Parkinson litt, kurz nach seinem 82. Geburtstag verstorben.

---

[169] Selbstredend…, a.a.O., S. 100.

Ich lege jetzt seine 1983 erschienene Liveplatte „Wer andern nie ein Feuer macht"
auf, die im Schlosstheater Fulda und der
Düsseldorfer Tonhalle mitgeschnitten wurde.
Daraus „Wie oft ging ich als Fremder" und
„Solang' Du in Dir selber nicht zu Hause bist" –
Text, Komposition und Interpretation: *Peter
Horton.*

**Peter Horton: Wie oft ging ich als Fremder /
Solang' Du in Dir selber nicht zu Hause bist**

Den Schlusspunkt dieser LiveRillen, die der österreichischen Musikszene der
1970er und 80er Jahre gewidmet waren, setzt *Peter Cornelius,* der dem Austropop in
den 1980er Jahren zweifellos neuen Schwung verliehen hat. Und auch nach einem
reichlichen halben Jahrhundert auf der Bühne ist der 1951 in Wien geborene
Sänger und Gitarrist nach wie vor aktiv; seine 2017 erschienene LP trug nicht von
ungefähr den Titel „Unverwüstlich", 2021 gefolgt vom Doppelalbum
„Tageslicht".
Auf seiner Website gibt er zu Protokoll: „*Es sind zwei Personen, denen ich meinen
Lebensweg verdanke: Leopold Figl und John Lennon. Leopold Figl hat die Russen dazu
gebracht, das nach dem 2. Weltkrieg besetzte Österreich frei zu geben und einige Jahre später hat
John Lennon die Beatles gegründet.' Wenig später sangen die Stones 'Time is on my side' und die
Kinks 'I'm not like everybody else' - eine Art Road-Map für den jungen Cornelius."* [170]
Der absolvierte dann zunächst aber doch erstmal eine Ausbildung zum
Bankkaufmann und musizierte in seiner Freizeit, ehe er mit 22 Jahren einen
Talentwettbewerb des ORF gewann, mit dem Ensemble des Kult-Musicals „Hair"
in Hamburg und Berlin gastierte und in der Folge erste eigene Titel bei *Polydor*
veröffentlichen konnte. Die LP „Der Kaffee ist fertig" machte ihn 1980 über sein
Heimatland hinaus bekannt, ehe ihm die 81er Single „Du entschuldige, i kenn di'"
heavy rotations bei allen deutschsprachigen Radiostationen bescherte. „Reif für die
Insel", „Streicheleinheiten", „Gegen den Strom" oder „Ein Diamant verbrennt"
waren durchaus veritable Nachfolger. Nebenher lieh er seine beachtlichen
Qualitäten als Leadgitarrist gern befreundeten Kollegen wie *Georg Danzer* oder
Michael Cretu. In den 90ern wurde es ruhiger um ihn; erst 2001 erschien mit
„Lebenszeichen" ein neues Album.

---

[170] https://www.petercornelius.com/ueber.php.

Seither ist er immer wieder mit seiner Band aktiv, ohne sich im Musikbusiness zu verschleißen – die Tantiemen seiner noch heute populären Hits machen's möglich. Das letzte Konzert seiner 1983er Tour im Wiener Konzerthaus wurde seinerzeit aufgezeichnet; der Mitschnitt erschien allerdings erst 1989 als LP bei *Polyphon*. Daraus nun zum musikalischen Kehraus „Ganz Wien hat den Blues", das mahnende „Erde, Feuer, Wasser, Luft" sowie das optimistische Abschiedslied „Bevor i geh'".

Und bevor ich gehe, verweise ich noch auf die nächsten LiveRillen auf Radio Corax im Juni. Darin erinnere ich an den großen *Jeff Beck*, der im Juni 80 Jahre alt geworden wäre, und gratuliere *Chris Spedding* und *Ian Hunter* zu ihren ebenfalls runden Geburtstagen.

Peter Cornelius: Ganz Wien hat den Blues / Erde, Feuer, Wasser, Luft / Bevor i geh'

Quellen:

- ➢ Wolfgang Ambros: Live, Do.-LP, Bellaphon, 1979
- ➢ Ambros + Fendrich: Open Air, LP, Amadeo, 1983
- ➢ Peter Cornelius: Live aus dem Wiener Konzerthaus, LP, Polyphon, 1989
- ➢ Georg Danzer: Tournee 79, Do.-LP, Polydor, 1980
- ➢ Rainhard Fendrich: Live / Alle Zeit der Welt, LP, Polydor, 1985
- ➢ André Heller: Bei lebendigem Leib / Live, Do.-LP, Intercord, 1975
- ➢ Michael Heltau: Live, LP, Polydor, 1976
- ➢ Peter Horton: Live / Wer andern nie ein Feuer macht, LP, Metronome, 1983
- ➢ Erika Pluhar: Unterwegs, Do.-LP, Mandragora, 1981
- ➢ Künstler für den Frieden (u. a. André Heller, Erika Pluhar und Ludwig Hirsch), Do.-LP, Krefelder Initiative, 1982

Index der Bands, Musiker und Stichworte

(nur Hauptnennungen – bitte jeweils auch die Folgeseiten beachten)

Inhaltsverzeichnis

Nachsatz

Für meine Recherchen habe ich unter anderem die folgenden Quellen genutzt:

- Barry Graves/Siegfried Schmidt-Joos/Bernward Halbscheffel: Das neue Rocklexikon. 2 Bände, Hamburg, 1998 (daraus alle Zitate von S. S.-J.)
- Frank Laufenberg: Rock- und Pop-Lexikon. 2 Bände, Düsseldorf, 1995
- Frank Laufenberg: Pop Diary. Daten, Fakten, Geschichten, 2 Bände, München, 1995
- Manfred Langner: Beat-Lexikon. Vom Mersey-Beat bis zum Bubblegum – Die Sound-Invasion der Sixties, Berlin, 1999
- Thomas Jeier: Das neue Lexikon der Country Music. München, 1992
- Jürgen Wölfer: Lexikon des Jazz. München, 1993
- Ca. 200 weitere Musikbücher, Broschüren und Zeitschriften (z. B. „GoodTimes") sowie aktuell (II/2021) 965 Live-Alben in meinem Regal
- Tagespresse
- Wikipedia (deutsch/englisch)
- Diverse Band- und Fan-Websites im Internet

Nicht auszuschließen in der Darstellung sind natürlich objektive Fehler oder Ungenauigkeiten. Ich freue mich deshalb über jegliche Hinweise und Korrekturen unter der Mailadresse **LiveRillen@gmx.de**!

Die im Text geäußerten Bewertungen sind rein subjektiv. Das mag mancher ganz anders sehen – okay! Vielleicht bieten die LiveRillen euch und Ihnen aber Anregungen, sich mit den genannten Künstlern, Bands und Konzertereignissen erneut und vertiefend auseinanderzusetzen. Die meisten Platten sind in guten Second-Hand-Geschäften und/oder im Internet erhältlich; viele Mitschnitte sind zudem auf diversen Audio- und Videoplattformen zu finden.

Nicht zuletzt möchte ich alle am Thema Interessierten einladen zu meiner monatlichen Rundfunksendung **LiveRillen** auf **Radio Corax**, UKW 95,9 (Raum Halle/Leipzig) sowie weltweit im Netz unter **https://radiocorax.de/** - jeweils am ersten Freitag des Monats von 16 bis 18 Uhr sowie als Wiederholung **am dritten Sonntag desselben Monats von 12 bis 14 Uhr.** Jeweils 12 Sendemanuskripte erscheinen zudem in leicht bearbeiteter Form als Buch. All das ist kein Ersatz für den livehaftigen Konzertgenuss, wohl aber eine mögliche Ergänzung.

In diesem Sinne: *„Let's listen to the music – and let's talk about it!"*

LiveRillen live – eine musikalische Lesung

Unterhaltsame Ausflüge in die livehaftige Geschichte der populären Musik der vergangenen sechs Jahrzehnte, angereichert durch humorvolle Anekdoten, interessante Fakten, verborgene Zusammenhänge und lebendigen Zeitgeist – das ist das Konzept der „LiveRillen", die ich als Rundfunksendung im Frühjahr 2018 „erfunden" hat. Seither stelle ich monatlich zwei Stunden lang thematisch ausgewählte Konzertereignisse aus sechs Jahrzehnten auf dem nichtkommerziellen Lokalsender Radio Corax vor, der im Raum Magdeburg/Halle/Leipzig auf UKW 95,9 sowie natürlich weltweit im Netz zu empfangen ist. So entsteht eine ganz besondere Sicht auf die Musik – sozusagen aus der Bühnenperspektive, die auch den aufschlussreichen Blick hinter die Kulissen ermöglicht. Das alles wird so aufbereitet, dass keineswegs nur Musikexperten auf ihre Kosten kommen, sondern daraus ein die Generationen verbindendes Vergnügen wird!

Der Erfolg der Sendung hat mich dazu bewogen, die überarbeiteten Sendemanuskripte nach und nach in Buchform zu veröffentlichen – nunmehr ist die Reihe auf sechs Bände und knapp tausend Seiten angewachsen.

Und nun kommt der nächste Schritt: **Die livehaftige Lesung der LiveRillen!**

Die Veranstaltung ist für Bibliotheken und Literaturhäuser, Schallplattengeschäfte und Musik-Stores, Buchhandlungen und Lesebühnen konzipiert, dauert ca. 90 bis 100 Minuten und kann gern durch eine Pause unterbrochen werden.

Das Publikum darf übrigens selbst mitbestimmen, welche LiveRillen-Themen während der Lesung vorgestellt werden. Und in jeweiligen Kurzfassungen erklingen dann auch die dabei erwähnten Musiktitel – ganz authentisch so, wie sie auf Vinyl verewigt sind. So wird die Kulturgeschichte eines guten halben Jahrhunderts nacherlebbar, und für viele Zuhörerinnen und Zuhörer dürfte dies verbunden sein mit Erinnerungen an ihre eigene Jugend!

Anfragen zu Terminen und Konditionen bitte an:

Prof. Dr. **Paul D. Bartsch**
Klausbergstraße 4
06114 Halle (Saale)
Mail: LiveRillen@gmx.de
Web: www.zirkustiger.de

Als **Liedermacher und Musiker** ist **Paul Bartsch** seit 2003 mit
seiner **Band** sowie in der kleineren Variante als **Akustik-Trio** unterwegs.
In diesen Jahren sind zahlreiche Tonträger sowie Songbücher erschienen, die –
soweit nicht vergriffen – im Webshop der Website www.zirkustiger.de bestellt
werden können.

Dazu gehören u.a.:

* ❖ Wer weiß schon wie | CD | 2008
* ❖ Wolkenkuckucksheimerbauer | CD | 2011
* ❖ Tanzende Hunde – Die Lieder der Bordkapelle | CD | 2013
* ❖ Freund sein | CD | 2016
* ❖ LiebesLand | CD | 2018
* ❖ Alle Fragen offen | CD | 2020
* ❖ Lieder vom Kommen und Gehn | CD | 2021
* ❖ Stadtmusikanten | Doppel-CD | 2023
* ❖ Märchen aus kommenden Tagen | CD | 2024

Musikalische Lesung mit Paul Bartsch:

Im Schatten großer Brüder

Die DDR im Frühjahr 1970. An der Erweiterten Oberschule einer Kleinstadt im real existierenden Provinz-Sozialismus liefert der *Deutsche Soldatensender* den Soundtrack des freien deutschen Jugendlebens. Man diskutiert gelangweilt die Schlagzeilen des *Neuen Deutschland*, begeistert sich für grüne Gurken im Februar und erwartet die Trapo-Streife im Zug wie ein ungeschriebenes Gesetz.

Da bringt das Gerücht, die englische Beatgruppe *The Hollies* werde demnächst in Ostberlin gastieren, Thomas Mertin und seinen Freund Maikel auf die Idee, selbst eine Combo zu gründen. Zunächst scheint alles ganz einfach: Mitstreiter sind schnell gefunden, aus Ideen entstehen eigene Titel, und Frauke, der Schwarm der ganzen Schule, wird sie singen. Auch mit der FDJ kann man sich arrangieren, wie es scheint. Doch dann versetzt ein Zufall den Apparat in Wallung, und was die Jugendlichen anfangs eher amüsiert, verstrickt sich rasch zu einem gefährlichen Netz, in dem nicht mehr klar ist, wer da an welchen Fäden zieht...

Dazu erklingen Songs der damaligen Zeit *(The Hollies, James Taylor, Cat Stevens…)* und eigene Lieder von Paul Bartsch aus mehr als drei Jahrzehnten: Bluesige Kommentare & poetische Legenden von Niederlagen & Aufständen. Da geht es um Freundschaft und Vertrauen, um verpasste Momente und späte Einsichten, um die Träume der Kindheit, verblichene Weggefährten, den Frost und den Frühling, Schiffbruch und Bergnot, um die vergehende Zeit und vor allem um das, was uns davon bleiben sollte. Daraus wird: Ein höchst unterhaltsames literarisches Konzert voll komischer Tragik, Humor und Poesie!

Paul D. Bartsch:
„Große Brüder werfen lange Schatten"
BoD Norderstedt, 2023 (3. Auflage)
(ISBN 978-3-73473-353-6)

Kontakt/Anfragen gern per Mail:
zirkustiger@gmail.com

Raum für Notizen